Christoph Gebhardt · Christine Gutmann
Der Arzt, dein Freund und Mörder

Christoph Gebhardt
Christine Gutmann

Der Arzt, dein Freund und Mörder

Strafsache Dr. U. – ein Lehrstück

HIRZEL

Bibliografische Information der Deutschen Nationalbibliothek
Die Deutsche Nationalbibliothek verzeichnet diese Publikation
in der Deutschen Nationalbibliografie; detaillierte bibliografische
Daten sind im Internet über http://dnb.d-nb.de abrufbar.

ISBN 978-3-7776-2256-9

Jede Verwertung des Werkes außerhalb der Grenzen des Urheber-
rechtsgesetzes ist unzulässig und strafbar. Dies gilt insbesondere für
Übersetzungen, Nachdruck, Mikroverfilmung oder vergleichbare
Verfahren sowie für die Speicherung in Datenverarbeitungsanlagen.

© 2. Auflage 2022 S. Hirzel Verlag GmbH
Birkenwaldstraße 44, 70191 Stuttgart
Printed in Germany
Einbandgestaltung: Esser Print Solutions, Bretten
Satz: satz & mehr, Besigheim
Druck & Bindung: Esser Printsolutions, Bretten

www.hirzel.de

Inhaltsverzeichnis

Vorbemerkung 9

Erster Teil 11
    Brand in Höchst 13
    Der Tote 16
    Der Geschädigte 18
    Erste Ermittlungen 19
    Schutzgelderpressung? 19
    Anfangsverdacht 20
    Chefsache 21
    Persönliches 24
    „Körbes" 25
    Es wird eng 26
    Haftbefehl 28
    Geliebte und Gefährdete 31
    Anklage: Brandstiftung und Betrug 36
    Mordverdacht 37
    Die Mafia? 39
    Abschließende Ermittlungen 40
    Untersuchungshaft 41
    Hauptverfahren 43
    Die Argumente der Verteidigung 45
    Geiselnahme 46
    Verurteilung 49
    Revision 51
    Schwalmstadt 52
    Ausbruchsvorbereitungen? 55
    Butzbach 57
    Verurteilung wegen Geiselnahme 61
    Alltag in der Strafhaft 62
    Wiederaufnahmeantrag 65
    Wiederaufnahmeverfahren, I. Teil 68

Teilerfolg	70
Wiederaufnahmeverfahren, II. Teil	72
Korrupte Gutachter?	76
Das Gefangenenleben geht weiter (I)	79
Wiederaufnahmeverfahren, III. Teil	82
Das Gefangenenleben geht weiter (II)	83
Kampf um Vollzugslockerungen (I)	83
Wiederaufnahmeverfahren, IV. Teil	92
Kampf um Vollzugslockerungen (II)	94
Lockerungsmissbrauch?	96
Im offenen Vollzug	98
Gutachten für die Freiheit	99
Neue Approbation	101
Wieder Arzt	105
Bewährungsversagen?	107
Bewährungserfolg	109

Zweiter Teil ... 115

Der Tote in Kirchasch	117
Erste Ermittlungen	117
Anfangsverdacht	119
Verdacht des Therapeuten	121
Wieder in Haft	123
Noch mehr Indizien	125
Anna Berger	128
Rückblick: Urkundenfälschung und Betrug	129
Bewährungswiderruf?	131
Zwischenverfahren	134
Verurteilung	136
Sicherungsverwahrung	138

Epilog ... 143

Prognose und Analyse	147
Geheimdienst?	152
Gesunde Anteile	153

Narzisstischer Betrüger 156
Psychotherapie 2004 bis 2006 162
Realitätskontrolle und Realitätsverlust. 166
Mordmotive 171
Fehler?. 176
Perspektiven. 179

Zeittabelle 185

Vorbemerkung

Wir berichten von einem angesehenen Arzt. Er hat im Jahr 1984 in Hessen einen Patienten umgebracht, ist verurteilt und nach 17 Jahren Gefängnis auf Bewährung entlassen worden. Er hat wieder als Arzt gearbeitet, aber im Jahr 2008 in Bayern einen zweiten Patienten ermordet.

Der Fall hat uns Autoren – eine Juristin im Strafvollzug und einen Richter – aus zwei Gründen stark berührt: (1) Nach der ersten Verurteilung haben wir, wie auch andere in der hessischen Justiz, uns gefragt, ob dieser Arzt wirklich der Täter war. (2) Nach dem zweiten Mord hat uns die Frage nicht losgelassen, ob die Justiz oder eine Therapie die neue Tat hätte verhindern können.

Für Antworten auf beide Fragen haben wir die Akten durchgearbeitet und mit vielen Beteiligten gesprochen. Orte (mit einer Ausnahme) und Zeiten haben wir nicht verändert. Die Namen der noch lebenden Menschen sind, soweit es sich nicht um Richter, Staatsanwälte und Verteidiger oder Professoren als Sachverständige handelt, durch Aliasnamen ersetzt.

Wir danken vor allen dem früheren Direktor der Kriminologischen Zentralstelle, Herrn Diplompsychologen Prof. Dr. Rudolf Egg, Wiesbaden, für seine Betreuung, die diese Studie erst ermöglicht hat. Dem Hessischen Justizministerium und den Staatsanwaltschaften Darmstadt und Landshut sind wir für die gewährte Akteneinsicht, und all denen, die uns mit Auskünften geholfen haben, für ihre freundliche Bereitschaft dazu sehr dankbar.

Der Fall unserer Studie, die in erster Auflage 2012 erschienen ist, war seither mehrfach Gegenstand weiterer Recherchen verschiedener Medien. Zuletzt hat die ARD ihm 2022 eine vierteilige Serie in der Reihe „crime-time" gewidmet. Der Hirzel-Verlag nimmt das, wofür wir ihm danken, zum Anlass, das Buch durch eine zweite Auflage weiter zugänglich zu halten.

Der Täter verbüßt, Stand 2022, in der Justizvollzugsanstalt Straubing weiter seine Strafe.

Darmstadt, im Juli 2022

Christoph Gebhardt   Christine Gutmann

Erster Teil

Brand in Höchst

Samstag, der 29. Dezember 1984. Höchst im Odenwald liegt zwischen Weihnachten und Neujahr in tiefem Frieden. Nicht nur im Hessischen heißt diese Woche „zwischen den Jahren". Es ist kalt, und es gibt eine dünne Schneedecke. Kurz nach 15.00 Uhr geht bei der Freiwilligen Feuerwehr eine Brandmeldung ein. Aus dem Haus Bismarckstraße 27 quillt Rauch. In dem eingeschossigen Gebäude befinden sich eine Arztpraxis und eine Wohnung. Die Feuerwehr drückt einen Rollladen hoch und schlägt ein Fenster der Praxis ein. Zwei Feuerwehrleute mit Atemschutzgeräten klettern hindurch. Sie finden einen Schwelbrand, den sie ohne Weiteres löschen. Im Flur steht vor der Empfangstheke eine Elektrokochplatte; sie ist an eine Zeitschaltuhr angeschlossen und glüht rot. Die Feuerwehrleute ziehen den Stecker heraus. Vorsichtshalber suchen sie das Haus nach Brandnestern ab.

Neben der Arztpraxis liegt die Wohnung des Hauseigentümers. Zwischen Praxis und Wohnung gibt es keine Tür. In die Trennmauer ist aber ein knapp mannshohes unregelmäßig geformtes Loch gebrochen[1]. Die Feuerwehrleute drängen sich durch die Öffnung. Drei Räume weiter finden sie in seinem Schlafzimmer leblos den Hauseigentümer Leonhard Buchhammer. Er liegt in einer Blutlache. Die Notärztin wird gerufen; sie stellt fest, dass Buchhammer tot ist.

Die Schutzpolizei benachrichtigt die Kriminalstation Erbach. Die holt sofort einen Gerichtsmediziner der Universität Frankfurt am Main und einen Brandsachverständigen des hessischen Landeskriminalamts.

Der Brandsachverständige berichtet es später so: Von der rot glühenden Kochplatte ausgehend sind sternförmig Papierbahnen zu fast allen der zwölf Räume der Praxis ausgelegt. Alle Zwischentüren stehen offen. Manche Papierbahnen führen in offene Schränke und unter medizinische Apparate. Die großen Röntgengeräte sind in den Flur gebracht und mit Papier und mit Plastikfolien bedeckt. Papier und Folien sind teilweise mit dunklen Körnern – das ist Jagdschwarzpulver – bestreut, teilweise mit flüssigem Bodenwachs und Benzin getränkt. Auf dem Boden stehen offen drei Kanister, ursprünglich für Röntgenentwickler, jetzt halb voll Benzin. Jemand hat auch Möbel aus anderen Räumen in den Flur geschoben. Das Schießpulver und das mit Benzin und Bodenwachs getränkte Papier sind nur zum Teil verbrannt; das meiste hat kein Feuer gefangen. Eine getränkte Papierbahn ist durch den Mauerdurchbruch in die Wohnung des Toten und dort in einen Abstellraum verlegt. Der Raum ist voll mit Gerümpel, Zeitungsstößen, Kartons

---

1 siehe das Foto der Polizei S. 16

und alten Kleidern. Bis dorthin ist das Feuer aber nicht gekommen. Fast alle medizinischen Geräte sind durch Ruß schwer beschädigt.

Zündvorrichtung war die Zeitschaltuhr an der Kochplatte. Sie ist auf „9.45 Uhr" eingestellt. Die kriminaltechnische Untersuchung ergibt, dass auch auf der Kochplatte Jagdschwarzpulver abgebrannt ist. Sobald die Kochplatte etwa 120 °C heiß geworden war, sagt der Sachverständige, hat sich das darauf gestreute Pulver entzündet – Schießpulver explodiert nur dann, wenn es eingezwängt, „verdämmt" ist, offen daliegend brennt es ohne Explosion ab und entwickelt dabei starke Hitze.

Dass der Brand nicht das große Ausmaß angenommen hat, wie es nach der Vorbereitung vorgesehen war, hat am Sauerstoffmangel gelegen. Die in Flammen aufgegangenen Brandbeschleuniger haben den Luftsauerstoff fast ganz aufgebraucht. Wegen der Rollläden, der dicht schließenden Doppelglasfenster und Außentüren konnte sich danach nur ein Schwelbrand mit starker Ruß- und geringer Hitzeentwicklung erhalten. Bei mehr Luft hätte das Feuer schnell den hölzernen, mit brennbarem Gerümpel vollen Dachstuhl über Praxis und Wohnung ergriffen. Das ganze Haus hätte in wenigen Minuten lichterloh gebrannt.

Strafrechtlich gesehen ist es bei einer „versuchten" Brandstiftung geblieben, weil das Gebäude selbst noch nicht zu brennen angefangen hat.

Aus Frankfurt kommt Professor Brettel, um den Toten gerichtsmedizinisch zu untersuchen. In seinem Tatortbericht stellt er fest: Die Leiche des 67 Jahre alten Mannes liegt in seinem Schlafzimmer vor dem Bett auf dem Rücken. Brandspuren sind in diesem Raum nicht zu erkennen. Hose und Unterhose sind bis über die Knie heruntergezogen. Unter dem Toten steht eine Blutlache. Der Blutaustritt ist aus der Nase erfolgt; äußere Verletzungen sind in diesem Bereich nicht zu sehen. Die Leichenflecken sind ausgeprägt und nicht mehr „wegzudrücken". Der Tod muss längere Zeit vor dem Brandausbruch eingetreten sein. Die Obduktion am nächsten Tag ergibt, dass Buchhammer an seinem eigenen Blut erstickt ist. Seine Lunge war teilweise mit Blut gefüllt. Ursache des Blutaustritts, so der Sachverständige, war die Verletzung eines ergiebigen Blutgefäßes in der Nase. Sein eigenes Blut ist Buchhammer in den Mund gelaufen und durch die Luftröhre in die Lunge, die, bald voll Blut, dann keinen Sauerstoff mehr hat aufnehmen können.

Für die toxikologische Analyse entnimmt Professor Brettel der Leiche Blutproben. In einem Papierkorb der Praxis finden sich mehrere Injektionsspritzen mit Blutspuren; auch sie kommen mit zur Untersuchung nach Frankfurt.

Inhaber der durch den Brand beschädigten Praxis ist der Arzt für Orthopädie und Sportmedizin Dr. Thomas Ulrichs[1]. An diesem Samstagmorgen ist er

---

1 Name geändert

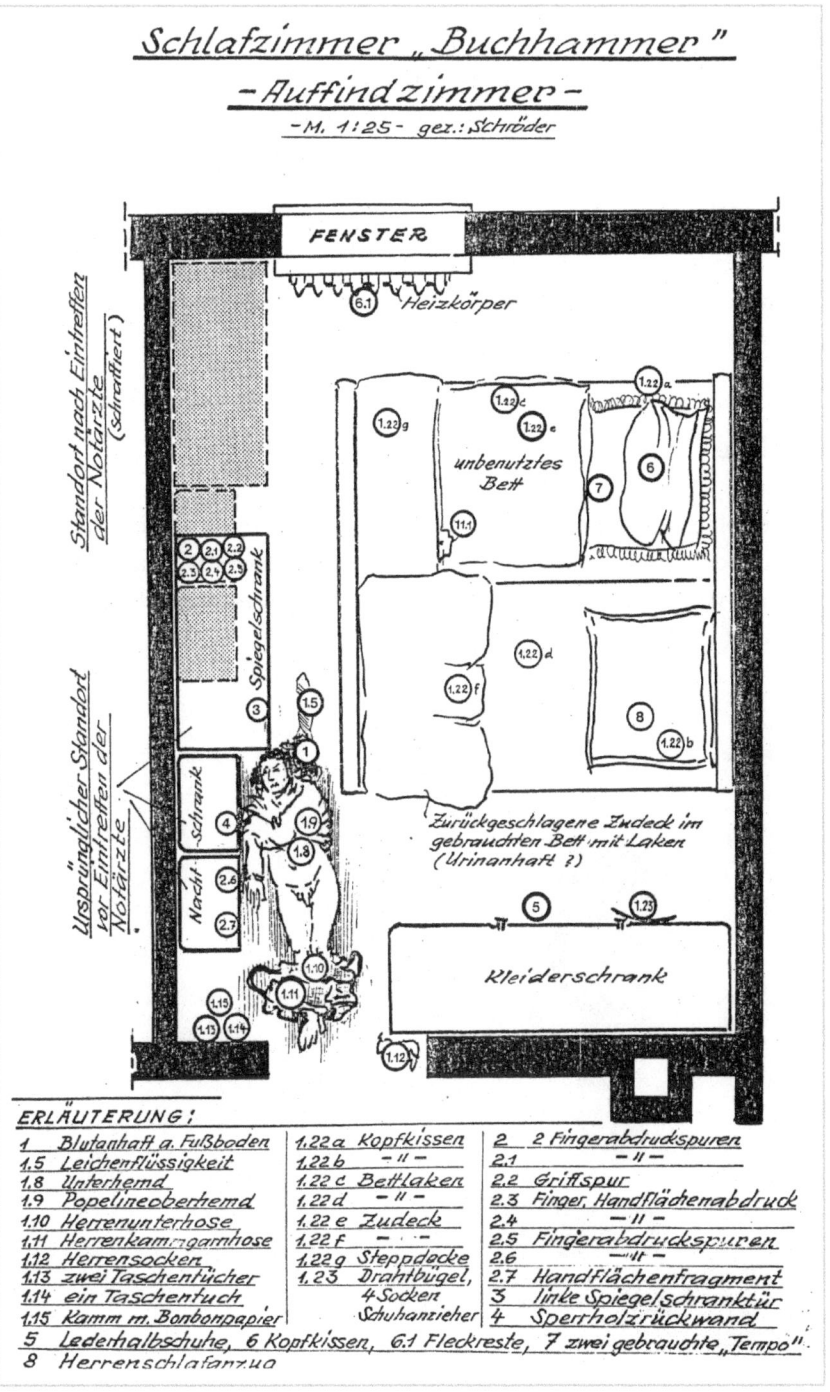

Polizeiskizze des Zimmers, in dem der Tote gefunden wurde

mit seiner Frau und der kleinen Tochter zu seinen Eltern in die Gegend von Schwäbisch Hall gefahren. Jemand ruft dort an. Als er an die Brandstelle kommt, ist es schon dunkel. Vom Anblick der Verheerung ist er völlig aufgelöst und klagt über den Verlust „seiner schönen Sachen", „seiner teuren Geräte", „seiner guten Röntgenaufnahmen".

Der Ermittlungsführer Kriminalhauptmeister (KHM) Zahn[1] setzt sich zu ihm in den VW-Bus des Feuerwehrhauptmanns und sagt zum Trost, die Praxis sei doch bestimmt feuerversichert. Dr. Ulrichs erklärt ihm resigniert, nein, versichert habe er sie leider nicht.

Der Tote

Es gibt keine Einbruchspuren; der oder die Täter müssen also Schlüssel gehabt haben oder hereingelassen worden sein. Selbstverständlich spricht alles, vor allem der Wanddurchbruch, für einen Zusammenhang zwischen der versuchten Brandstiftung und dem Toten.

Der Durchbruch (Polizeifoto)

---

1 Name geändert

Die Polizei sucht nach Motiven. Der verstorbene Herr Buchhammer war seit Jahrzehnten in Höchst ansässig. Früher mit einem geerbten Textilgeschäft selbstständig, ist er jetzt seit ein paar Jahren Rentner. Außer seinem Haus hat er, soweit man weiß, wenig Vermögen. Er lebt sehr bescheiden. Seine Wohnung lässt er unrenoviert; wenn Bauarbeiten unvermeidlich sind, holt er Schwarzarbeiter. Er ernährt sich hauptsächlich von Büchsensuppen.

Er ist Freimaurer und gehört zur Loge „Zu den drei Sternen". Deren Präsident, der „Meister vom Stuhl", kennt ihn als sparsam bis zum Geiz. Verheiratet ist und war Buchhammer nicht; Kinder hat er keine. Er hat auch niemanden als Erben eingesetzt. Der Frau seines Mieters Dr. Ulrichs hat er neulich erzählt, er wolle demnächst eine Frau mit einem Kind heiraten, um später einen Erben zu haben. Bei seinem Begräbnis, sagt Frau Dr. Ulrichs, hätten seine Verwandten darüber „laut gelacht" – so ähnlich habe er schon seit Jahren geredet.

Entsprechende Ermittlungen geben keinen Hinweis auf Konflikte oder Feinde in der Nachbarschaft. Beziehungen zu Frauen hat er schon seit Langem nicht mehr.

Homosexuell ist er nach allen Erkenntnissen nicht, also scheiden Kontakte zu der gelegentlich riskanten „Stricher"-Szene aus. Er sammelt „Reservistenkrüge" aus der Kaiserzeit, erzählt gern davon und von seiner Münzsammlung. Als Kunde hat er Kontakte zu entsprechenden, auch fahrenden Antiquitätenhändlern, von denen aber keiner verdächtig erscheint.

Routinemäßig befragt die Polizei einen „Hinweisgeber, der sich in der Höchster, Erbacher und Darmstädter Rauschgiftszene aktuell sehr gut auskennt", also einen mit der Polizei kooperierenden Fixer. Der sagt nur, dass man sich in den entsprechenden Kreisen zwar seine Gedanken macht, aber niemand was Konkretes weiß. Gefälschte Rezepte auf aus der angebrannten Praxis stammenden Formularen sind in der Drogenszene oder bei Apotheken nicht aufgetaucht.

Die Ermittlungen ergeben auch, dass Buchhammer ungewöhnlich ängstlich gewesen ist. Vor mehreren Jahren war in seine Wohnung eingebrochen worden. Bei einem Verkehrsunfall ist er am Kopf verletzt worden. Er fühlt sich unsicher. In seine Wohnung lässt er keinen Fremden. Selbst die Zimmertüren schließt er einzeln hinter sich ab. Wenn er daheim ist, stellt er „Lärmfallen", kipplige Bretter, von innen gegen die Haustür, damit er es hört, wenn die Einbrecher kommen.

Zu Dr. Ulrichs aber hat Buchhammer tiefes Vertrauen. Er ist geradezu stolz darauf, dass die Praxis seines Mieters so gut läuft. Er spricht gern von „unserer Praxis". Der Höchster Bürgermeister in Person war zur Praxiseröffnung gekommen und hat Buchhammer in seinem Grußwort das Kompliment gemacht, durch die Renovierung seines Hauses sei aus Höchst „ein Schandfleck verschwunden".

Buchhammer ist bei Dr. Ulrichs Patient, weil er einige internistische Erkrankungen, vor allem zu hohen Blutdruck hat. Regelmäßig bekommt er Vitamin-„Aufbau"-Spritzen. Sein Nachbar, Mieter und Arzt gehört zu den ganz wenigen Personen, die er in seine Wohnung hereinlässt.

Die Zuneigung beruht auf Gegenseitigkeit. Auch Dr. Ulrichs sagt nach Buchhammers Tod, dass er seinen Hausherrn gern gehabt hat. Er charakterisiert ihn gegenüber der Polizei liebevoll – und ein bisschen kritisch – mit psychologischen, familiendynamischen Begriffen. Buchhammer war für ihn ein von der Umwelt eigentlich verkannter Mann, aus einer angesehenen Kaufmannsfamilie stammend, doch „von einer übermächtigen Mutter zum Sohn auf Lebenszeit gemacht", mit einem uneinlösbar hohen Anspruch an sich selbst und an seine Umwelt. Für Buchhammer „seien viele Leute Tagediebe gewesen". Man habe ihn aber auch leicht beeinflussen können, und er sei, wenn er erst einmal von jemandem beeindruckt war, vollkommen unkritisch geworden.

Der Geschädigte

Dr. Thomas Ulrichs ist in Höchst eine auffällige Erscheinung. Vor kaum einem Jahr erst hat er Anfang 1984 seine orthopädische und sportmedizinische Einzelpraxis eröffnet, die bald viele Patienten anzieht. Er stammt selbst aus einer Arztfamilie; sein Vater war bei der Bundeswehr Oberstarzt und ist jetzt im Ruhestand. Studiert hat er, wie er sagt, in Würzburg und Zürich, neben Medizin auch Chemie und Psychologie. Nach medizinischem Staatsexamen und Promotion an der Universität Würzburg war er an verschiedenen Kliniken Assistenzarzt.

Er ist jetzt 37 Jahre alt, mit 1,88 m ein hochgewachsener Mann. Verheiratet ist er mit einer – wie er promovierten – Arztkollegin, einer Anästhesistin. Seinen Patienten gegenüber zeigt er sich zugewandt, einfühlsam und sehr kompetent, im Umgang mit seinen sechs weiblichen Praxisangestellten gesprächig, charmant und dabei jederzeit korrekt. Die Familie – sie haben eine kleine Tochter – bewohnt in Höchst ein gemietetes Einfamilienhaus. Kürzlich hat er sich ein neues Auto gekauft, einen weißen Mercedes-Geländewagen; seine Frau fährt einen Audi Quattro. Im Gespräch wirkt er offen, unterhaltsam und weltläufig. Gelegentlich erwähnt er frühere wissenschaftliche Tätigkeiten im Ausland, auch in geheimen militärischen Forschungsprojekten.

Als einmal Buchhammers Logenpräsident, der „Meister vom Stuhl", auf dem Weg zu seiner Jagd am Haus vorbeikommt, stellt Ulrichs sich ihm vor und erzählt beiläufig, er sei auch Jäger.

Erste Ermittlungen

Am Brand-Samstag und am Sonntag danach bemüht sich die Kriminalpolizei um einen Überblick, sucht Ermittlungsansätze. Der Ermittlungsführer KHM Zahn befragt Dr. Ulrichs ausführlich. Das ist keine förmliche Vernehmung, sondern ein Sich-Erkundigen mit informativem Charakter; Dr. Ulrichs wird daher nicht etwa als Zeuge belehrt. KHM Zahn möchte zum Beispiel wissen, wann Dr. Ulrichs den Herrn Buchhammer zuletzt gesehen hat und ob ihm dabei vielleicht etwas aufgefallen ist. Er fragt auch, ob Dr. Ulrichs weiß, warum denn dieses Loch in der Wand ist.

Der Durchbruch, so sagt Dr. Ulrichs, ist für eine Verbindungstür. Er hat mit Buchhammer nämlich vereinbart, den Raum dahinter zur Praxis dazuzumieten. Außerdem sind nach einem Jahr Praxisbetrieb schon ein paar Schönheitsreparaturen nötig. Durchbruch und Schönheitsreparaturen hat Buchhammer, wie immer, von Schwarzarbeitern machen lassen wollen. Die Arbeiter müssen am Mittwoch vor dem Brand angefangen haben, denn in der Praxis sind Mauerschutt und Putzbrocken herumgelegen. Danach ist das Ganze nicht mehr ordentlich vorangegangen. Am Freitagabend hat er Buchhammer deswegen um mehr Eile gebeten, ist aber an der Wohnungstür abgefertigt worden. Am Samstagmorgen hat ihm Buchhammer auf sein Klingeln und Rufen nicht aufgemacht. Da hat er es erstmal sein lassen und ist mit der Familie wie geplant zu den Eltern gefahren. Er selbst hat die Schwarzarbeiter übrigens nie zu Gesicht bekommen.

Zuletzt hat Dr. Ulrichs, sagt er, die Praxis am Donnerstag und Freitag vor dem Brand betreten. Er war dort, um sie zu desinfizieren, denn im letzten Sommer hat sich „Ungeziefer" gezeigt.

Dr. Ulrichs setzt hinzu, dass er übrigens gerade mit seinem Versicherungsvertreter telefoniert hat. Nach dessen Auskunft ist die Praxis bei der „Gothaer" gegen Brandschaden und Betriebsunterbrechung gerade angemessen versichert, weder zu hoch noch zu niedrig. Auf den leicht befremdeten Vorhalt von KHM Zahn, gestern noch habe er ihm doch gesagt, leider gar nicht versichert zu sein, sagt Dr. Ulrichs, das sei ein Irrtum seinerseits gewesen; der habe sich aber jetzt ja aufgeklärt.

Schutzgelderpressung?

Von sich aus weist Dr. Ulrichs dann auf einen möglichen Ermittlungsansatz hin. Vor einem Dreivierteljahr, so sagt er, ist er viermal erpresst worden. Per Post hat er nacheinander vier Briefe bekommen, in denen jeweils 500 DM von ihm verlangt wurden: Zahle er nicht, werde er das bereuen. Er hat an den Ernst der Erpressungen geglaubt und notgedrungen gezahlt.

Die ersten beiden Male – so war, sagt er, die Anweisung im Brief – hat er das Geld in einem Briefumschlag unter den Tisch im Wartezimmer kleben müssen. Er hat zwar laufend zu beobachten versucht, wer die Umschläge von dort wegnimmt, doch nach drei Tagen waren sie verschwunden, ohne dass er hätte sehen können, durch wen.

Beim dritten Mal hatte er den Umschlag hinter den Spülkasten der Patiententoilette zu stecken; auch dieser Geldbrief war einige Tage später weg. Beim vierten Mal hat er die Aufforderung nicht mehr befolgt; passiert ist daraufhin nichts. Seinen Arzthelferinnen hat er von den Erpressungen nichts erzählt.

Die Mitarbeiterinnen äußern sich, bis auf eine, der er vor kurzem gekündigt hat, hoch zufrieden mit ihrem Chef. Sie loben sein souveränes Auftreten, dass er sie gut bezahlt und dass das Betriebsklima so angenehm ist. Zu dem Durchbruch und den geplanten Renovierungen hat Dr. Ulrichs ihnen nichts Genaues gesagt, ihnen nur empfohlen, sie sollten doch ihre persönlichen Sachen über die Feiertage mit nach Hause nehmen. Ungeziefer haben sie in der Praxis bisher eigentlich nicht bemerkt, nur zweimal ganz winzige Spinnen. Der Chef hat aber vor Weihnachten eine Andeutung über eine geplante Desinfektion gemacht.

Anfangsverdacht

Montags darauf ist Silvester und am Dienstag Neujahrstag 1985 – die Ermittlungen ruhen während der Feiertage. KHM Zahn bleibt trotzdem mit den Gedanken bei dem zumal für Odenwälder Verhältnisse schweren Fall. Dr. Ulrichs' Bericht über die Erpressungen lässt ihn irgendwie nicht los. Es kommt ihm seltsam vor, dass Dr. Ulrichs auf die Erpressungen dreimal eingegangen sein will, statt gleich zur Polizei zu gehen.

Am ersten Arbeitstag des Jahres 1985 gehen die Ermittlungen vor Ort weiter. KHM Zahn ist an der Brandstelle und schaut sich auf der Patiententoilette den Spülkasten an, hinter den Dr. Ulrichs den dritten Geldbrief geklebt haben will. Der Spülkasten sitzt bündig an der Wand; es passt kein Umschlag dahinter. KHM Zahn holt Dr. Ulrichs und lässt sich vorführen, wohin er den Brief geklebt haben will. Dr. Ulrichs hebt den Deckel des Spülkastens hoch, merkt dabei selbst, dass nichts dahinter passt, und erklärt, er habe den Geldbrief nicht hinter, sondern in den Spülkasten hinein geklebt. Auf KHM Zahns Entgegnung, dass Umschlag und Geld dann ja hätten nass werden müssen und ob es unter Wasser überhaupt klebt, wird Dr. Ulrichs unwirsch. Über solche Nebensächlichkeiten hat er sich keine Gedanken gemacht.

Dann fragt KHM Zahn, wo der bei der Insektenbekämpfung benutzte Kanister Desinfektionsmittel und die benutzte Sprühflasche geblieben seien. Dr. Ulrichs sagt: Im „Gipsraum". KHM Zahn geht mit ihm hin; weder Kanister noch Sprühflasche finden sich dort.

Die Polizei versucht, die von Buchhammer angeheuerten Schwarzarbeiter zu finden. Sie sucht auch über die Presse. Ohne Erfolg. Auch die Befragung der Nachbarn ergibt nichts. Kein Höchster hat Arbeiter oder ein Handwerker-Fahrzeug gesehen. Für Hinweise auf den Täter der Brandstiftung setzt die Staatsanwaltschaft eine Belohnung von 5000 DM aus.

Die Polizei befragt Buchhammers Elektriker. Der sagt, vor sechs Wochen im November habe er Dr. Ulrichs in Buchhammers Gegenwart gefragt, ob er den Abstellraum nun mit an die Stromverteilung der Praxis anschließen soll oder nicht. Dr. Ulrichs hat klar gesagt, dass er an dem Raum jetzt doch kein Interesse mehr hat.

Die Polizei befragt die Bekannten, die Buchhammer zuletzt besucht haben. Zwei von ihnen sagen unabhängig voneinander, dass Buchhammer am Freitagabend, dem Vorabend des Brandes, Dr. Ulrichs erwartet hat. Der sollte ihm wieder einmal seine regelmäßige „Aufbauspritze" geben.

Mehrere Zeugen geben an, in der Nacht von Freitag auf Samstag, den Brandtag, Dr. Ulrichs' weißen Mercedes-Geländewagen vor der Praxis geparkt gesehen zu haben.

Aus Sicht der Polizei besteht jetzt ein Anfangsverdacht gegen Dr. Ulrichs.

Chefsache

Die Staatsanwaltschaft Darmstadt beantragt am 4. Januar 1985 beim Ermittlungsrichter zwei Beschlüsse. Praxis und Wohnung Dr. Ulrichs' sollen durchsucht, seine Telefone überwacht werden. Am selben Tag erlässt das für Höchst zuständige Amtsgericht Michelstadt die beantragten Beschlüsse. Ab jetzt werden Dr. Ulrichs' Telefone abgehört und die Gespräche aufgezeichnet. Am 8. Januar werden seine Wohnung und seine Praxis durchsucht. Notizbücher und persönliche Unterlagen werden beschlagnahmt. Die Polizei findet in der Wohnung auch ein Beil mit weißen Anhaftungen an der Klinge. Nach der Haussuchung vernimmt Oberstaatsanwalt Waldschmidt, der stellvertretende Darmstädter

Behördenleiter, persönlich Dr. Ulrichs. Er hat einen Ruf als besonders engagierter unnachsichtiger Strafverfolger. Da alle Ermittlungsverfahren gegen Kollegen, Richter und Rechtsanwälte in seine Zuständigkeit fallen, sind für ihn Beschuldigte mit akademischer Bildung nichts Ungewöhnliches.

Er belehrt Dr. Ulrichs zu Beginn, und zwar als Beschuldigten: Gegen ihn besteht der Verdacht der versuchten Brandstiftung, des versuchten Betruges und des Versicherungsbetruges. Zu einer Aussage ist er als Beschuldigter nicht verpflichtet. KHM Zahn ist bei der Vernehmung dabei. Sie dauert mit Pausen von zehn Uhr morgens bis halb acht Uhr abends. Dr. Ulrichs hat die Darmstädter Rechtsanwältin Moog, die keine Strafrechtsspezialistin ist, als Verteidigerin neben sich.

Dr. Ulrichs ist aussagebereit. Er gibt jetzt an, dass er seine Praxis nicht nur ausreichend, sondern sogar doppelt versichert hat. Bei der „Gothaer" bestehen eine Versicherung gegen Brandschäden über 1 Million DM und eine gegen Schäden durch Betriebsunterbrechung über 600 000 DM. Bei der „Vereinten" bestehen Versicherungen gegen dieselben Risiken über jeweils 1 Million DM. Ihm ist, sagt er, die Doppelversicherung nicht aufgefallen. Er hat gedacht, die Versicherungen bei der „Vereinten" seien nur für das Gebäude. Er räumt ein, dass beide Versicherungen nichts von den Verträgen bei der jeweils anderen wissen. Die Verteidigerin schaltet sich dazu ein: Dr. Ulrichs hat den Brandschaden nur der „Gothaer" gemeldet. Sie selbst, die Verteidigerin, hat nach dem Brand die „Vereinte" informiert, dass nur die „Gothaer" eintrittspflichtig ist.

Oberstaatsanwalt Waldschmidt fragt Dr. Ulrichs nach seiner wirtschaftlichen Lage: Die Praxis ist solide finanziert und läuft gleich seit der Eröffnung im Februar 1984 glänzend. Dennoch plant er, mit seiner Familie aus Höchst wegzuziehen. Der Kaufvertrag für einen aufwändigen Hausbau mit neuer Praxis bei München ist sogar schon beurkundet, die Finanzierung dafür unter Dach und Fach. Warum er denn Höchst so schnell aufgeben wolle? Ihn vertreibt, so sagt er, dass seine alteingesessenen, von ihm als erfolgreichem Konkurrenten wenig erbauten Arztkollegen hier versuchen, ihn standeswidrig auszubeuten. Sie geben ihm nur Überweisungs- anstelle von Erstscheinen. Mehrere Kollegen haben gar einen Anteil an seinen Honoraren für sich verlangt und damit gedroht, ihm sonst keine Patienten mehr zu überweisen. Dr. Ulrichs nennt für diese Beschuldigung fünf Höchster Ärzte mit Namen.

Das andere Motiv wegzuziehen sind die besagten Erpresserbriefe. Waldschmidt will wissen, was ihm eigentlich angedroht worden ist. Was sollte ihm, wenn er nicht zahle, zugefügt werden? Dr. Ulrichs antwortet, er kriege „den Text nicht mehr zusammen. Es war eine Drohung gegen mich und meine Praxis in dem Brief enthalten. Ich weiß das aber nicht mehr." Waldschmidt hält ihm Ungereimtes in früheren Angaben vor. Durch einen Umschlag hinter dem Spülkasten der Patiententoilette kann keine Geldübergabe erfolgt sein. Dort ist kein Platz, nicht einmal für einen Brief. Dr. Ulrichs kann das erklären: Der Spülkasten war damals einseitig aus seiner Halterung ausgehängt und zur Wand hin eine Lücke.

Sehr genau fragt Waldschmidt nach Details. Zum Greifen steht jetzt der Vorwurf im Raum, dass Dr. Ulrichs keineswegs um zu desinfizieren in der Praxis war, sondern um selbst das Loch in die Mauer zu schlagen und die anderen Brandvorbereitungen zu treffen. Er soll nochmals beschreiben, wie er desinfiziert hat. Er will in einem ihm von Buchhammer übergebenen Kanister einen Rest Lindan mit Paral und einem Mittel namens „Desdermann" gemischt haben. Das Paral hat er angeblich im Oktober in der Höchster Drogerie Grünewald gekauft. Waldschmidt hält ihm vor, Drogist Grünewald habe ausgesagt, gar kein Paral zu führen.

Waldschmidt hält ihm weiter vor, dass Buchhammers Putzfrau ausgesagt hat, zusammen mit Buchhammer noch kurz vor Weihnachten Altpapier und andere Gegenstände in den Raum, in dessen Wand jetzt das Loch ist, hineingeräumt zu haben. Wie passt dieses Vollräumen zu den mit Buchhammer angeblich verabredeten Arbeiten dort? Und: Zwei Zeugen haben ausgesagt, Buchhammer habe ihnen gegenüber erwähnt, er erwarte ihn an dem Freitagabend vor dem Brand „wegen seiner Spritze". Ferner: Elektromeister Schäfer hat den Raum mit dem Durchbruch auf Ihre Anweisung nicht an das Praxis-, sondern an das Netz der Wohnung Buchhammer angeschlossen. Also stimmt es nicht, dass Sie den Raum zur Praxis ziehen wollten? Woher kommen die weißen Anhaftungen an dem Beil?

Dr. Ulrichs hat jeweils Antworten parat. Die Drogerie Grünewald führt ganz gewiss doch „Paral". Buchhammer war eben sehr sprunghaft und hat ihm den Raum erst nach Weihnachten endlich bindend zugesagt. Und am Freitagabend war Buchhammer mit seiner Spritze noch gar nicht wieder dran; er hat da was verwechselt. Von dem Elektromeister ist er auf den Anschluss bestimmt nicht angesprochen worden. Mit dem bei ihm zu Hause gefundenen Beil hat er vor Weihnachten den Christbaum zugespitzt, und zwar auf einem „Bimsstein" als Unterlage. Von diesem Bimsstein rühren die weißen Anhaftungen her. Mit dem Mauerdurchbruch haben sie nichts zu tun.

Persönliches

Der Oberstaatsanwalt fragt zur Abrundung nach den persönlichen Verhältnissen des Beschuldigten. Dr. Ulrichs erzählt, dass er schon einmal verheiratet war. Seine frühere geschiedene Frau, Katharina[1], ist inzwischen Oberstudienrätin. Die gemeinsame Tochter ist vom neuen Mann ihrer Mutter adoptiert worden; Kontakt zu diesem ersten Kind hat er gar keinen mehr.

Zur selben Zeit vernimmt Staatsanwalt Heymann im Nebenraum Frau Dr. Susanne Ulrichs[2]. Sie ist drei Jahre jünger als ihr Mann. Seit fünf Jahren sind sie verheiratet. Sie ist, sagt sie, seine zweite Frau, die erste war eine medizinisch-technische Assistentin mit Vornamen „Heidi"[3]. Die Heidi hat sie nur ein einziges Mal gesehen; erst nach dieser Begegnung hat ihr Mann ihr erzählt, dass er mit dieser Frau einmal verheiratet gewesen ist.

Sie erzählt, wie sie ihren Mann bei einer Fortbildung kennen gelernt hat, von den Lehr- und Wanderjahren als jungen Assistenzärzten, von der Praxisgründung in Höchst und den Plänen, nach München zu gehen. Ihr Mann liebt den deutschen Süden. Von den Erpressungen im Frühjahr hat ihr Mann ihr erzählt; gesehen hat sie die Erpresserbriefe nicht. Als sie jetzt erstmals hört, dass er gezahlt hat, wundert sie sich ein wenig, woher er denn die dreimal 500 DM für die Geldbriefe gehabt haben mag. Die Finanzen verwaltet nämlich sie, und solche Beträge hätten ihr eigentlich nicht entgehen können.

Ob ihr Mann eine Geliebte hat? Voriges Jahr, noch in Würzburg, hat sie tatsächlich einen solchen Verdacht gehabt. Darauf angesprochen, ist ihr Mann ausgewichen. Sie hat deswegen aber kein Theater gemacht. Wegen Beziehungsproblemen war sie zwar kurz bei einem Psychoanalytiker in Frankfurt, hat sich aber bald gesagt, eigentlich müsse sie mit so etwas selber fertig werden. Offene Gespräche mit ihrem Mann und mit Kollegen haben ihr dann geholfen.

Ihre kleine Tochter hat von Geburt an eine schwere spastische Lähmung; ihr Mann und sie kümmern sich beide intensiv um das Kind.

In dieser Vernehmung entsteht der Eindruck einer partnerschaftlichen, gleichberechtigten Ehe, die sogar solche Belastungen wie die nicht wirklich bestrittene Untreue des Mannes verträgt. Auch fachlich arbeiten die beiden gut zusammen. Frau Dr. Ulrichs, die Anästhesistin, hat ihrem Mann ein „Notfall-Set" zusammengestellt. Sogar in einer orthopädischen Praxis, hat sie

---

1 Name geändert
2 Name geändert
3 Name geändert

ihm gesagt, muss gelegentlich beatmet werden, und ein Patient muss auch „einmal schlafen geschickt werden können", weil das bei manchen Behandlungsarten erforderlich ist. Sie zählt die Medikamente auf, die sie ihm für das „Notfall-Set" gekauft hat. Ein Kurzzeit-Narkotikum namens „Brevimytal" ist nicht dabei.

Nach der Vernehmung fahren die Polizisten Frank und Schneider die Eheleute Dres. Ulrichs nach Hause. Sie holen den „Bimsstein", auf dem der Weihnachtsbaum angespitzt worden sein soll. Die Kriminaltechnik soll damit klären, ob die weißen Anhaftungen an dem Beil von dem Bimsstein (der in Wahrheit ein Kalksandstein ist) oder etwa dem Wanddurchbruch stammen.

„Körbes"

Im Gespräch auf der Fahrt legt Dr. Ulrichs den Beamten dringend nahe, sie sollten sich umgehend mit der Telefonseelsorge in Darmstadt in Verbindung setzen. Er ist nämlich, sagt er, vor ein paar Tagen wegen des Brandes zu Hause angerufen worden. Anrufer war ein ihm unbekannter Mann. Der hat ihn auf die Telefonseelsorge hingewiesen. Dort wisse man mehr über den Täter. Dr. Ulrichs weiß in diesem Moment noch nicht, dass seine Telefone abgehört werden, und er rechnet auch nicht mit dieser Möglichkeit.

An seiner Aussage stimmt, dass am 7. Januar ein Mann bei der Darmstädter Telefonseelsorge angerufen hat. Der Anrufer hat dem Pfarrer am Telefon folgende Geschichte erzählt: Er müsse „sich jetzt Luft machen". Mit zwei anderen Männern, so sagt er, ist er vor ein paar Tagen in der Wohnung eines alten Mannes in Höchst im Odenwald gewesen. Dieser Alte hat sie mit Schuldscheinen unter Druck gesetzt. Nachdem man nicht einig geworden ist, hat man durch einen Einbruch in eine nahe gelegene Arztpraxis eine Spritze erbeutet. Man ist zurückgekommen, hat den Inhalt dem alten Mann in den Arm gespritzt und die Praxis angesteckt.

Der Pfarrer sieht sich nicht an das Beichtgeheimnis gebunden und informiert vorsichtshalber die Polizei.

Die Polizisten fragen Dr. Ulrichs, wann der – wie sie aus der Telefonüberwachung genau wissen, erfundene – Anruf bei ihm zu Hause stattgefunden hat. Das war, sagt Dr. Ulrichs, gestern zwischen neun und halb zehn Uhr. Der Anrufer hat einen „Kohlenpottdialekt" gesprochen. Die Polizisten sagen Dr. Ulrichs zwar nichts vom Abhören, fragen aber unverblümt, ob Dr. Ulrichs vielleicht selbst bei der Telefonseelsorge angerufen hat. Das verneint er entrüstet.

Am 18. Januar wird Dr. Ulrichs zum zweiten Mal als Beschuldigter vernommen. Die Vernehmung führt nicht mehr Oberstaatsanwalt Waldschmidt selbst, sondern wieder KHM Zahn. Dr. Ulrichs erzählt von einem weiteren anonymen Anruf am 14. Januar: dieselbe Stimme wie am 7. Januar. Seine mit vielen Details ausgeschmückte Darstellung dieses Telefonats füllt in der Vernehmungsniederschrift drei Seiten. Der Anrufer hat für sich selber zwar nicht mehr gestanden, als „nur den Bruch gemacht" zu haben. Den „aale Mann" hat hingegen ein „Körber" oder „Körbes" „abgeknipst". Er, Dr. Ulrichs, hat den Anrufer mit Fragen bedrängt, aber der hat wieder nur „Telefonseelsorge Darmstadt" gesagt, und hat dann aufgelegt.

KHM Zahn sagt Dr. Ulrichs auch jetzt noch nicht, dass es diesen Anruf bei ihm genauso wenig gegeben haben kann wie den angeblichen vom 7. Januar, wie die Polizei aus der Telefonüberwachung weiß.

Es wird eng

Zwei bei der Haussuchung sichergestellte Notizbücher Dr. Ulrichs' sind ausgewertet worden. Sie enthalten handschriftliche Aufzeichnungen. Aus Sicht der Polizei sind es Gegenüberstellungen der Einnahmen und der Ausgaben für den Haus- und Praxisbau bei München. Als Einnahmen sind Versicherungsleistungen für einen Zeitwert der Höchster Praxis mit 850 000 DM angesetzt. Eine der Aufstellungen nennt diesen Betrag zweimal, je einmal in Verbindung mit Kürzeln „V 1" und „V 2". In dieser Aufstellung erscheinen ferner Einnahmen aus „U 1" von 850 000 DM und aus „U 2" von 600 000 DM. Die Polizei interpretiert das als Kalkül mit den Doppelversicherungen. „V" bedeutet „Versicherung"; „U" bedeutet „Unterbrechungsversicherung". Dr. Ulrichs hat für sein Münchener Projekt also nicht nur einfach mit dem Versicherungsfall, dem Brand, kalkuliert. Aus dem zweifachen Ansatz und der Bezifferung „1" und „2" geht für die Polizei hervor, dass er die Schäden doppelt hat geltend machen wollen.

Routinemäßig hat die Polizei den Müllcontainer der Praxis durchsucht. Darin lag ein ganzer Packen Blanko-Geschäftsbriefbogen eines „Medizin-Technik-Vertriebs Butschkowski, Muthgasse 12–14, A-1191 Wien". Die Polizei fragt sich, weshalb Dr. Ulrichs so viele Briefbogen dieser österreichischen Firma hat. Interpol Wien teilt mit Datum 23. Jänner 1985 mit: Eine Firma Butschkowski ist im Wiener Handelsregister nicht eingetragen. Die Hausnummern 12–14 gibt es in der Muthgasse auch gar nicht. Da kommt ein Zufall zu Hilfe: Dem für die Muthgasse zuständigen Postamtsvorstand fällt auf die polizeiliche Nachfrage hin ein, dass soeben an diese nicht bestehende Firma, unter dieser nicht bestehenden Adresse, ein Brief aus Deutschland eingegangen ist, den man nicht hat zustellen können.

Die Polizei macht den Brief auf. Ein deutscher Brandschaden-Sachverständiger bittet die Firma Butschkowski um Auskunft über den heutigen Zeitwert eines chirurgischen Bildverstärkers. Näheres über das Gerät ergibt sich aus der kopiert beiliegenden Rechnung an einen gewissen Dr. Ulrichs in Höchst im Odenwald, Deutschland. Dieser Sachverständige ist von Dr. Ulrichs' Feuerversicherung „Gothaer" beauftragt. Dr. Ulrichs hat nämlich bei der „Gothaer" die dem Schreiben beigefügte Rechnung der Firma Butschkowski eingereicht, auf der ein Bildverstärker mit 205 000 DM erscheint. Wer hat diese Rechnung ausgestellt, wenn es die Wiener Firma nicht gibt?

Die deutsche Polizei findet heraus, dass auf Dr. Ulrichs' Kontoauszügen eine Überweisung für eine Dieburger Druckerei erscheint. Verwendungszweck: „Briefbogen Butschkowski". Der Druckereibesitzer sagt aus, dass Dr. Ulrichs im September bei ihm 500 Briefbogen wie die aus dem Müllcontainer hat drucken lassen. Der Bildverstärker hat Dr. Ulrichs bei der Anschaffung in Wahrheit nicht 205 000 DM, sondern nur 79 800 DM gekostet.

Routinemäßig werden sichergestellte Zeugnisse verschiedener Chefärzte aus Dr. Ulrichs' Zeit als Assistenzarzt in den frühen 80er Jahren mit den scheinbaren Verfassern abgeklärt. Es stellt sich heraus, dass einige Zeugnisse gefälscht sind.

Ende Januar befragt KHM Zahn nacheinander die fünf von Dr. Ulrichs namentlich genannten Arztkollegen, die für Überweisungen von Patienten standeswidrig einen Anteil an Dr. Ulrichs' Honorar für sich gefordert haben sollen. Alle fünf weisen diesen Vorwurf als völlig abwegig zurück. Einer schreibt der Polizei am nächsten Tag, er habe diese Verleumdung der Ärztekammer angezeigt. Diese fünf Ärzte geben außerdem an, niemals einen Erpresserbrief bekommen zu haben; auch im Kollegenkreis haben sie nie von einer derartigen Erpressung gehört.

Die Polizei vernimmt den Versicherungsvertreter der „Vereinten". Der berichtet, dass sein alter Klient, der jetzt tote Buchhammer, ihm Dr. Ulrichs als neuen Kunden vermittelt hat. Im März 1984 hat er Dr. Ulrichs in der Praxis aufgesucht und eine Feuer- sowie eine nur im Brandfall gültige Betriebsunterbrechungsversicherung abgeschlossen, beide Versicherungen über jeweils 1 Million DM. Dass bei der „Gothaer" schon zwei Sachversicherungen gegen dieselben Risiken bestehen, hat ihm Dr. Ulrichs nicht gesagt. Im April 1984 hat er Dr. Ulrichs auf dessen Bitte nochmals in der Praxis besucht und ihm alle Fragen ausführlich beantwortet. Dr. Ulrichs war, so sagt dieser Zeuge, über seine Versicherungen genauestens im Bilde.

Anfang Februar hat das Landeskriminalamt die kriminaltechnische Untersuchung der weißen Anhaftungen an dem Beil abgeschlossen. Sie bestehen aus Gipsputz mit Holzpartikeln, demselben Material wie am Mauerdurchbruch. Keinesfalls können sie von dem Kalksandstein stammen. Auch Spuren von Baumharz haben sich an dem Beil nicht gefunden, die beim Zurechthauen des Christbaumstamms hätten entstehen müssen. Eine andere Abteilung des Landeskriminalamtes berichtet, dass am Mauerwerk die individuellen Merkmale der Beilschneide wiedergefunden worden sind. Der Durchbruch ist unzweifelhaft mit diesem Beil bearbeitet worden.

Ende Februar 1985 fasst das Kriminalkommissariat Erbach im Schlussvermerk den Tatverdacht so zusammen:

Der versuchten Brandstiftung ist Dr. Ulrichs dringend verdächtig. Sein Motiv ist Betrug zum Nachteil der Versicherungen. Er hat die Praxis doppelt versichert. Die Brandstiftung ist, nach der Anordnung der Zündmittel, auf die Zerstörung der Praxis gerichtet gewesen. Er hat mit der gefälschten Rechnung „Butschkowski" einen höheren Schaden vorgetäuscht. Man hat keinen Hinweis auf andere Täter; alle Einbruchspuren fehlen. Die angeblichen Schwarzarbeiter Buchhammers gibt es nicht. Für die Brandlegung sind „tatorteigene" Mittel – die Kochplatte, die Röntgenentwickler-Kanister – benutzt worden, auf deren Vorhandensein kein fremder Täter hat bauen können. Dr. Ulrichs ist, wie sich aus den Spuren an seinem Beil ergibt, an dem Mauerdurchbruch beteiligt gewesen, hat das aber geleugnet. Schließlich hat er versucht, durch seine erlogenen Geschichten von den Anrufen bei der Telefonseelsorge und bei ihm selbst eine falsche Spur zu dem erfundenen „Körbes" zu legen.

Auch der Verdacht eines Tötungsdeliktes, schreibt die Polizei, ist gegeben. Ein nur zufälliger Zusammenhang zwischen dem Brand und dem Tod Buchhammers wäre doch äußerst unwahrscheinlich. Eine konkrete Verbindung und damit eine Täterschaft Dr. Ulrichs' lässt sich aber „noch nicht" nachweisen.

Haftbefehl

Am 11. März wird Dr. Ulrichs zu einer dritten Beschuldigtenvernehmung nach Höchst vorgeladen. Jetzt kommt er mit zwei Rechtsanwälten; einer ist erfahrener Strafverteidiger.

Staatsanwalt Rausch vernimmt ihn. Er eröffnet ihm erstmals, dass sein Telefon schon seit dem 4. Januar abgehört worden ist; Dr. Ulrichs weiß jetzt, dass die Polizei seine Geschichten mit der Telefonseelsorge und „Körbes" entlarvt hat.

Der Staatsanwalt hält ihm einen ganzen Katalog mit Fragen zu Widersprüchen zwischen seinen Angaben und den bisherigen Ermittlungsergebnissen vor. Die Verteidiger schreiben die Fragen mit. Danach beraten sie allein mit ihrem Mandanten. Sie teilen der Polizei mit, dass Dr. Ulrichs jetzt keine Aussage machen, aber den Fragenkatalog bis Ende der Woche schriftlich beantworten wird.

Wenige Tage später schickt Verteidigerin Moog der Staatsanwaltschaft den von ihr abgetippten Fragenkatalog mit handschriftlichen Antworten Dr. Ulrichs' zu. Die 19 Fragen sind klar, die Antworten nicht. Dr. Ulrichs' Handschrift ist schwer, streckenweise fast nicht lesbar, eine „Doktorschrift". Der Inhalt der Antworten ist kaum nachzuvollziehen, die Gedankenführung assoziativ.

Zu manchen der Fragen kommt eine lange Geschichte. Zum Beispiel zu den Briefbogen Butschkowski: Dr. Ulrichs hat sie sich wegen seiner geplanten Vertretertätigkeit für seinen alten Gerätelieferanten dieses Namens, Spitzname „Butsch", drucken lassen. Den „Butsch" gibt es wirklich, wenn auch nicht in Wien – allerdings sagt Dr. Ulrichs nicht wo. Zu anderen Fragen schreibt er nur einen Satz. So sind die Berechnungen mit den Versicherungsleistungen „V 1" und „V 2" ein bangloses „Ablenkungsspiel".

Die meisten Fragen, etwa nach den erfundenen Telefonseelsorge-Anrufen und „Körbes", beantwortet er entweder gar nicht oder die Antwort wirkt so unpassend, als habe er die Frage nicht verstanden.

Am 14. März ruft Dr. Ulrichs den Staatsanwalt Rausch an. Er teilt ihm mit, dass er gerade aus Bern, Schweiz, telefoniert. Am Telefon gesteht er dem Staatsanwalt die Fälschungen mehrerer der bei ihm gefundenen ärztlichen Arbeitszeugnisse, den Diebstahl der dazu benutzten Klinik-Briefbogen und -stempel sowie den Betrugsversuch bei der „Gothaer" mit der gefälschten Rechnung Butschkowski. Jede Beteiligung an der versuchten Brandstiftung und an der Tötung Buchhammers bestreitet er mit Nachdruck. Er bittet um ein persönliches Gespräch mit Oberstaatsanwalt Waldschmidt und Staatsanwalt Rausch, das, so wünscht er es ausdrücklich, ohne seine Verteidiger im ungestörten Gegenüber stattfinden soll. Das gewünschte Gespräch wird ihm für den 18. März, 10.00 Uhr, zugesagt.

Dr. Ulrichs nimmt den Gesprächstermin nicht wahr. Stattdessen schreibt er an seine Verteidigerin. Sie soll an die Polizei die folgenden „Richtigstellungen" weitergeben: Den Hinweis auf „Körbes" hat er nicht per Telefon, sondern persönlich bekommen. Ein angeblich Tatbeteiligter hat ihn in Höchst auf der Straße angesprochen und ihm die Beteiligung des „Körbes" genau so erzählt, wie er sie der Polizei dann wiedergegeben hat. Dieser Unbekannte hat ihn, Dr. Ulrichs, aus uneigennützigen Gründen warnen wollen. Er kann, so hat er gesagt, als Mitschuldiger „mit der Tat nicht leben", und um Dr. Ulrichs' Leben hat er große Angst, hält ihn für durch seine Mittäter gefährdet. Dr. Ulrichs nimmt die Frage vorweg, warum er der Polizei von diesem Treffen nichts erzählt hat. Er war, lässt er sagen, über den gegen ihn gerichteten Verdacht „beleidigt". Er hat selbst diesen Verdacht entkräften und seine Unschuld nachweisen wollen. Er hat daher auf eigene Faust ermittelt und sich mit diesem unbekannten Informanten noch zweimal getroffen. Er hat dem Mann auch 1500 DM gegeben, damit er sich einen Verteidiger nehmen kann. Es ist ihm aber nicht gelungen, mehr herauszufinden.

Auch wegen der Axt kommt eine Korrektur. Er hat sie Buchhammer geliehen und sogar selbst bei dem Durchbruch kurz damit gearbeitet.

Eine Stunde vor dem vereinbarten Gesprächstermin am 18. März erfährt die Staatsanwaltschaft, dass sich Dr. Ulrichs auf Rat seiner Verteidiger stationär in das Göttinger Psychiatrische Landeskrankenhaus – in die Behandlung des dortigen Chefarztes Professor Ventzlaff – begeben hat. Staatsanwalt Rausch ruft sofort in Göttingen an. Dr. Ulrichs ist tatsächlich dort als Patient aufgenommen. Er lässt eine ärztliche Bescheinigung übersenden, wonach er unter einer reaktiven Depression und ausgeprägten Suizidtendenzen leidet. In dem Chefarzt Professor Ventzlaff wird Dr. Ulrichs für die kommenden Jahrzehnte einen gewichtigen Fürsprecher gewinnen.

Staatsanwalt Rausch beantragt am selben Tag Haftbefehl. Die Untersuchungshaft soll wegen vollendeter Urkundenfälschung, versuchter schwerer Brandstiftung, Versicherungsbetruges und versuchten Betruges angeordnet werden. Einen dringenden Tatverdacht, dass Dr. Ulrichs Buchhammer getötet hat, kann die Staatsanwaltschaft beim bisherigen Stand der Ermittlungen nicht überzeugend begründen.

Am 2. April erlässt das Amtsgericht Michelstadt diesen Haftbefehl. Die Staatsanwaltschaft lässt ihn aber vorerst nicht vollstrecken. Dr. Ulrichs bleibt bis auf Weiteres in der Göttinger Psychiatrie.

Geliebte und Gefährdete

Staatsanwalt Rausch arbeitet an der Anklageschrift. Die Polizei ermittelt weiter. Sie will sich auch ein Bild von Dr. Ulrichs' Persönlichkeit machen. Dazu vernimmt sie frühere Ehefrauen, Geliebte, Kollegen.

Seine erste Frau war von 1968 bis 1974 Katharina[1]. Sie war seine Klassenkameradin im Gymnasium und ein Jahr jünger. Sie sagt, dass er in der Schule ganz und gar kein „Überflieger" war. In der Unterprima, der zwölften Klasse, ist er sogar sitzengeblieben. Er war ihre „große Liebe". Sie hat ihn mit 20 Jahren geheiratet. Auf das „ungeplante" gemeinsame Kind, ein Mädchen, hat er sich, was sie noch heute wundert, wohl ehrlich gefreut.

Sie hat dann zügig Mathematik und Physik für das Lehrfach an Gymnasien studiert; er ist mit Medizin nur langsam vorangekommen. Er ist, so sagt sie, stets groß aufgetreten, hat für einen Studenten eigentlich immer zu viel Geld gehabt, war gierig auf prestigeträchtige Dinge. Bald hat sie leider merken müssen, dass er sich nicht nur pausenlos wichtig gemacht, sondern selbst an seine haltlosen Geschichten geglaubt hat. Sie hat dann den Scheidungsantrag gestellt. Scheidungsgrund war für sie, dass er ihr einen Hodenkrebs vorgespielt und sie damit emotional und finanziell ausgenutzt hat. Mit einer „Heidi" hat er sie betrogen. Zu seinem Vater, der ihn noch in der Abiturklasse gelegentlich verprügelt hat, hat er ein „Hass- und Winselverhältnis" gehabt. Sie schildert ihren geschiedenen Mann als Waffennarren, Amphetaminkonsumenten, Schwadroneur von Geheimdienst-Abenteuern. Sie ist inzwischen Studiendirektorin und über die gelungene Trennung von ihm heilfroh. Das Kind hat ihr neuer Mann adoptiert; Kontakt zu ihrem Geschiedenen hat sie nicht. Zur Strafverhandlung will sie nicht kommen, aber vielleicht einen Verwandten zum Beobachten schicken. Auf eine entsprechende Frage der Polizei: Nein, eine plötzliche rätselhafte Erkrankung hat sie nie gehabt.

Dr. Ulrichs' jetzige Frau Dr. Susanne weiß von der ersten Ehe ihres Mannes mit Katharina und seinem Kind – immerhin einer Halbschwester ihrer eigenen Tochter – nichts. Sie kennt nur seine zweite Ehe mit „Heidi". Auch von der hat sie erst nach ihrer Hochzeit erfahren.

Die zweite Frau, von 1976 bis 1978, heißt Heidemarie, „Heidi"[2]. Als pharmazeutisch-technische Assistentin war sie seine Kollegin. Kennengelernt hat sie ihn 1973, noch während der ersten Ehe. Nichts mehr will sie mit ihm zu tun

---
1 Name geändert
2 Name geändert

haben, nicht einmal mit der Polizei über ihn sprechen. Sie ist nur bereit, zu unerklärlichen schweren Erkrankungen auszusagen, nach denen die Polizei auch sie fragt. Sie hat im Jahr 1977 dreimal unter schwerster und lang dauernder Übelkeit gelitten. Jedes Mal hatte sie zuvor mit ihrem Mann Kaffee beziehungsweise Glühwein getrunken. Die Verdachtsdiagnose „Lebensmittelvergiftung" hat sich im Krankenhaus nicht bestätigt. Auch eine andere medizinisch plausible Erklärung hat sich nicht finden lassen. Nach der Trennung von ihrem Mann hat sie erfahren, dass er kurz vor dem ersten ihrer rätselhaften Übelkeitsanfälle seine jetzige Frau Susanne kennengelernt hatte.

Die Würzburger Geliebte, deren Existenz Dr. Ulrichs' jetzige Frau Susanne geahnt hat, ist Erika Stein[1]. Sie hat als medizinisch-technische Assistentin in einer Würzburger Klinik gearbeitet, als Dr. Ulrichs dort Assistenzarzt war. Ab und zu hatten sie gemeinsam Nachtdienst; ab Anfang 1981 hatten sie ein intimes Verhältnis miteinander. Frau Stein sagt bei der Polizei aus, dass ihr Geliebter über seine schlechte Ehe mit Susanne geklagt hat – seine Frau „mache ihn noch ganz fertig". Er lebe von ihr getrennt, habe überhaupt nur zweimal mit ihr geschlafen. Scheiden könne er sich aber nicht lassen. Denn seine Frau ist, wie er sagt, an multipler Sklerose schwer erkrankt, dem Tod nahe, und deswegen ist „vom Gesetz her" keine Scheidung möglich. Einmal, sagt Erika Stein, hat ihr Freund sie sehr erschreckt, nämlich gefragt, wie sie es findet, wenn er dem ohnehin sicher und bald zu erwartenden Tod seiner Frau „ein wenig nachhilft"? Sie hat die Idee empört zurückgewiesen.

Allein weil seine Ehe nach seiner Aussage nur noch auf dem Papier bestanden hat, war sie nach langem Zögern einverstanden, auf einen Kongress nach Florenz mitzukommen, wo er einen Vortrag gehalten hat. Später waren sie zusammen noch öfter in Florenz und einmal in Göteborg, Schweden. Dann wollte ihr Freund seine eigene Praxis aufbauen; Ende 1983 hat er ein geeignetes Objekt – wie er ihr gesagt hat, in Bad König[2] – gefunden. Sie zu heiraten und nach Bad König mitzunehmen hat er ihr versprochen. Sie hat sich auf das Zusammenleben sehr gefreut. Gemeinsam haben sie die Geräteausstattung geplant. Am 15. Februar 1984, so war es abgesprochen, würde sie in Würzburg kündigen. Dann ist alles aber ganz anders gekommen.

Just am Tag vor der geplanten Kündigung, am 14. Februar 1984, ist sie nach einer rätselhaften Vergiftung an einer Kleinhirnataxie erkrankt. Sie schildert in allen Details die jetzt ein Jahr zurückliegende, monatelange Erkrankung. Bis

---

1 Name geändert
2 Dieser Kurort liegt 9 km von Höchst entfernt im selben Odenwaldtal.

heute kann sie noch nicht wieder richtig gehen und schreiben. Die Krankheitsursache war und ist ungeklärt. Die behandelnden Ärzte hätten gedacht, sie habe sich umbringen wollen. Das war aber völlig abwegig – sie hat sich damals so sehr auf die gemeinsame Zukunft mit ihrem Geliebten gefreut.

Ihr Freund Dr. Ulrichs hat sie zweimal im Krankenhaus und einmal in der Reha-Klinik besucht. In ihrem siechen Zustand mochte sie ihm bei der Praxiseröffnung nicht zur Last fallen. Später hat sie von ihm zudem erfahren, dass es seiner Frau und seiner Ehe wieder besser ging. Da ist sie freiwillig „zurückgetreten". Ihr Vernehmungsprotokoll unterschreibt Erika Stein wegen ihrer Krankheit mit einer zittrigen Kinder-Handschrift.

Der sie damals behandelnde Arzt sagt der Polizei, dass er inzwischen sicher ist, die Ursache ihres Zustandes sei eine Vergiftung gewesen. Die toxikologische Analyse hat allerdings keine Klarheit darüber gebracht, um welches Gift es sich handelte. Er ist inzwischen überzeugt, dass Frau Stein das Gift nicht selbst genommen hat. Er hat sie schon damals gefragt, ob Dr. Ulrichs vor den ersten Vergiftungserscheinungen Zugang zu ihrer Wohnung gehabt hat. Sie hatte aber durch das Gift ein ganz schlechtes Gedächtnis und konnte sich nicht erinnern. Damals ist ihm als dem behandelnden Arzt auch aufgefallen, dass Dr. Ulrichs bei den Besuchen in der Klinik nicht ein einziges Mal das kollegiale Gespräch mit ihm über den mysteriösen Zustand gesucht hat. Das ist, und das wundert ihn, für einen Arzt bei einer so schweren und rätselhaften Erkrankung eines nahestehenden Menschen völlig ungewöhnlich.

Erika Stein beauftragt jetzt einen Rechtsanwalt, der der Sache nachgehen und ein Strafverfahren einleiten soll. In der Darmstädter Hauptverhandlung wird später zur Sprache kommen, dass gegen Dr. Ulrichs Ermittlungsverfahren wegen Giftbeibringung laufen. Bis heute ist ihm dazu nichts nachgewiesen worden[1].

Dr. Ulrichs' letzter Würzburger Chefarzt – der Professor, bei dem er bis kurz vor der Praxiseröffnung 1984 Assistent war – schildert ihn als fachliches Genie, über dessen Mitarbeit jedes Krankenhaus an sich hätte glücklich sein müssen. Trotzdem war man allseits heilfroh, als er die Klinik verlassen hat. Es war nicht möglich, seine Tätigkeit zu kontrollieren. Mehr und mehr hat er Dinge – wissenschaftliche Tätigkeit im Libanon, Forschungsauftrag in den USA – erzählt, die offensichtlich nicht haben wahr sein können. Bei einem Würzburger Forschungsprojekt ist herausgekommen, dass er dessen „Ergebnisse" frei erfunden hatte; dem Auftraggeber hat das Institut das Honorar zurückzahlen müssen. Mit Begeisterung

---

1 Vergiftungsvorwürfe gegen Dr. Ulrichs sind bis heute nicht vom Tisch. Siehe den Zeitungsartikel vom 1. Februar 2012 auf S. 35. Strafrechtlich verjährt Mord nie.

hat Dr. Ulrichs Versuche zu Schussverletzungen angestellt; beschossen worden sind tote Schweine. Als Dr. Ulrichs ihm erzählt hat, seine Beschussversuche hätten das Interesse eines Geheimdienstes geweckt, hat er, der Chefarzt, die Sache abgebrochen. Sie ist dann aber wohl von der Bundeswehr weitergeführt worden.

Er hat Dr. Ulrichs' Verhalten damals einem psychiatrischen Kollegen beschrieben. Der hat laut überlegt, ob Dr. Ulrichs unter einer Manie – umgangssprachlich: krankhaftem Größenwahn – leidet. Dagegen etwas unternehmen, so habe der Psychiater gesagt, könne man jedenfalls so lange nicht, wie Dr. Ulrichs weder für sich selbst noch für andere gefährlich sei.

Als die Polizei dem Professor bei Dr. Ulrichs gefundene Blanko-Briefbogen mit seinem Briefkopf und dem Stempel der Universität zeigt, sagt er, dass Dr. Ulrichs sie ihm gestohlen hat.

KRIMINALFALL

Spektakuläres Verbrechen konnte nie aufgeklärt werden

VON UNSEREM MITARBEITER
HANNS FRIEDRICH

WÜRZBURG – Die meisten Kriminalbeamten, die mit dem Fall zu tun hatten, sind bereits in Pension, die Ermittlungsakten unter „ungeklärt" abgelegt: in diesen Tagen jährt sich ein spektakuläres Verbrechen an der Universität Würzburg: vor 29 Jahren, am 31. Januar 1983, und auch noch in den ersten Februar-Tagen, hat ein Unbekannter in Würzburg versucht, Studenten mit Thallium, einem auch zur Bekämpfung von Ratten verwendeten farb- und geruchslosen Schwermetall, zu vergiften.

Zum ersten Mal hatte er am Abend des 31. Januar „zugeschlagen". Als Erstsemester aus einer Vorlesung über „medizinische Terminologie" kamen, waren auf einem Tisch vor der Hörsaaltür überwiegend alkoholfreie Getränke „aufgebaut", aber auch Bier. Auf einem Zettel stand sinngemäß, dass es sich dabei um die Reste einer Mediziner-Faschingsfete handle, und die spendiere man großherzig „unseren lieben Erstsemestern".

Am nächsten Tag war ein Medizinstudent aus der Rhön (24) mit schweren Vergiftungserscheinungen in eine Uni-Klinik eingeliefert worden; er hat den Anschlag nicht überlebt. Von den weiteren elf Opfern, die nach und nach mit zunächst unklaren Beschwerden zum Arzt gingen und zum Teil viele Wochen auf eine Intensivstation lagen, blieb einer auf Dauer körperlich behindert. Die anderen blieben von Spätfolgen, soweit bis jetzt bekannt, weitgehend verschont.

Mit Thallium präparierte Getränke waren auch auf Fluren und in den Küchen von zwei Würzburger Studenten-Wohnheimen aufgetaucht. Der Zettel, mit dem die vergifteten Getränke den Erstsemestern angeboten wurden, konnte nicht mehr sichergestellt werden.

Die Kriminalpolizei verfolgte in den folgenden Monaten insgesamt 735 Spuren, konnte aber bis heute keinen Tatverdächtigen ermitteln.

Ganz sicher ist nur, dass der Täter, der das hochkonzentrierte Thallium in die Getränke mischte, über ein Gerät verfügt haben muss, mit dem man Flaschen mit einem Kronkorken professionell verschließen kann. Während man anfangs noch vermutete, der Täter müsse, wegen des Zugriffs auf größere Thallium-Mengen, in einem Universitätsinstitut beschäftigt sein oder gute Beziehungen dorthin haben, stellte sich dann heraus, dass man dieses gefährliche Schwermetall unkontrolliert im Fachhandel erwerben konnte.

Aufmerksam wurden die Ermittler erst 2009 wieder. Da stand in Landshut ein bereits einmal wegen Mordes verurteilter Mediziner wegen eines zweiten Mordfalles vor Gericht. Im Umfeld des Orthopäden gab es mehrere Vergiftungs-Symptome, und er war zur Zeit des Thallium-Anschlags als Arzt an einer Klinik in Würzburg beschäftigt. Beim Zeitungslesen damals, als die Medien bundesweit über den Würzburger Gift-Fall berichteten, soll er einer damaligen Freundin über das Motiv des Mörders gesagt haben: „Der wollte nur mal ausprobieren, was dabei herauskommt."

Daran konnte sich die Frau Jahrzehnte später im Prozess gegen den Mann angeblich noch erinnern. In Würzburg sah man darin einen neuen Ermittlungsansatz, aber herausgekommen ist nichts. [...]

Saale-Zeitung, Bad Kissingen, vom 1. Februar 2012 (am Schluss geringfügig gekürzt)

Anklage: Brandstiftung und Betrug

Im April 1985 kommt Dr. Ulrichs aus dem Psychiatrischen Landeskrankenhaus Göttingen nach Hause. Die Brandschäden sind beseitigt und die Praxis ist wieder offen. Vorübergehend führt sie für einige Monate ein Vertreter. Dr. Ulrichs verdient sein Geld, indem er seinerseits einen Orthopäden in Ludwigshafen vertritt.

Da die Staatsanwaltschaft „Auflösungserscheinungen" seiner Ehe sieht und dadurch Fluchtgefahr fürchtet, wird Dr. Ulrichs am 13. Mai zum Haftrichter in Michelstadt vorgeladen. Gemeinsam mit seinem Verteidiger gelingt es ihm, den Argwohn der Staatsanwaltschaft zu zerstreuen; die vor dem Sitzungszimmer bereitstehende Ehefrau Dr. Susanne muss nicht einmal aussagen, dass sie die Ehe mit ihm weiterführen will. Der Haftgrund „Fluchtgefahr" ist nicht bewiesen; der Haftbefehl bleibt außer Vollzug. Dr. Ulrichs muss jetzt aber seinen Pass abgeben, sich regelmäßig bei der Polizei melden und eine Kaution von 10 000 DM hinterlegen.

Er kehrt nach Höchst zurück und führt seine Praxis wieder selbst. Sie ist so gut besucht wie früher. Das Projekt „Umzug nach München" verfolgen seine Frau und er so weiter, wie sie es vor dem Brand und vor Buchhammers Tod geplant haben.

Am 29. August 1985 klagt Staatsanwalt Maurer Dr. Ulrichs wegen versuchter schwerer Brandstiftung, Diebstahls, Urkundenfälschung, versuchten Betruges und Versicherungsbetruges zum Landgericht Darmstadt an. Hinzu kommt unerlaubter Waffenbesitz. Im „wesentlichen Ergebnis der Ermittlungen" steht: Den Diebstahl (von Patientenunterlagen und Briefbogen), die Urkundenfälschungen (der erfundenen Zeugnisse und der Rechnung „Butschkowski") und einen unerlaubten Waffenbesitz (eines Revolvers in einem „verschwundenen" Notfallkoffer) hat Dr. Ulrichs gestanden. Im Übrigen wird er durch die Indizien – unter anderem die Doppelversicherung, die gefälschte Rechnung „Butschkowski", die handschriftlichen Zettel mit „V 1" und „V 2", seine Lügen mit „Körbes" und im Zusammenhang mit dem Beil – überführt werden.

Zugleich stellt die Staatsanwaltschaft aber das „Todesermittlungsverfahren zum Nachteil Buchhammer" ein, weil kein Täter hat ermittelt werden können. Es sei zwar ganz unwahrscheinlich, dass der Tod Buchhammers zufällig zeitlich mit dem Brand der Praxis zusammengetroffen ist, weder eine bestimmte Begehungsweise der Tötung, noch eine bestimmte Person als Täter hätten aber festgestellt werden können.

Die Hauptverhandlung wird auf sich warten lassen. Von den Gerichten werden „Haftsachen" bevorzugt verhandelt. Dr. Ulrichs ist nicht in Untersuchungshaft.

Das neue Einfamilienhaus mit Praxis bei München ist Anfang 1986 fertig. Es hat 1,6 Millionen DM gekostet. Im Februar zieht die Familie ein. Die Praxis in Höchst ist im April verkauft. Der Umzug nach München wird bei der Polizei rechtzeitig angezeigt.

Mordverdacht

Der tote Buchhammer lässt den Toxikologen Professor Raudonat nicht ruhen. Die Frankfurter Gerichtsmedizin hat inzwischen einen neuen „Spektrenatlas" mit genaueren Vergleichswerten zur Verfügung, mit denen sie die chromatographischen Analyseergebnisse besser interpretieren kann. Mehr als ein Jahr nach der Tat, im März 1986, analysiert Professor Raudonat das Leichenblut Buchhammers und die Blutanhaftungen der Spritzen abermals. Er kommt zu einem neuen Ergebnis: In einer der im Papierkorb der Praxis gefundenen Spritzen, der „Spur Nr. 13", und im Leichenblut Buchhammers ist es jetzt gelungen, Methohexital nachzuweisen. Diese Substanz, im Handel als „Brevimytal", ist ein Kurzzeitnarkotikum. Innerhalb weniger Sekunden nach der Injektion verfällt der Patient in eine Narkose, die je nach Dosis 5 bis 15 Minuten dauert. Der Wirkstoff wird in der Leber schnell abgebaut.

Mit diesem Befund hält die Staatsanwaltschaft das vermisste Bindeglied zwischen der versuchten Brandstiftung und der Tötung in Händen. Sie nimmt das ein Jahr zuvor vorläufig eingestellte „Todesermittlungsverfahren Buchhammer" wieder auf.

Am 9. April 1986 schreibt Staatsanwalt Maurer einen zusammenfassenden Vermerk über die Gründe, auf die sich der jetzt gegebene Mordverdacht stützt. Die einzige mögliche Erklärung für die Anwesenheit der Brevimytal-Rückstände im Leichenblut Buchhammers ist, dass Dr. Ulrichs Buchhammer Brevimytal gespritzt hat. Diese Narkotisierung konnte nur dem Zweck dienen, Buchhammer bewusstlos zu machen. Dr. Ulrichs hat ihn dann auf den Rücken lagern und ihm die stark blutende Nasenverletzung beibringen können. Alle Umstände sprechen für diesen Hergang: Dr. Ulrichs hatte als Arzt leicht Zugang zu dem rezeptpflichtigen Medikament und wusste, wie er es einsetzen muss. Als sein Patient ließ sich Buchhammer von ihm die Spritze arglos geben. Dr. Ulrichs wusste, dass sein Opfer an dem in seinen Mund hineinlaufenden Blut ersticken würde. Die kurze Narkose würde, so war ihm klar, die lebensrettenden Abwehrreflexe, das Husten und Spucken, gerade lange genug unterdrücken, bis der Sauerstoffmangel sein Opfer bewusstlos gemacht hätte. Nach Dr. Ulrichs' Tatplan musste Buchhammer als Störfaktor bei den Brandvorbereitungen, und damit er nicht zu früh die Feuerwehr alarmieren konnte, ausgeschaltet werden.

Die so raffiniert durchgeführte Tötung hätte, wäre der vorbereitete Vollbrand tatsächlich ausgebrochen, keinerlei fassbare Spuren für eine Fremdeinwirkung hinterlassen.

Mit dieser Begründung beantragt die Staatsanwaltschaft einen zweiten Haftbefehl, jetzt wegen Mordverdachts. Das Amtsgericht Michelstadt erlässt ihn antragsgemäß am 14. April. Noch am selben Tag fahren Staatsanwalt Maurer und zwei Polizeibeamte in den östlich von München gelegenen Vorort Kirchheim. Sie verhaften Dr. Ulrichs in seinem frisch bezogenen Haus und bringen ihn nach Michelstadt.

Am 17. April 1986 gibt die Michelstädter Ermittlungsrichterin Dr. Ulrichs den Haftbefehl förmlich bekannt. Der bestreitet den Mord. Er ist Arzt und hat den Eid des Hippokrates geschworen – niemals kann er einen Menschen, gar erst einen Patienten töten. Seinen Hauswirt Buchhammer hat er doch sehr gemocht und mit ihm sogar das letzte Weihnachtsfest gefeiert. Er selbst meint ja auch, dass Buchhammer keines natürlichen Todes gestorben, sondern umgebracht worden ist. Aber er hat diese Tat nicht begangen; in die Schuhe schieben will ihm jemand diesen Mord. Die gebrauchte Spritze ist von den wahren Tätern absichtlich in seinen Praxis-Papierkorb abgelegt worden, eine falsche Spur gegen ihn.

Seine beiden Verteidiger sind auch da; sie haben einen Arzt für Anästhesie als Sachverständigen mitgebracht. Der sagt, dass Brevimytal nur ein Schlaf-, aber kein Narkosemittel ist. Das reflexhafte Abhusten des Blutes hätte damit nicht unterbunden werden können. Die Richterin holt Professor Raudonat und, nach einer Unterbrechung und Fortsetzung am nächsten Tag, Professor Brettel aus Frankfurt dazu. Beide bleiben dabei, dass Buchhammer mit Brevimytal narkotisiert worden und an seinem Blut erstickt ist. Hier entspinnt sich zum ersten Mal eine Kontroverse unter den Toxikologen und Gerichtsmedizinern, die die Justiz mehr als ein Jahrzehnt lang beschäftigen wird.

Die Amtsrichterin lässt sich vom dringenden Mordverdacht überzeugen, erhält den Haftbefehl aufrecht und lässt ihn vollstrecken. Dr. Ulrichs erklärt gegenüber dem Gericht noch sein Einverständnis damit, dass Postkontrolle und Besuchsgenehmigungen nicht durch die Richterin, sondern durch die Staatsanwaltschaft erfolgen dürfen. Dann wird er um 13.45 Uhr als Untersuchungsgefangener abgeführt und in die Justizvollzugsanstalt Fritz-Bauer-Haus in Darmstadt eingeliefert.

Die Mafia?

Ein kurzer Rückblick: Sechs Wochen vor der Verhaftung, also Anfang März 1986, haben Mitarbeiter des Frankfurter Hauptbahnhofs die Gepäck-Schließfächer 1945 und 1946 geöffnet, weil deren Schließfachzeit abgelaufen war. Darin finden sich zwei Fotos, auf denen Dr. Ulrichs abgebildet ist, mehrere maschinengeschriebene Zettel mit italienischen Namen und Ortsangaben sowie deutschen Anweisungen, ein blutverschmierter Pullover mit einem Messereinstich, italienische Zeitungen, ein Pornoheft und einige Schlüssel. Auf einem der Zettel steht „Ulrichs in Raum 2 an Haken in der Decke aufhängen". Die Bahnpolizei kann damit zunächst nichts anfangen, bis sie die rätselhaften Funde sechs Wochen später der Frankfurter Kriminalpolizei mitteilt. Die sucht den Namen „Ulrichs" in ihren EDV-Registern und kommt auf das Odenwälder Ermittlungsverfahren; am 23. April holen die Erbacher Polizisten den Schließfachinhalt in Frankfurt ab.

Zum Ausprobieren der Schlüssel aus den Schließfächern sucht die Polizei die inzwischen verkaufte vormals Dr. Ulrichs'sche Praxis auf. Sein ärztlicher Nachfolger hat auch das ehemalige Wohnhaus der Familie Ulrichs übernommen; einer der gefundenen Schlüssel passt dort in der Haustür; also besteht da tatsächlich eine Verbindung. Dieser Nachfolger ist über Dr. Ulrichs übrigens stark verärgert und erklärt, dass der ihn beim Verkauf der Praxis mit weit überhöhten Preisen für die übernommenen Geräte übervorteilt hat.

Ende April meldet sich der Darmstädter Kriminalbeamte Felgenträger[1] bei der Staatsanwaltschaft. Er war nach dem Brand als Patient bei Dr. Ulrichs und hat ihm beiläufig erzählt, bei der Polizei zu sein. Sofort hat Dr. Ulrichs ihm von angeblichen Erpressungen erzählt. Zwei Italiener waren, so sagt er, einige Wochen vor dem Brand mit Geldforderungen bei ihm; er hat sie hinausgeworfen und einen sogar geschlagen. Dafür hat er mit der Brandstiftung seine Quittung bekommen. Auch die anderen Höchster Ärzte werden regelmäßig erpresst. Das ist ihm beim „Ärztestammtisch" glaubhaft erzählt worden. Die betroffenen Kollegen haben aber zu viel Angst und gehen nicht zur Polizei.

---

1 Name geändert

Die Erpresser kommen übrigens gewöhnlich gegen Monatsende, wenn gerade die Abschlagszahlungen der kassenärztlichen Vereinigung eingegangen sind. Das ist von den Tätern psychologisch nicht ungeschickt. Kassenärzte sehen an solchen Tagen ihre hohen Einkünften vor sich und sind bereit, die ihnen abgeforderten eher kleinen Beträge ohne viel Federlesen zu zahlen. Früher haben die Erpresser 500 DM monatlich verlangt, inzwischen sind es 700 DM. Man hat ja bei ihm durch die Brandstiftung gesehen, was dem Arzt passiert, wenn er nicht zahlt.

Der Polizeibeamte will Namen wissen, um einen Ermittlungsansatz zu haben. Dr. Ulrichs nennt ihm keine, „weil das ja nichts bringt". Die Frage, ob die Erpressungen gegen ihn nach dem Brand weitergegangen sind, verneint er. Er erregt sich beim Erzählen immer stärker und schreit schließlich so laut, dass seine gerade in der Praxis anwesende Frau Susanne ins Zimmer kommt und ihn zu beruhigen versucht. Felgenträger hat den Eindruck, dass Dr. Ulrichs ihm weit mehr erzählen könnte, wenn man sie nicht ständig unterbrechen würde. Die beiden machen einen eigenen Besprechungstermin in einer Gaststätte aus. Dr. Ulrichs sagt den Termin aber „wegen einer überraschenden Vertretung" kurzfristig ab. Auch ein zweiter Termin scheitert. Die Sache verläuft im Sand.

Die Polizei fragt drei andere Höchster Ärzte, die aussagen, dass sie niemals erpresst worden sind und auch nie von Erpressungen gegen Kollegen gehört haben. Ein „Ärztestammtisch" besteht in Höchst nicht; Dr. Ulrichs hat sich diese angebliche Informationsquelle ausgedacht.

Die Analyse des Schließfach-Inhalts durch das Landeskriminalamt führt nicht weiter. Den Aufzeichnungen ist kein sinnvoller Inhalt zu entnehmen. Der Messerstich im Pullover und die Blutspur passen nicht zusammen, weil das Blut von außen aufgebracht worden ist. Für die Polizei sieht es danach aus, dass jemand eine falsche Spur gelegt hat. Sie verdächtigt dessen Dr. Ulrichs und beschlagnahmt seine Schreibmaschinen. Auf einer von ihnen könnten, sagt die Kriminaltechnik, die Zettel aus dem Schließfach geschrieben worden sein; sicher ist das aber nicht.

Abschließende Ermittlungen

Das Verfahren ist jetzt „Haftsache" und muss zügig weitergeführt werden. Nach dem Zeitplan des Darmstädter Schwurgerichts wird die Hauptverhandlung voraussichtlich in einem halben Jahr, im Dezember 1986, beginnen können. Staatsanwaltschaft und Verteidigung bauen bis dahin ihre Positionen aus.

KHM Zahn vernimmt noch einen neuen Zeugen, den Apotheker Mandel[1]. Der sagt im Juni 1986 aus, dass Dr. Ulrichs bei ihm einige Tage vor dem Brand – vor jetzt eineinhalb Jahren – eine Injektionsflasche mit 100 ml Brevimytal gekauft hat. Das von Dr. Ulrichs' eigenhändig unterschriebene Originalrezept dafür hat er noch. Dies war das erste und einzige Mal, dass Dr. Ulrichs dieses in der Mandel'schen Apotheke selten bestellte Medikament bezogen hat; das kann der Apotheker aus seinen Unterlagen nachvollziehen.

Die Verteidigung konzentriert sich auf den Tötungsvorwurf und auf die Widerlegung der chemischen und medizinischen Argumente der Staatsanwaltschaft. Sie hat gegen Professor Raudonat ein toxikologisches Gegengutachten bei einem Professor Förster eingeholt und eine Stellungnahme der Firma Eli Lilly, der Herstellerin von Brevimytal. Sie behauptet: Wenn Buchhammer genug von dem Narkotikum gespritzt worden wäre, um ihn ohnmächtig zu machen, hätte die quantitative Analyse höhere Werte im Leichenblut ergeben müssen. Gegen das gerichtsmedizinische Gutachten von Professor Brettel bringt die Verteidigung ein Gegengutachten eines Professor Janssen, der darlegt, dass das Blut auch anders als aus seiner Nase in Buchhammers Lunge gekommen sein kann, etwa durch ein posttraumatisches Aneurysma.

Am 7. Mai 1986 ist vor dem Amtsgericht Michelstadt noch einmal Haftprüfung; es werden die drei Professoren, Brettel und Raudonat von der Staatsanwaltschaft sowie Förster von der Verteidigung vernommen. Nachdem sie stundenlangen fachlichen Debatten der Sachverständigen gefolgt ist, hält die Amtsrichterin den Haftbefehl aufrecht. Die sofort erhobene Haftbeschwerde weist das Oberlandesgericht zurück. Dr. Ulrichs bleibt vorerst in Untersuchungshaft.

Untersuchungshaft

Das Gefängnis, korrekt die „Justizvollzugsanstalt", liegt südlich von Darmstadt am Waldrand. Sie trägt den Namen „Fritz-Bauer-Haus" und erinnert damit an den berühmten hessischen Generalstaatsanwalt Fritz Bauer, der es in den 60er Jahren gegen große Widerstände durchgesetzt hat, Nazi-Täter des Konzentrationslagers Auschwitz vor das Frankfurter Schwurgericht zu stellen.

Diese Strafanstalt ist ein Bau aus den 70er Jahren mit einzelnen Hafthäusern. Sie hat eine mittlere Sicherheitsstufe. Auf den Außenmauern gibt es also keine

---

1 Name geändert

Wachtürme mit bewaffneten Posten, die gegebenenfalls auf Flüchtende zu schießen haben. Dr. Ulrichs wird nicht als so fluchtgefährlich eingeschätzt, dass er in das noch sicherere Untersuchungsgefängnis Frankfurt am Main I verlegt werden müsste.

Für jeden Untersuchungshäftling gilt, bis er nicht verurteilt ist, die Unschuldsvermutung. Es dürfen ihm nur Beschränkungen auferlegt werden, die der Zweck der Untersuchungshaft unbedingt verlangt. Dieser Zweck ist allein die Sicherung der Hauptverhandlung. Der Beschuldigte soll weder flüchten noch Belastungszeugen bedrohen oder sonst Beweismittel beseitigen können. Ein Untersuchungshäftling hat das Recht auf eine Einzelzelle. In der Regel ist die Zelle winzig. Dort wohnt, isst und schläft der Gefangene. Die Toilette steht mit im Raum; das Fenster ist vergittert. Alle eingehenden und ausgehenden Briefe werden vom Richter oder Staatsanwalt gelesen, alle Pakete durchsucht; jeder Besucher braucht eine Erlaubnis. Beim Telefonieren hört ein Aufsichtsbeamter zu. Die Freistunde und das Duschen bringen unvermeidlichen Kontakt zu den Mithäftlingen, mit denen teilweise nicht gut Kirschen essen ist.

Dr. Ulrichs kommt mit den Eingriffen in seine persönliche Freiheit und der jähen sozialen Deklassierung erstaunlich gut zurecht. Er betont seine Unschuld und trägt die, wie er sagt, ungerechte Verfolgung mit Fassung. Durch seine Persönlichkeit und sein sicheres Auftreten gewinnt er schnell Verbündete. Als sein Verteidiger ihm nach einigen Tagen ein Paket mit Lebensmitteln bringt, vermerkt der für ihn zuständige Sozialarbeiter zur Gefangenen-Personalakte, dass er selbst das Paket, ohne die vorgeschriebene Kontrolle, direkt dem Häftling übergeben hat. Das ist ungewöhnlich; der unangenehm berührte Leiter des Sicherheitsdienstes schreibt an den Rand dieses Vermerks: „Gleichbehandlung?"

Dr. Ulrichs erhält die Erlaubnis, medizinische Fachbücher zu beziehen, um sich als Arzt auf dem Laufenden zu halten. Er verhält sich so, als werde er bald wieder praktizieren.

Nach einigen Wochen beantragt er bei der Staatsanwaltschaft, eine von ihm erarbeitete wissenschaftliche Untersuchung über „Die Wirkungen von Hochgeschwindigkeitsgeschossen" veröffentlichen zu dürfen, und zwar ausgerechnet beim Verlag Volk und Wissen, Berlin, Deutsche Demokratische Republik. Damit deutet er – im Jahr 1986 ganz seltene – militärwissenschaftliche Beziehungen hinter den Eisernen Vorhang an. Diese Publikation wird ihm ohne Umstände erlaubt. Der Akte – und heute dem Internet – ist nicht zu entnehmen, dass ein solcher Forschungsbericht von ihm, sei es in Ostberlin oder anderswo, tatsächlich erschienen ist.

Schnell gelingt es ihm, einen vertraulichen Kontakt zu der Anstaltspsychologin und – Dr. Ulrichs ist Katholik – dem Anstaltsgeistlichen Pater Maurus aufzubauen. Die beiden freuen sich, an ihm, dem gebildeten und geistig interessiert erscheinenden Akademiker, einen lohnenden Gesprächspartner zu haben. Die Psychologin gewährt ihm viele unüberwachte Sonderbesuche seiner Frau, teilweise mehrere Stunden lang. Das darf sie an sich nicht, weil eine Besuchserlaubnis nicht ihre, sondern die Zuständigkeit der Staatsanwaltschaft ist. Als sich die Staatsanwaltschaft über die vielen von ihr nicht gestatteten Besuche beschwert, behauptet die Psychologin, der für das Verfahren wegen Brandstiftung zuständige Strafkammervorsitzende habe die unüberwachten Besuche genehmigt. Das bestreitet dieser.

Im Oktober 1986 stellt Staatsanwalt Maurer den Antrag, Dr. Ulrichs in das Frankfurter Untersuchungsgefängnis zu verlegen. Angeblich haben in Darmstadt die Psychologin und der Pater Briefe von ihm hinausgeschmuggelt. Das meint die Kriminalpolizei Erbach, die einen entsprechenden Hinweis gegeben hat, von einem V-Mann zu wissen. Die Psychologin und der Pater bestreiten den Vorwurf vehement. Schließlich kommt heraus, dass Frau Dr. Susanne Ulrichs diese Briefe transportiert hat. Das war ihr nur möglich, weil sie nach den unüberwachten Besuchen vorschriftswidrig nicht durchsucht worden ist. Die Staatsanwaltschaft nimmt den Verlegungsantrag zurück; mit den unüberwachten Besuchen Frau Ulrichs' ist es aber vorbei.

Hauptverfahren

Im August 1986 hat die Staatsanwaltschaft die zusätzliche Anklageschrift – wegen Mordes – beim Schwurgericht eingereicht. Im Oktober fasst das Gericht den Eröffnungsbeschluss; diese Anklage wird zugelassen und die Hauptverhandlung eröffnet. Das Verfahren wegen versuchter schwerer Brandstiftung, Betruges und anderem, das ist die Anklageschrift von August 1985, wird dazu verbunden.

Dr. Ulrichs lässt sich inzwischen durch drei Rechtsanwälte verteidigen. Zwei von ihnen, Rechtsanwalt Hild aus Frankfurt am Main und Rechtsanwalt Ufer aus der damals berühmten Kanzlei Bossi in München, sind bekannte Strafverteidiger, der dritte ist ein Darmstädter Rechtsanwalt, der die beteiligten Richter und Staatsanwälte persönlich kennt und mit an Bord ist, um die Taktik der Verteidigung auf deren Eigenheiten psychologisch abzustimmen.

Am 9. Dezember 1986 beginnt in Darmstadt die Hauptverhandlung, die 13 Sitzungstage – bis zum 12. Februar 1987 – dauern wird. Das Schwurgericht unter dem Vorsitzenden Dr. Reubold besteht aus drei Berufsrichtern und zwei Schöffen.

Die ihm vorgeworfenen leichteren Delikte, also die Vergehen der Urkundenfälschung an den Zeugnissen mit den dazugehörigen Diebstählen der Uni-Briefbogen, auch den Betrugsversuch „Butschkowski", gesteht Dr. Ulrichs. Allerdings sind, so sagt er, die Zeugnisse dieser Chefärzte inhaltlich richtig, denn die bezeugten Leistungen hat er tatsächlich gebracht. Er hat seine früheren Chefs nur deswegen nicht um echte Zeugnisse gebeten, weil er von ihnen im Unfrieden weggegangen war. Und der Bildverstärker aus der gefälschten Rechnung „Butschkowski" ist, behauptet er, wirklich die in der Fälschung angegebenen 205 000 DM wert gewesen. Nur hat er ihn seinerzeit viel günstiger eingekauft und konnte der Versicherung daher über dessen wirklichen Wert keine echte Rechnung vorlegen. Ohne dass irgendein Verdacht in dieser Richtung gegeben war, gesteht er darüber hinaus den strafbaren Besitz eines Revolvers in seinem angeblich aus der Praxis verschwundenen zweiten „ärztlichen Notfallkoffer". Die beiden ihm vorgeworfenen Verbrechen – den Mord und die versuchte schwere Brandstiftung – bestreitet er mit allem Nachdruck.

Obwohl die Beweislage gegen ihn erdrückend erscheint, ist die Überführung nicht einfach. Es kommt zu einer langen und schwierigen Beweisaufnahme. Wegen mehrerer Ungereimtheiten erscheint Dr. Ulrichs' Einwand so abwegig nicht, ihm würden Mord und Brandstiftung von anderen in die Schuhe geschoben.

Die Verteidigung fasst das so zusammen: Dr. Ulrichs ist nachgewiesenermaßen ein intelligenter und in seinem Beruf sorgfältiger und umsichtiger Mann. Die Planung und Durchführung der ihm vorgeworfenen Verbrechen ist alles andere als intelligent, sorgfältig und umsichtig. Deswegen passt sie nicht zu ihm und kann nicht von ihm sein.[1]

---

1   zu den Argumenten der Verteidigung siehe den Kasten auf den Folgeseiten

Die Argumente der Verteidigung

1. Wie hätte Dr. Ulrichs als Täter darauf hoffen können, dass bei einem so großen Schaden die Doppelversicherung unentdeckt bleibt, wo doch der Tod Buchhammers zwingend zu intensiven polizeilichen Ermittlungen führen muss? Spätestens durch die aus seinen Konten ersichtliche Schadensregulierung würde eine Doppelversicherung für die Ermittler unübersehbar. Dr. Ulrichs hat also die Doppelversicherung nicht absichtlich, sondern nur versehentlich abgeschlossen, weil er eben ein genialer Arzt ist, und gerade deswegen seine Gedanken immer nur bei seinen Patienten statt bei seinen Finanzen hat.
2. Weshalb hätte Dr. Ulrichs, wäre er der Täter, die Notizbücher mit den verdächtigen „Finanzplanungen" („V 1", „V 2" ...) in der Wohnung behalten, wo die Polizei sie so leicht finden konnte? Es können, da er keinerlei Beseitigungsnotwendigkeit gesehen hat, wirklich nur harmlose Gedankenspielereien gewesen sein.
3. Warum hätte er als Täter seine Arzthelferinnen vor Weihnachten gebeten, ihre persönlichen Sachen mitzunehmen? Eine solche Voraussicht des Brandes musste doch den Verdacht auf ihn lenken. Wäre er der Täter, wäre der Verlust der Sachen der Mädels für ihn doch wirklich nicht tragisch, da er sogar einen Menschen für den Brand geopfert hat. Er wollte wirklich nur die Praxis desinfizieren, auch wenn er das nicht gerade professionell angegangen ist.
4. Als wahrer Täter hätte er die mörderische Spritze mit den Brevimytal-Resten in den nächsten Bach, aber nicht in einen Papierkorb der Praxis geworfen. Allzu leichtfertig wäre es gewesen, darauf zu vertrauen, dass die Praxis restlos ausbrennt und die Spritze nicht mehr untersucht werden kann.
5. Als Mediziner hat er solide naturwissenschaftliche Kenntnisse. Er als Täter hätte deshalb natürlich den großen Sauerstoffbedarf eines Feuers bedacht und wenigstens ein Fenster gekippt, was laut Brandsachverständigem für einen Vollbrand gereicht hätte. Unbedingt hätte er auch den toten Buchhammer, dessen Leiche doch verbrennen sollte, näher an den Brandherd geschleift, wenigstens in den mit Brennbarem vollen Abstellraum hinter dem Durchbruch, ihn aber nicht drei Zimmer weiter liegen lassen. Er hätte sich auch nicht die Mühe gemacht, die schweren Röntgengeräte in den Flur zu schieben, sondern den Brandherd in deren Nähe gelegt.
6. Niemals hätte er, wäre er der Täter, das Mordwerkzeug Brevimytal höchst auffällig im Ort beim Apotheker Mandel, sondern es anonym irgendwo in der Großstadt gekauft.
7. Der Toxikologe Professor Förster wiederholt in einem Gutachten für die Verteidigung, dass Brevimytal ein Schlaf-, aber kein Narkosemittel ist; es unterdrückt deswegen den Abhustreflex schon prinzipiell nicht. Die im Blut der Leiche gefundene Restmenge dieses Mittels ist außerdem selbst für eine leichte Narkose zu gering. Die Frankfurter toxikologischen Analysen sind methodisch unzureichend.
Da sich auf diesem Gebiet der Stand der Wissenschaft zwischen 1985 und 1986 nicht geändert hat, insbesondere die Nachweisgrenzen 1986 nicht niedriger geworden sind, leuchtet es überhaupt nicht ein, warum Professor Raudonat im Jahr 1985 zu keinem Befund, hingegen im Jahr 1986 zum sicheren Nachweis von Brevimytal gekommen sein will.

▶

> 8. Der Gerichtsmediziner Professor Janssen bezeichnet es in einem Gutachten als unverzeihlichen fachlichen Fehler, dass Professor Brettel die Blutquelle in der Nase, an deren Ausfluss Buchhammer laut Anklage erstickt sein soll, nicht kunstgerecht freigelegt („präpariert") und mit einer Fotografie dokumentiert hat. In der Lunge des Toten ist viel zu wenig Blut gefunden worden, um einen Erstickungstod zu beweisen.
> 9. Dr. Ulrichs räumt die Urkundenfälschungen und die Betrugsversuche offen ein. Er hat sogar den Besitz eines illegalen Revolvers in einem angeblich verschwundenen zweiten Notfallkoffer gestanden, von dem man ohne sein Geständnis nicht das Geringste gewusst hätte. Er liebt also die Wahrheit und verdient deswegen auch in seinem Bestreiten Glauben.

Die Verteidigung vertritt schließlich die These, dass ein Einbruchsversuch viel näher liegend ist als eine Täterschaft Dr. Ulrichs'. Die Einbrecher hatten die Röntgen- und Ultraschallapparate stehlen wollen und schon zum Abtransport in den Flur geschoben. Dabei sind sie von Buchhammer überrascht worden, der, wegen seiner internistischen Vorerkrankungen von schwacher Gesundheit und seit Jahren in panischer Angst vor Einbrechern, vor Schreck eine jähe Blutdrucksteigerung erlitten hat. Davon ist bei ihm eine Gefäßausbuchtung, ein Aneurysma, geplatzt. Daran ist er verblutet. Die Täter haben ihn sterbend in sein Schlafzimmer geschleppt; beim Schleifen ist ihm die Hose bis auf die Knöchel heruntergestreift worden. Die weitere Tatausführung haben die Einbrecher, erschreckt über die tödliche Komplikation, dann abgebrochen. Vor ihrer Flucht haben sie noch den Brand gelegt, um ihre Spuren zu verwischen.

Diese Zweifel werden durch eine kerzengerade Haltung Dr. Ulrichs', der als tragische Figur des zu Unrecht Angeklagten dasteht, eindrucksvoll untermauert.

Geiselnahme

Die Hauptverhandlung nähert sich Anfang 1987 ihrem Ende. Am 29. Januar plädiert der Staatsanwalt. Er beantragt eine lebenslange Freiheitsstrafe. In derselben Sitzung stellt die Verteidigung den Beweisantrag, Professor Förster als „Obergutachter" zu beauftragen: Er soll nachweisen, dass das Gutachten des Professor Raudonat falsch und im Blut Buchhammers in Wahrheit kein Brevimytal nachzuweisen ist. Das Schwurgericht lehnt den Antrag ab.

Am Morgen des folgenden Verhandlungstags, des 2. Februar 1987, wird Dr. Ulrichs wieder, wie an jedem Sitzungstag, mit dem Gefangenen-Sammeltransport die fünf Kilometer vom Gefängnis zum Gericht transportiert. Diesmal nimmt er, versteckt in seiner Schreibmappe, ein Besteckmesser mit. Das Messer gehört zu seiner Haftraumausstattung und ist – zur Sicherheit – absichtlich aus weichem, leicht verbiegbarem Metall hergestellt und ganz stumpf. Vor dem Transport schreibt er noch drei Briefe, an seine Frau, an seinen letzten Würzburger Professor, an den Vorsitzenden des Schwurgerichts. Die lässt er in seiner Zelle liegen. Zwar werden alle Untersuchungsgefangenen vor dem Verlassen des Gefängnisses durchsucht. Dr. Ulrichs hat aber gemerkt, dass seine Schreibmappe an den bisher elf Verhandlungstagen nie durchsucht worden ist. Sie wird es auch diesmal nicht.

Die Sitzung fängt um neun Uhr an. Die Verteidigung beantragt, ihr von dem Leichenblut, das bei der Gerichtsmedizin noch vorhanden ist, eine ausreichende Menge zur Verfügung zu stellen. Das will sie durch Professor Förster erneut analysieren lassen. Wie erwartet wird der Antrag abgelehnt. Um halb elf schon ist die Sitzung zu Ende.

Im Keller des Gerichtsgebäudes sind einige Gefängniszellen, die „Präsenzzellen". In eine davon wird Dr. Ulrichs, wie alle Untersuchungsgefangenen, nach der Verhandlung eingesperrt, bis ihn und die anderen Häftlinge gegen Mittag der Transportbus des Gefängnisses wieder abholt. Dr. Ulrichs hat beobachtet, dass nachmittags weniger Wachtmeister Dienst haben als vormittags. Zu den Beamten sagt er, dass er noch bleiben muss; einer seiner Verteidiger will angeblich noch einmal mit ihm sprechen. Er möchte erst mit dem Abendtransport fahren. Das kommt nicht selten vor und wird ihm erlaubt.

Gegen 14.00 Uhr klingelt Dr. Ulrichs nach einem Wachtmeister. Der Beamte kommt, schließt die Zelle auf und fragt, was los ist. Dr. Ulrichs bittet ihn um einen Schluck Wasser. Der Beamte lässt die Zellentür offen und sucht im Vorraum nach einem Plastikbecher. Dr. Ulrichs geht ihm aus der Zelle dorthin nach, zieht aus seinem Schuh sein Besteckmesser, umfasst den deutlich kleineren Beamten von hinten und hält ihm das Messer an die Kehle. Der Beamte kann nicht sehen, was Dr. Ulrichs ihm da an den Hals drückt. Er bekommt Todesangst. Ein anderer Bediensteter, ein „Justizaushelfer", sitzt auf seinem Platz auf dem Gang; vor Schreck unternimmt er nichts. Dr. Ulrichs sagt zu den beiden, dass er ihnen nichts tun will. Er muss aber unbedingt hier raus, um seine Unschuld zu beweisen. Den Justizaushelfer zwingt er mit der Drohung, sonst seinem Kollegen die Kehle durchzuschneiden, in eine leere Zelle zu gehen. Den Beamten, den er umfasst hat, schiebt er hinterher und riegelt zu. Die Rufanlage der Zelle stellt er an dem dafür außen vorhandenen Schalter ab, damit die Eingesperrten keine Hilfe herbeiklingeln können. Aus den Beobachtungen während seiner früheren Aufenthalte hier unten weiß er, in welcher Schreibtischschublade die Beamten den Schlüssel für die ins Freie führende Eisentür haben. Er holt aus seiner eigenen Zelle noch einige Computerausdrucke mit Gaschromatographie-Auswertungen und steckt sie in seine Mappe. Dann schließt er sich die Eisentür auf und steht auf der Straße in Freiheit.

Es ist bitter kalt. Dr. Ulrichs hat kaum Geld. Mit Straßenbahn, Taxi und zuletzt einem Fußmarsch über gefrorene Felder schafft er es bis zur Raststätte Gräfenhausen an der Autobahn A 5. Seine letzte Mark hat er für das Taxi ausgegeben. Als Anhalter trampt er nach Freiburg und übernachtet in einem Hotel in Bad Krozingen, wo man ihn von früher kennt. Am nächsten Morgen will er in Freiburg im pharmazeutischen und im toxikologischen Institut der Gerichtsmedizin gewesen sein. An einem der nächsten Tage, so gibt er an, sei er mit dem Vorortzug nach Basel gefahren und habe sich auch dort im gerichtsmedizinischen Institut aufgehalten. Ob er wirklich dort war und wen er, wenn ja, in den drei Instituten gesprochen hat, ist nicht ermittelt worden.

Noch am Nachmittag seiner Flucht wird eine bundesweite Öffentlichkeitsfahndung ausgelöst. Für seine Wiederergreifung werden 5000 DM Belohnung ausgesetzt. Am 5. Februar, dem vierten Tag der Flucht, verhaftet ihn die Freiburger Polizei auf dem Bad Krozinger Bahnhof. Zwei Darmstädter Kriminalbeamte holen ihn am selben Tag dort ab und bringen ihn zurück ins Darmstädter Gefängnis. Auf der Fahrt erzählt Dr. Ulrichs ihnen, er habe sich in der Schweiz Papiere für einen Grenzübertritt beschaffen wollen, um als Arzt in den Irak zu gehen.

Auf Anordnung des Schwurgerichtsvorsitzenden wird er umgehend in das maximal gesicherte Untersuchungsgefängnis Frankfurt I verlegt. Dort kommt er für zwei Tage in den sogenannten besonders gesicherten Haftraum ohne gefährdende Gegenstände, weil man ihn für selbstmordgefährdet hält. Um jede Suizidgefahr durch Strangulieren auszuschließen, muss der Gefangene dabei seine ganze Kleidung abgeben, ist also nackt. Er bekommt nur zwei Vlies-Decken, eine für seine Blöße, eine zum Zudecken. Der Haftraum steht dauernd unter Video-Überwachung von zwei Seiten. Auf dem Boden liegt eine Matratze. In einer Ecke ist eine Bodentoilette ohne Schüssel; sonst befindet sich in diesem Raum nichts.

Am nächsten Tag, dem 6. Februar, schreibt Dr. Ulrichs ein „Anliegen" an die Gefängnisleitung: Er bittet darum, dass man ihm einen „Schott"[1] aushändigt.

---

1 Ein „Schott", benannt nach einem Benediktinerpater *Anselm Schott* aus dem 19. Jahrhundert, ist ein katholisches Messbuch mit den Evangelien- und Lesungstexten auf Deutsch.

Ein Katholik, der den „Schott" hat, wirkt nicht nur besonders fromm, sondern dazu interessiert und gescheit. Dr. Ulrichs bekommt den „Schott".

Wegen der Geiselnahme im Gerichtsgebäude wird ihm am 10. Februar ein weiterer Haftbefehl verkündet. Als er dazu vor dem Amtsrichter steht, sagt er, dass er sich an einem der nächsten Verhandlungstage im Sitzungssaal vor aller Augen töten wird. Niemand werde ihn daran hindern können.

Die Geiselnahme und die Flucht führen dazu, dass seine Frau den Glauben an ihn verliert. Am Tag nach der Wiedereinlieferung besucht sie ihn, bleibt nur 20 Minuten. Der den Besuch überwachende Beamte vermerkt zur Akte, dass sie ihm bittere Vorwürfe macht.

Verurteilung

Der 12. Februar 1987 ist der erste Sitzungstag nach der Geiselnahme. Die Verteidigung stellt noch zwei letzte Beweisanträge. Eine psychologische Untersuchung durch die bekannte Professorin Müller-Luckmann soll ergeben, dass der Angeklagte an einem krankhaft gestörten Realitätsbezug leide. Daraus will die Verteidigung herleiten, dass aus seinen offensichtlichen Lügen, wie den erfundenen Anrufen bei der Telefonseelsorge, nicht auf sein schlechtes Gewissen und aus seinem schlechten Gewissen nicht darauf geschlossen werden könne, dass in Wahrheit er Mord und Brandstiftung begangen habe.

Eine psychiatrische Untersuchung durch den bekannten Professor Schumacher soll die Zweifel an seiner Schuldfähigkeit belegen. Die Hauptverhandlung hat doch ergeben, dass der Angeklagte ein begeisterter, engagierter und tüchtiger Arzt ist. Seine persönliche und psychische Entwicklung weist aber immer wieder unverständliche Brüche auf. Hätte er – dies nur unterstellt – die Tötung Buchhammers begangen, so wäre dieser Mord genauso sinnlos gewesen wie zuletzt die Flucht mit der Geiselnahme. Es drängt sich deswegen auf, dass der Angeklagte neben seiner vernünftigen noch eine ganz andere Seite hat; man muss an eine schizophrene Bewusstseinsspaltung denken. Der Psychiater würde zu dem Ergebnis kommen, dass der Angeklagte für seine Taten strafrechtlich gar nicht oder jedenfalls nicht voll verantwortlich ist.

Beide Beweisanträge werden abgelehnt. Das Schwurgericht ist der Überzeugung, aus eigener Sachkenntnis entscheiden zu können, ob Dr. Ulrichs normal oder geisteskrank ist.

Noch am selben Tag verkündet der Schwurgerichtsvorsitzende Dr. Reubold das Urteil. Dr. Ulrichs wird wegen Urkundenfälschung in drei Fällen, wegen versuchter schwerer Brandstiftung in Tateinheit mit Versicherungsbetrug und wegen Mordes zu einer lebenslangen Gesamtfreiheitsstrafe verurteilt.

Zwei Monate später liegt die mit 68 Seiten eher kurze Urteilsbegründung vor. Das Kernstück der Beweiswürdigung ist der Brevimytal-Nachweis im Blut. Das Schwurgericht folgt Professor Raudonat: Für dessen Kompetenz spielt es keine Rolle, dass in dem Frankfurter gerichtsmedizinischen Institut bei der ersten Analyse im Jahr 1985 noch keine Erfahrungen und keine wissenschaftlichen Kenntnisse vorhanden waren, die den Nachweis von Brevimytal im Leichenblut ermöglicht haben. Das Gericht hält es für überzeugend, dass erst der Anfang 1986 neu angeschaffte „Spektrenatlas" dem Institut „die wissenschaftlichen Grundkenntnisse" für die Identifizierung von Brevimytal verschafft hat. Dass im Blut der Leiche zu wenig Brevimytal-Rückstand für eine Kurznarkose gefunden worden sei, ist für das Gericht widerlegt. Die geringe Menge erklärt sich, weil Buchhammer nach der Injektion mehr als 20 Minuten weitergelebt hat und das Brevimytal so lange noch in seiner Leber abgebaut worden ist. In diesen 20 Minuten hatte ihn der durch das Bluteinatmen entstandene Sauerstoffmangel aber schon ohnmächtig gemacht.

An der vollen Schuldfähigkeit dieses Angeklagten hat das Gericht keinen Zweifel. Anhaltspunkte für eine Geisteskrankheit oder eine krankhafte Persönlichkeitsstörung finden sich nicht, sodass weder Psychiater noch Psychologe hinzuzuziehen waren. Den Taten haben – aus der egoistischen Sicht des Angeklagten – gut nachvollziehbare und vernünftige Motive zugrunde gelegen. Sein freiwilliger Aufenthalt im Psychiatrischen Landeskrankenhaus Göttingen ist nicht mit einer Geisteskrankheit, sondern allein damit zu erklären, dass ihn das Ermittlungsverfahren stark belastet und er sich dort Entlastung von diesem Stress erhofft hat. Auch hat der Angeklagte den ihn dort behandelnden Chefarzt Professor Ventzlaff trotz mehrfacher Anfragen des Gerichts nicht von dessen ärztlicher Schweigepflicht entbunden. Das deutet darauf hin, dass er selbst sich von dessen Aussage keinen Beweis für schuldmindernde Umstände versprochen hat. Breiten Raum gibt das Urteil Dr. Ulrichs' Versuchen, durch den Anruf bei der Telefonseelsorge und das Arrangement in den zwei Frankfurter Schließfächern falsche Spuren zu legen.

Das Gericht teilt nicht die Zweifel an seiner Täterschaft, die die Verteidigung aus der umständlichen Tötungsmethode und der handwerklich schlecht gemachten Brandstiftung ableitet. Vielmehr zeigten gerade die Brandvorbereitungen die detaillierte Planung, Vorbereitung und Ausführung der Taten, verbunden mit einer hohen kriminellen Energie. Um eine Erklärung für den ins Auge springenden Widerspruch – zwischen seiner guten Intelligenz und seinen guten

Kenntnisse einerseits und den zum Scheitern der Brandstiftung führenden groben Fehlern andererseits – bemüht sich das Schwurgerichtsurteil nicht. Damit fehlt seiner Urteilsbegründung ein für ein rundherum überzeugendes Gesamtbild nicht unwesentlicher Aspekt.

Bei der Strafzumessung berücksichtigt das Gericht zu Dr. Ulrichs Gunsten, dass er nicht vorbestraft ist und dass er sich selbst, weil ihm keine der zwei Versicherungen den Brandschaden ersetzen wird, durch die Brandlegung wirtschaftlich schwer geschädigt hat. Zu seinen Lasten andererseits fallen „seine verbrecherische Intensität und seine außerordentliche Gleichgültigkeit gegenüber der Rechtsordnung" in die Waagschale.

Revision

Gegen das Urteil eines Schwurgerichts gibt es nur die Revision zum Bundesgerichtshof, der das Verfahren des Landgerichts allein daraufhin überprüft, ob im Prozess die Strafprozessordnung eingehalten und ob das Strafgesetzbuch richtig angewendet worden ist. Eine neue Beweisaufnahme gibt es im Revisionsverfahren nicht. Im Fall Ulrichs wird die Revision von dem bekannten Karlsruher Spezialisten Rechtsanwalt Widmaier vertreten. Der rügt zum Verfahren, dass das Landgericht Darmstadt das psychiatrische und das psychologische Gutachten zur fehlenden Schuldfähigkeit trotz entsprechender Anträge nicht eingeholt hat. In der Sache beanstandet er, gestützt auf das Gutachten Professor Försters, die quantitative toxikologische Analyse.

Solange die Revision läuft, ist ein Angeklagter noch nicht rechtskräftig verurteilt. Er bleibt Untersuchungsgefangener. Dr. Ulrichs sitzt weiter in der Justizvollzugsanstalt Frankfurt am Main I. Das ist ein besonders unwirtlicher, inzwischen (2012) schon wieder abgerissener und durch einen Neubau ersetzter Gefängnisbau aus den 60er Jahren, der im Vorort Preungesheim mitten in einem Wohngebiet liegt und deswegen Beton-Sichtblenden vor den Zellenfenstern und nur einen beengten Freistundenhof auf dem Dach hat. Im April 1987 bittet Dr. Ulrichs um eine Arbeitserlaubnis in den Werkstätten der Anstalt. Das lehnt der Schwurgerichtsvorsitzende aus Sicherheitsgründen ab.

Im August 1987 verwirft der Bundesgerichtshof die Revision durch einen einstimmigen Beschluss. Die Überprüfung des Schwurgerichtsurteils hat keinen Rechtsfehler zum Nachteil des Angeklagten ergeben. Über diese Feststellung hinaus wird ein solcher Beschluss nicht begründet; er nimmt zum Verteidigungsvorbringen also keine inhaltliche Stellung.

Dr. Ulrichs ist nun ein rechtskräftig verurteilter Mörder. Staatsanwalt Maurer, an den der Bundesgerichtshof die Akten mit dem Verwerfungsbeschluss zurückschickt, ruft im Untersuchungsgefängnis an. Dort sollen, bevor man Dr. Ulrichs die Verwerfung seiner Revision mitteilt, Vorsichtsmaßnahmen gegen einen Selbstmord getroffen werden. Der Anstaltsleiter selbst eröffnet Dr. Ulrichs die Verwerfung seiner Revision. Der Häftling nimmt diese Nachricht anscheinend gefasst auf. Er äußert keine Einwände dagegen, dass er zur Verbüßung seiner lebenslangen Freiheitsstrafe in das Gefängnis von Schwalmstadt in Oberhessen gebracht werden wird. Persönliche Bindungen nach Südhessen hat er, sagt er, keine mehr; seine Frau wird sich von ihm scheiden lassen.

Schwalmstadt

In den letzten Augusttagen des Jahres 1987 wird Dr. Ulrichs im so genannten Sammeltransport aus dem Frankfurter Untersuchungsgefängnis in die Justizvollzugsanstalt Schwalmstadt verlegt. Die Fahrt geht mit dem grünen besonders gesicherten Omnibus über mehrere Zwischenstationen von einem Gefängnis zum nächsten und dauert, obwohl es nur 170 Kilometer sind, mehrere Tage.

Das durch Zusammenlegungen entstandene Schwalmstadt besteht aus mehreren Kleinstädten und Dörfern. Das Städtchen mit der Strafanstalt heißt Ziegenhain. Kern des Gefängnisses ist ein schönes Jagdschloss der Landgrafen von Hessen-Kassel aus dem frühen 17. Jahrhundert. Der Spätrenaissance-Bau liegt inmitten einer ausgedehnten historischen Festungsanlage und steht unter Denkmalschutz. Daran grenzt ein hässlicher Erweiterungsbau aus den 70er Jahren. Diese Strafanstalt, ein früheres „Zuchthaus", ist für 250 Männer vorgesehen und damit für ein Gefängnis eher klein. Sie hat die höchste Sicherheitsstufe, verfügt also über Wachtürme, auf denen mit Maschinenpistolen bewaffnete Posten stehen; jeder Gefangene wird nach der Einlieferung belehrt, dass bei einem Fluchtversuch auf ihn geschossen wird. Über den Freistundenhof sind Drähte gespannt, um eine Befreiung mit einem Hubschrauber zu verhindern. Die Kronen der Außenmauern sind mit Messerdrahtrollen und Starkstrom gesichert. In Schwalmstadt sitzen die hessischen Gefangenen mit besonders langen Strafen und die Sicherungsverwahrten ein.

Das jahrelange Zusammenleben von Gefangenen und Aufsichtspersonal führt dazu, dass beide Seiten einander mit der Zeit recht gut kennen und wissen, dass sie im Alltag irgendwie miteinander auskommen müssen. Sympathie und

Antipathie spielen so zwangsläufig eine größere Rolle als in den Anstalten für sogenannte Kurzstrafige, wo es manchmal zugeht wie im Taubenschlag. Auch die Gefangenen untereinander sind wegen des langen Miteinanders durch Freundschaften und Zweckbündnisse, durch Konkurrenz und Feindschaften – die sogenannte Insassenkultur – verbunden. Manche Gefangene haben drinnen große Autorität.

Den Schwalmstädter Gefängnisdirektor hat Staatsanwalt Maurer vor der Verlegung vorsichtshalber auf eine Selbstmordgefährdung Dr. Ulrichs' hingewiesen. Dieser wird deshalb zunächst mit einem anderen, geeignet erscheinenden Gefangenen zusammen in einem Doppelhaftraum untergebracht; sein Zellengenosse soll die Beamten alarmieren, wenn Dr. Ulrichs sich etwas antut. Ohnehin hätte Dr. Ulrichs zunächst auf eine Einzelzelle verzichten müssen. Nach der damaligen Rechtslage haben die Strafgefangenen in vor 1977 errichteten Gefängnisbauten keinen Anspruch auf Einzelunterbringung. Bis zu acht Gefangene dürfen in demselben Haftraum untergebracht werden. Für die raren Einzelzellen gibt es lange Wartelisten.

```
Justizvollzugsanstalt         Schwalmstadt 2, den       19
Schwalmstadt



B e l e h r u n g


Ich bin heute darüber belehrt worden, daß

1. auf der Umfassungsmauer ein Elektrozaun errichtet und
   das Berühren dieses Zaunes lebensgefährlich ist,

2. von den Bediensteten von der Schußwaffe Gebrauch gemacht
   wird, wenn ich
   a) einen Fluchtversuch unternehme
   b) der Aufforderung, Waffen oder andere gefährliche
      Werkzeuge abzulegen, nicht Folge leiste, oder mich
      anschicke, diese ohne Erlaubnis wieder aufzunehmen
   c) mich an einer Gefangenenmeuterei im Sinne des
      § 122 StGB beteilige,

3. für mich die Möglichkeit besteht, von einem Referenten des
   Hessischen Justizministeriums in Wiesbaden angehört zu
   werden und daß ich mich zu diesem Zweck in ein Vormerkbuch
   bei der Justizvollzugsanstalt Schwalmstadt eintragen lassen
   muß.



Ich habe alles richtig verstanden

Geschlossen             v.g.u.g.

..................      ......................
```

Belehrungsformular der JVA Schwalmstadt für die neuen Gefangenen aus den 80er Jahren des vorigen Jahrhunderts („v.g.u.g." heißt: „vorgelesen und genehmigt")

Ein Anstaltspsychologe spricht mit dem neuen Strafhäftling unmittelbar nach dessen Ankunft. Er findet keine akute Selbstmordgefahr, plädiert aber vorsichtshalber dennoch für ein Beibehalten der „Unterbringung in Gemeinschaft" und für eine besondere Beobachtung. Dr. Ulrichs darf von seinem eigenen Geld eine mechanische Reiseschreibmaschine anschaffen. Die Auflagen sind, nach acht Uhr abends nicht mehr zu tippen, die Maschine nicht abzuschließen und sie nicht an andere Gefangene zu veräußern.

Unangemeldet kommt von einem Fachverlag eine Sendung medizinischer Bücher für ihn. Man händigt ihm die Bücher aus. Er wird aber ermahnt, jede solche Bücherbestellung in Zukunft vorab genehmigen zu lassen – ungenehmigt ankommende Bücher würden künftig wieder zurückgeschickt.

In einem „Anliegen" trägt er dem Gefängnisdirektor, einem promovierten Juristen, ausführlich vor, dass er unschuldig ist und sich mit der Verurteilung nicht abfinden, sondern die Wiederaufnahme seines Verfahrens betreiben wird – mit dem Ziel des Freispruchs. Er beantragt ein Gespräch mit dem Direktor unter vier Augen, bei dem er ihn, wie er respektvoll schreibt, „als erfahrenen Juristen um einen Rat bitten" wolle.

Dr. Ulrichs schafft sich, wie zuvor schon in Darmstadt und Frankfurt, auch in Schwalmstadt durch seine persönliche Ausstrahlung und sein gewichtiges Auftreten bei den Mitgefangenen schnell eine beachtliche Position. Von Anfang an ist er nicht der typische Neuling, der in der Hackordnung ganz unten steht.

Ausbruchsvorbereitungen?

Anfang November 1987, knapp drei Monate nach Dr. Ulrichs' Einlieferung, wendet sich ein „gewöhnlich gut informierter" Gefangener an den Sicherheitsdienstleiter der JVA und berichtet über Ausbruchspläne. Auch Dr. Ulrichs ist, sagt dieser Zuträger, an dem Komplott beteiligt. Außer ihm sind zwei hochrangige Mitglieder der Insassensubkultur mit von der Partie, ein Kurde und ein Grieche. Dr. Ulrichs besitzt, wie es heißt, eine Gasmaske. Durch die geschützt wird er in der Anstalt ein Reizgas herstellen – bei seinen professionellen Chemiekenntnissen, so verlautbart Dr. Ulrichs angeblich, ist das gar kein Problem. Mit dem Reizgas sollen die Wachen überwältigt werden. Der Angriff soll während des Sports erfolgen, weil dann auf den Stationen viele Türen offen stehen. In Besenstiele eingelassene Rasierklingen sollen den Ausbrechern als Hiebwaffen dienen. Der Ausbruch soll in der Vorweihnachtszeit erfolgen, weil dann viele

Bedienstete in Urlaub und auf den Stationen weniger erfahrene jüngere Bedienstete im Dienst sind. Vor der Flucht wird Dr. Ulrichs über seine Verbindungen nach draußen einen Pkw mit Bundeswehr-Kennzeichen („Y" mit Schwarz-Rot-Gold) beschaffen lassen, denn Bundeswehrfahrzeuge werden bei einer Fahndung nicht kontrolliert[1].

Die Anstalt geht den Angaben nach. Dr. Ulrichs' Haftraum wird durchsucht. Eine Gasmaske oder Chemikalien sind nicht da. Es finden sich aber zwei Päckchen à 10 Stück der großen zweischneidigen Rasierklingen. Da alle Gefangenen nur Einwegnassrasierer aus Plastik mit kleinen Klingen bekommen und die großen Klingen auch im Anstaltsladen nicht zu kaufen sind, müssen sie eingeschmuggelt sein. Der Fund kann also ein Indiz für den geplanten Ausbruch sein. Es besteht aber auch die Möglichkeit, dass jemand die Rasierklingen in Dr. Ulrichs' Zelle platziert hat, um ihn zu belasten. Die Anstalt ist bei diesem Gefangenen überaus vorsichtig. Dr. Ulrichs ist schließlich schon aus den Darmstädter Präsenzzellen nach einer Geiselnahme die Flucht gelungen. Sofort wird seine „Verlegung aus Sicherheitsgründen" in die mittelhessische Justizvollzugsanstalt Butzbach veranlasst.

Dr. Ulrichs weist die Vorwürfe empört von sich. Aus Butzbach schreibt er an den zuständigen Abteilungsleiter im Wiesbadener Justizministerium. Seine Darstellung umfasst sieben engzeilige Schreibmaschinenseiten. Er ist von der Schwalmstädter Anstaltsleitung, steht dort, aufs Tiefste verletzt und fühlt sich ungerecht und unfair behandelt. Die falsche Anschuldigung ist bloße Racheaktion eines Mitgefangenen, eines Zuhälters. Der verdient über seine Prostituierten draußen – Dr. Ulrichs schreibt, „seine Hühner" – nach wie vor viel Geld. Damit hat dieser Mitgefangene drinnen mehrere Beamte bestochen, die ihm Geld, Alkohol und Drogen einschmuggeln. Beim Sport hat er einmal vor allen Gefangenen damit angegeben, dass er sich Anabolika hereinbringen lässt und den Anstaltsarzt dann zwingt, sie ihm zu spritzen. Da hat er, Dr. Ulrichs, den Zuhälter wegen seines Übergewichts bloßgestellt – wie könne man so leichtfertig sein, sich Anabolika spritzen zu lassen, wenn man 113 kg wiegt? Mit dieser einen Äußerung hat er ihn sich zum Todfeind gemacht.

---

[1] 1993 gelingt aus Schwalmstadt tatsächlich ein Ausbruch mit einem Bundeswehrfahrzeug, einem Panzer. Ein frisch Entlassener stiehlt aus einem wenig gesicherten Bundeswehrdepot einen Radpanzer „Fuchs", fährt über die Landstraße nach Ziegenhain, durchbricht mit dem schweren Fahrzeug, als gerade Freistunde ist, das Anstaltstor, lässt einen früheren, wegen dreifachen Mordes zu lebenslanger Freiheitsstrafe verurteilten Haftkameraden in den Panzer zusteigen und fährt davon.

Dabei ist der ihm angelastete Fluchtplan völlig abwegig. Der beste Chemiker könnte aus den in der Anstalt vorhandenen Stoffen kein Reizgas herstellen. Den Sicherheitsdienstleiter der JVA Schwalmstadt beschuldigt er schwer: Der geht nicht ernsthaft gegen die Subkultur vor; auf den Stationen blüht das Glücksspiel mit Einsätzen bis zu 1000 DM. Zu den bei ihm selbst gefundenen Päckchen mit den großen Rasierklingen schreibt er nichts.

Dr. Ulrichs beantragt bei der Strafvollstreckungskammer des Landgerichts Marburg seine Rückverlegung nach Schwalmstadt. Dieser Antrag auf gerichtliche Entscheidung wird im Februar 1988 zurückgewiesen, weil er ihn, trotz einer gerichtlichen Aufforderung, nicht begründet hat. Die Strafvollstreckungskammer wollte von ihm erläutert haben, weshalb ihn diese Verlegung in seinen Rechten verletzt. Die bloße Verlegung in ein anderes Gefängnis als solche ist keine Rechtsverletzung, denn kein Gefangener, so steht es im Beschluss, hat ein Recht darauf, seine Strafe in einer bestimmten Anstalt zu verbüßen.

Butzbach

Ab November 1987 wird das Gefängnis in Butzbach, eine im Jahr 1894 eingeweihte „panoptische", sternförmig erbaute Anstalt, für mehr als 13 Jahre Dr. Ulrichs' Bleibe sein. Seine bürgerliche Existenz bricht Stück für Stück zusammen.

Im Februar 1988 lädt ihn das Amtsgericht Butzbach zur Abgabe der „Eidesstattlichen Versicherung der Vermögenslosigkeit", zum „Offenbarungseid". Die unbefriedigten Gläubiger, die gegen ihn die Zwangsvollstreckung betreiben, sind seine Kreditgeber wegen des Haus- und Praxisbaus bei München und die Gerichtskasse. Allein das Land Hessen verlangt für das Strafverfahren 44 000 DM Gebühren und Auslagen von ihm.

Seine Frau hat die Scheidung beantragt. Zur mündlichen Verhandlung vor dem Familiengericht Dieburg – die Strafanstalt würde ihn unter bewaffneter Bewachung dorthin ausführen – will Dr. Ulrichs nicht kommen. Das Familiengericht befreit ihn auf seinen Antrag von der Pflicht zum persönlichen Erscheinen. Im Oktober 1988 wird die Scheidung ausgesprochen. Frau Dr. Susanne Ulrichs bricht jeden Kontakt zu ihm ab. 20 Jahre später, im Jahr 2008, wird sie über Dr. Ulrichs sagen, ihr Exmann sei gerissen und gefährlich. Sie hat immer noch große Angst vor ihm. Er hat ihr Leben ruiniert. An seinen Kirchheimer Hausbau- und Praxisschulden von, mit Zinsen, 3 Millionen DM, für die sie voll mit haftet, hat sie 2008 immer noch „abzunagen".

Im März 1988 entzieht ihm die für seine letzte Praxis bei München zuständige Verwaltungsbehörde, die „Regierung von Oberbayern", seine Approbation als Arzt. Sein medizinischer Doktortitel bleibt ihm erhalten, obwohl er rechtskräftig wegen Ermordung eines Patienten verurteilt ist[1]. Seine alma mater, die Julius-Maximilians-Universität Würzburg, leitet im Jahr 1987 ein Verfahren mit dem Ziel des Entzuges der Doktorwürde ein. Mit einem – ohne Zustellungsnachweis – an ihn persönlich im Gefängnis Butzbach adressierten Schreiben vom 7. Dezember 1987 gibt die Universität ihm Gelegenheit zur Stellungnahme. Er reagiert darauf nicht. Mehr als ein Jahr später, am 8. März 1989, fragt die Universität bei der Anstaltsleitung nach, ob denn das Anhörungsschreiben überhaupt zugegangen sei. Dr. Ulrichs lässt durch seine Verteidigerin antworten, er werde die Wiederaufnahme des Strafverfahrens mit dem Ziel des Freispruchs beantragen; die Universität möge bitte das Ergebnis des Wiederaufnahmeverfahrens abwarten. Die Verteidigerin schreibt der Universität mehrfach, der Wiederaufnahmeantrag verzögere sich wegen der Erkrankung von Gutachtern, sei aber bestimmt demnächst fertig. Ein letztes solches Schreiben datiert aus dem Jahr 1990. Danach gerät das Verfahren bei der Universität aus dem Blick und wird nicht mehr weiter betrieben.

---

1 zum Entzug der Doktorwürde siehe Kasten auf den Folgeseiten

Entzug der Doktorwürde

Den akademischen Grad „Doktor" verleiht die jeweilige Universität. Sie allein kann ihn auch wieder entziehen. Für Dr. Ulrichs' Titel galt damals die Promotionsordnung für die medizinische Fakultät der Julius-Maximilians-Universität Würzburg vom 29. März 1983. Diese bestimmte damals – wie noch heute – in ihrem § 11 Absatz 2 Satz 2:

> „Die Entziehung des Doktorgrades erfolgt nach dem Gesetz über die Führung akademischer Grade vom 7. Juni 1939."

Dieses Gesetz (Abkürzung „GFaG"), im Jahr 1939 knapp vor Kriegsbeginn von der Reichsregierung – nicht vom Parlament, dem längst entmachteten Reichstag – beschlossen und von Adolf Hitler unterschrieben, besagt in § 4 Absatz 1 Buchstabe c):

> „Der von einer deutschen staatlichen Hochschule verliehene akademische Grad kann wieder entzogen werden, [...] wenn sich der Inhaber durch sein späteres Verhalten der Führung eines akademischen Grades unwürdig erwiesen hat."

Als vor Inkrafttreten des Grundgesetzes geschaffenes, sogenanntes „vorkonstitutionelles" Recht gilt dieses Reichsgesetz nur weiter, soweit es dem Grundgesetz nicht widerspricht. Das bestimmt Artikel 123 Abs.1 Grundgesetz.
In der juristischen Literatur wird vertreten, dass der Rechtsbegriff „unwürdig", der hier erstmals in diesem Zusammenhang verwendet worden sei, typisches nationalsozialistisches Gedankengut darstellte.
Das Bundesverfassungsgericht und das Bundesverwaltungsgericht haben sich dieser Meinung nicht angeschlossen.
Das Reichsgesetz gilt also als Landesrecht fort. In Bayern lautete die Abkürzung für die jetzt Landesgesetz gewordene Regelung „BayGFaG".
Inzwischen ist das BayGFaG durch das Bayerische Hochschulgesetz von 2006 abgelöst worden. Die betreffende Bestimmung lautet jetzt:

> „Der von einer bayerischen Hochschule verliehene akademische Grad kann, unbeschadet des § 48 des Bayerischen Verwaltungsverfahrensgesetzes (BayVwVfG), entzogen werden, wenn sich der Inhaber oder die Inhaberin durch ein späteres Verhalten der Führung des Grades als unwürdig erwiesen hat. Über die Entziehung entscheidet die Hochschule, die den Grad verliehen hat."

Die Anwendung dieses Gesetzes enthält zwei rechtliche Probleme:

(1.) Ob allein schon das Begehen einer Straftat zur Unwürdigkeit, den Doktortitel zu tragen führt, ist umstritten.
Einige Juristen meinen, der Doktorgrad sei lediglich eine Anerkennung der mit der Doktorarbeit und dem Rigorosum (der mündlichen Doktorprüfung) erbrachten wissenschaftlichen Leistung. Deswegen könne er nur entzogen werden, wenn der Titelträger, wie beispielsweise im Fall des Freiherrn zu ▶

Guttenberg (von 2009 bis 2011 Bundesverteidigungsminister), gerade den Anspruch auf Wissenschaftlichkeit missbraucht habe. Das sei bei einer Straftat, die mit Wissenschaft nichts zu tun habe, nicht der Fall. Die Mehrzahl der Juristen ist indes wohl der Meinung, dass eine so schwere Straftat wie ein Mord an einem Patienten den Arzt zur Führung seines medizinischen Doktortitels unwürdig macht. Gerichtlich entschieden ist das aber nicht.

(2.) Sollte der Titel überhaupt wegen einer Straftat entzogen werden können, so stellt sich die weitere Frage, ob diese Entziehung womöglich nur binnen Jahresfrist möglich ist.
Nach § 48 Absatz 4 des hier anwendbaren Bayerischen Verwaltungsverfahrensgesetzes (BayVwVfG) gibt es für die Rücknahme eines *rechtswidrigen* Verwaltungsaktes eine Frist. Diese Rücknahme ist nur innerhalb eines Jahres ab dem Tag zulässig, zu dem die Behörde von den Rücknahmegründen Kenntnis bekommen hat. Fraglich und umstritten ist, ob diese Jahresfrist nicht nur für von Anfang an *rechtswidrige*, sondern erst recht für *rechtmäßige* Verwaltungsakte gilt, wenn deren Entzug wegen nachträglicher Unwürdigkeit erfolgen soll. Dann müsste die das Verfahren der Entziehung binnen eines Jahres nach dem Zeitpunkt beginnen, zu dem die Universität von der Unwürdigkeit – also dem Mord an Buchhammer – zuverlässige Kenntnis bekommen hat.

Das Bundesverwaltungsgericht hat (NVwZ 1992, Seite 1201 f.) diese Frage ausdrücklich offen gelassen. Denn es handele sich dabei um eine Frage des *Landes*rechtes, die von dem *Bundes*verwaltungsgericht nicht überprüft werden darf, weil dieses nur für die Auslegung des Bundesrechtes zuständig ist. Es kann also sein, dass Dr. Ulrichs sein Doktortitel wegen Versäumung dieser Jahresfrist nicht mehr entzogen werden kann.

Seine Spectabilität, der Dekan der Medizinischen Fakultät der Universität Würzburg, hat uns Verfassern im Jahr 2010 auf Anfrage mitgeteilt, dass die Universität das Titel-Entziehungsverfahren kürzlich erneut aufgegriffen habe.[1]

---

[1] Nach Abschluss unserer eigenen Sachaufklärung und nach Erscheinen der ersten Auflage im Sommer 2012 hat die Süddeutsche Zeitung zum Entzug des Doktortitels nachrecherchiert. Sie berichtet (S. 3 am Ende in ihrer Ausgabe vom 27. August 2013): „Im Februar vergangenen Jahres wurde Kettlar (so das dort verwendete eigene Pseudonym statt Ulrichs) von der Uni Würzburg der Doktortitel aberkannt. 18 Jahre nach seinem ersten und vier Jahre nach seinem zweiten Mord. Das entscheidende Kriterium dafür war, dass Kettlar sich durch sein Verhalten als zur Führung des Doktorgrades unwürdig erwiesen hat'."

Verurteilung wegen Geiselnahme

Im Juli 1988 findet in Darmstadt die Strafverhandlung wegen der Geiselnahme im Gericht vom Februar 1987 statt. Dr. Ulrichs wird unter den für fluchtgefährliche Gefangene üblichen Sicherheitsvorkehrungen nach Darmstadt transportiert. Seine Hände sind gefesselt, die ihn begleitenden Beamten führen ihre Waffen schussbereit, vor jedem Verlassen und nach jedem Wiederbetreten der Anstalt wird er genauestens körperlich durchsucht.

Vor dem Landgericht gesteht Dr. Ulrichs die Geiselnahme ohne Umschweife. Er begründet sie als den verzweifelten Versuch, bekannte Gerichtsmediziner/Toxikologen persönlich anzusprechen, um damit das Schwurgericht doch noch von seiner Unschuld zu überzeugen.

Diese Verhandlung vor der Großen Strafkammer dauert nur zwei Tage. Auch das Landgericht Darmstadt kann nicht aufklären, worin der Sinn dieser Flucht lag, und wieso Dr. Urichs sie so schlecht vorbereitet hat. Offen lässt die Kammer, was er eigentlich davon gehabt hätte, persönlich in den Instituten gewesen zu sein. Dr. Ulrichs wurde damals durch hoch kompetente Strafverteidiger vertreten, die bereits jeden möglichen Zweifel an den Befunden der Toxikologen ausgewertet hatten. Im Übrigen war es wenig wahrscheinlich, dass er bei seinem überraschenden Auftauchen in einem gerichtsmedizinischen Institut den Direktor oder sonst eine Kapazität auch nur antreffen würde. Geschweige denn, dass er erwarten konnte, man werde alles liegen und stehen lassen, um sich mit seinem Anliegen zu befassen.

Das Landgericht sagt in seinem Urteil nichts dazu, ob er, wie er es selbst den Polizisten unmittelbar nach seiner Wiederfestnahme auf der Rückfahrt erzählt hat, nicht doch in den Irak hat fliehen wollen. Es folgt ihm vielmehr darin, dass es ihm tatsächlich allein um seinen Unschuldsnachweis gegangen ist.

In seinen Urteilsgründen erwägt das Gericht sogar, ob diese Geiselnahme wegen ihres Ziels durch Notwehr gerechtfertigt oder wenigstens durch Notstand entschuldigt sein könnte, verneint dies aber. Es verhängt schließlich für die Geiselnahme die damalige Mindeststrafe von drei Jahren Freiheitsentzug. Aus dieser neuen Einzelstrafe und den alten Strafen bildet es eine neue Gesamtfreiheitsstrafe. Diese lautet, weil nach deutschem Strafrecht keine längere Strafe möglich ist, wieder auf „lebenslang". Praktisch kann die hinzukommende neue Strafe aber zu einer höheren Mindestverbüßungsdauer führen.

Dr. Ulrichs legt keine Revision ein; das Urteil wird daher nach einer Woche rechtskräftig.

Alltag in der Strafhaft

Jeder Strafgefangene mit einer längeren Freiheitsstrafe hat Anspruch auf einen sogenannten Vollzugsplan. Darin legt die Strafanstalt unter anderem fest, welche Arbeit oder Ausbildung dem Häftling zugewiesen wird, in welche Wohn- oder Behandlungsgruppe er kommt, ob er eine besondere Therapie erhält und ab wann für ihn Vollzugslockerungen – das sind Ausgang, Urlaub, Verlegung in den Offenen Vollzug – in Betracht kommen. Für Dr. Ulrichs lässt sich nur schwer ein Vollzugsplan erstellen. Bei seiner hohen schulischen und beruflichen Qualifikation kann ihm die Anstalt keine Ausbildung anbieten, die seine Resozialisierung fördern würde. Es wäre für ihn nutzlos und er hat auch kein Interesse, sich zum Koch, Schreiner oder Schlosser ausbilden zu lassen. Seine Tat bestreitet er; die Anstaltspsychologen haben keinen Ansatz, mit ihm in einer Therapie herauszufinden, wie es zur Tat hat kommen können und wie ein Rückfall zu verhindern wäre.

Da noch nicht feststeht, welche Mindestverbüßungsdauer er zu erwarten hat[1], kann die Anstalt ihm schließlich auch nicht sagen, wann er voraussichtlich mit Vollzugslockerungen rechnen kann. Ein Vollzugsplan wird daher zunächst nicht erstellt.

Dr. Ulrichs hat in Butzbach bald einen Arbeitsplatz als Hilfsschuster in der Schuhmacherei. Später wird er sagen, an den Schuh-Schleifmaschinen habe er sich seine Hände ruiniert; orthopädische Operationen werde er nie mehr ausführen können. Sein Einzelhaftraum befindet sich in der Abteilung B II, im Sicherheitsbereich für besonders „langstrafige" Gefangene. Aus besonderer Vorsicht – wegen der Geiselnahme in Darmstadt und des Verdachts auf Ausbruchsvorbereitungen in Schwalmstadt – wird seine Zelle öfter als die anderer Gefangener unangekündigt durchsucht.

Mit Mitgefangenen hat er gelegentlich Schwierigkeiten. Im April 1988 schreibt Dr. Ulrichs an den Vollzugsdienstleiter, dass er nicht für die „Interessenvertretung der Gefangenen" kandidiert, weil ihm bei einer Kandidatur von anderen Gefangenen „Ärger droht". Wegen Unstimmigkeiten lässt er sich von B II nach B III verlegen.

Andererseits hat er auch Erfolge. Er bezieht ärztliche Fachzeitschriften und -bücher und erhält sich seine Kenntnisse und Fähigkeiten als Facharzt im Rahmen des Möglichen. Da es hin und wieder zu „Drogenunfällen"[2] kommt, hat er Gelegenheit, mit Reanimierungen zu helfen. Nach einer solchen erfolgreichen

---

1 siehe Kasten auf S. 63
2 siehe den Kasten auf S. 66

Was heißt „lebenslang"?

Wörtlich heißt „lebenslang": Bis der Verurteilte tot ist. In manchen Ländern – so in einigen Bundesstaaten der USA – bleiben „Lebenslängliche" tatsächlich bis zu ihrem Tod im Gefängnis. Manche Anstalten dort haben eigene Friedhöfe, und die Mitgefangenen veranstalten für ihren toten Kameraden ein im Rahmen ihrer Mittel aufwändiges Leichenbegängnis.

Andere Länder, etwa Portugal und Norwegen, kennen keine lebenslange Freiheitsstrafe, weil sie ihnen als menschenrechtswidrig gilt.

In Deutschland gilt: Das grundlegende Urteil des Bundesverfassungsgerichts von 1977 (Band 45, S. 187 ff. der Entscheidungssammlung) erklärt die lebenslange Freiheitsstrafe zwar für mit dem Grundgesetz vereinbar, das Bundesverfassungsgericht verlangt dafür aber,

> „dass dem zu lebenslanger Freiheitsstrafe Verurteilten grundsätzlich eine Chance verbleibt, je wieder der Freiheit teilhaftig zu werden."

Wegen dieser grundlegenden Verfassungsgerichts-Entscheidung wurde 1981 der § 57 a in das Strafgesetzbuch (StGB) eingefügt. Dessen Absatz 1 lautet:

> „Das Gericht setzt die Vollstreckung des Restes einer lebenslangen Freiheitsstrafe zur Bewährung aus, wenn
> 1. fünfzehn Jahre der Strafe verbüßt sind,
> 2. nicht die besondere Schwere der Schuld des Verurteilten die weitere Strafvollstreckung gebietet und
> 3. die Voraussetzungen des § 57 Abs. 1 Nr. 2 [...] vorliegen."

§ 57 Abs. 1 Nr. 2 StGB, auf den die obige Nr. 3 verweist, lautet:

> „Das Gericht setzt [...] zur Bewährung aus, wenn [...]
> 2. dies unter Berücksichtigung des Sicherheitsinteresses der Allgemeinheit verantwortet werden kann und"

Die damalige Rechtslage bedeutete für Dr. Ulrichs:
(1) Das Schwurgericht Darmstadt, das „erkennende Gericht", hatte in seinem Urteil – wie im Jahr 1987 üblich – noch offen gelassen, ob seine Schuld besonders schwer wöge oder nicht. Im Jahr 1987 war noch ungeklärt, wer – entweder das „erkennende Gericht" oder die für die Strafanstalt, in der der Verurteilte verbüßt, zuständige Strafvollstreckungskammer (= StVK) – diese „Schuldschwerefeststellung" zu treffen hat. Das Darmstädter Schwurgericht war der Auffassung, das sei nicht seine Sache.
(2) Erst fünf Jahre später, im Juni 1992, hat das Bundesverfassungsgericht (Band 86, S. 288 ff. der Entscheidungssammlung) klargestellt, dass dafür das „erkennende Gericht" zuständig ist. Seither heißt es gegebenenfalls schon im Strafurteil: „Die Schuld des Angeklagten wiegt besonders schwer." Die daraus folgende Mindest-Strafverbüßungsdauer setzt das erkennende Gericht in seinem Urteil noch nicht fest, weil für die mindestens abzusitzenden Jahre nicht nur die Tat, sondern auch das Verhalten des Verurteilten im Strafvollzug mit berücksichtigt werden muss. Für die Festsetzung der Mindestverbüßungsdauer ist die Strafvollstreckungskammer (StVK) zuständig. Sie entscheidet darüber üblicherweise nach 13 Jah-

▶

> ren Verbüßung. Sie spricht beispielsweise aus: „Die Schuld des Verurteilten gebietet eine Strafvollstreckung von 20 Jahren."
> (3) Wenn die so festgesetzte Mindestzeit verbüßt ist, wird der „Lebenslängliche" freilich nicht immer entlassen. Zusätzliche Voraussetzung ist nach dem Gesetz (§ 57 Abs. 1 Nr. 2 StGB), dass die Entlassung „unter Berücksichtigung des Sicherheitsinteresses der Allgemeinheit verantwortet werden kann". Das bedeutet, dass die Rückfallgefahr – dass der Gefangene in Freiheit neue einschlägige Straftaten begeht – nicht groß sein darf. Das hat die Strafvollstreckungskammer abzuschätzen. Bei dieser Prognose stützt sie sich auf die Meinung der Strafanstalt und meist zusätzlich auf ein oder mehrere Gutachten von spezialisierten Psychiatern oder Psychologen.
> Die für Dr. Ulrichs missliche Folge der seinerzeit noch nicht geklärten Zuständigkeit für die Feststellung der besonderen Schuldschwere war damals, dass bei ihm erst nach 13 Jahren gerichtlich festgelegt werden konnte, ob überhaupt eine besondere Schuldschwere vorliegt. Diese 13 Jahre lang blieb offen, ob es bei der Mindestverbüßung von 15 Jahren bleiben oder eine höhere Mindeststrafdauer angeordnet werden würde.

Rettungsaktion schreibt der „Vorsitzende" einer im Butzbacher Gefängnis bestehenden Gruppe der damals jungen Partei „Die Grünen", der sogenannten „Grüne hinter Gittern", an den hessischen Ministerpräsidenten Wallmann (CDU), und schlägt eine Ehrung Dr. Ulrichs' vor. Am 10. Januar 1989 berichtet die *Frankfurter Allgemeine Zeitung* darüber. Konsequenz ist ein Schreiben des Landrats des Wetteraukreises an den Gefängnisdirektor, mit dem er anfragt, ob Dr. Ulrichs für die „Staatliche Anerkennung von Rettungstaten" – im Volksmund heißt das: die „Rettungsmedaille" – in Betracht käme.

Dr. Ulrichs wird dazu von der Anstaltsleitung angehört. Er lehnt ab; er will im Gefängnis keine Ehrung.

Im April 1989 stellt Dr. Ulrichs den Antrag, in der Gefängnisdruckerei arbeiten zu dürfen. Dort werden die vielen von der JVA benötigten Briefbogen und Formulare gedruckt. Im Oktober 1989 bekommt er den beantragten Arbeitsplatz. Der Posten als Drucker ist bei den Gefangenen begehrt. Die Arbeit ist körperlich wenig anstrengend und sauber. Das Bedienen und Instandhalten der Druckmaschinen ist technisch nicht einfach und verschafft Erfolgserlebnisse. Der Drucker hat, weil er die von ihm hergestellten Formulare in der Anstalt auch verteilt, ungewöhnlich viel Bewegungsfreiheit, die selbst bis in den sonst für Gefangene unzugänglichen Verwaltungstrakt reicht[1].

---

1 Grundsätzlich dürfen sich die Gefangenen in der Strafanstalt nicht nach Belieben im Haus umherbewegen. In § 11 der „Hessischen Ausführungsbestimmungen zur Durchführung des Strafvollzugsgesetzes" heißt es dazu unter anderem: „Mit Hilfstätigkeiten beschäftigte Gefangene [...] sind unmittelbar zu beaufsichtigen oder regelmäßig zu kontrollieren [...] Unterbrechungen der unmittelbaren Beaufsichtigung sind so kurz wie möglich zu halten, maximal 20 Minuten."

Durch seine Persönlichkeit und soziale Kompetenz gelingt es Dr. Ulrichs, mit dem für ihn zuständigen Sozialarbeiter Kuhn[1] und mit dem katholischen Anstaltsgeistlichen zwei im Gefängnis einflussreiche Personen für sich einzunehmen. Sie werden ihn mit der Zeit immer überzeugter für unschuldig verurteilt halten. Auch außerhalb der Anstalt finden sich allmählich mehr und mehr Unterstützer, die an seine Unschuld glauben. Dazu trägt der langwierige Verlauf des Wiederaufnahmeverfahrens bei.

Wiederaufnahmeantrag

Seit 1988 lässt Dr. Ulrichs von der Marburger Strafverteidigerin Verhey einen Wiederaufnahmeantrag[2] vorbereiten. Zeitweise sind dafür drei Verteidiger tätig. Im November 1989 legt der von Verteidigerin Verhey beauftragte Gerichtsmediziner Professor Brinkmann eine für die wissenschaftliche Vorgehensweise des vom Schwurgericht herangezogenen Gerichtsmediziners Professor Brettel vernichtende Fallanalyse vor.

Im März 1990 wird ein neues Gutachten des Anästhesiologen Professor Förster fertig. Er war schon in dem Verfahren vor dem Landgericht Darmstadt für die Verteidigung tätig. Nach seiner Ansicht sind die chemischen Analysen der Frankfurter Gerichtsmedizin wissenschaftlich unbrauchbar. Die Verteidigerin reicht den Wiederaufnahmeantrag mit den zwei neuen Gutachten und einigen anderen, wie sie vorträgt, neuen Beweismitteln im Juli 1990 ein. Zuständig ist das Landgericht Kassel. Die Kosten dafür tragen, soweit bekannt, Dr. Ulrichs' Eltern.

---

1 Name geändert
2 zu den rechtlichen Voraussetzungen eines Wiederaufnahmeverfahrens siehe den Kasten auf S. 69

VU Station B 3
JVA Butzbach					Butzbach, den 10.04.1995

Betr.: Ereignisse am 09.04.1995 auf Station B 3

Gegen 13.25 am 09.04.1995 wurde ich vom diensthabenden Beamten B 3 ; Herrn AInsp.im JVD Zahn , geweckt (hatte Mittagsschlaf gehalten) .

Er sagte,ich möge bitte sofort einmal nach Zorkas sehen,„dem geht es nicht gut".
Ich zog mich an und lief zur dortigen Zelle, fand Herrn Lautmann in der zelle vor,dort lag auf dem Bett,in Rückenlage, der VU Zorkas,mit blutig beschmutztem Schädel,einer Blutungsquelle links oben, Gesichtsfarbe fahl blaß ,ich hörte ihn ab, fand - wie auch Herr Lautmann, sani, keinen Puls mehr, die Atmung sehr langsam, dann stoßweise, die Pupillen enggestellt (Miosis),Atemfrequenz etwa 5 pro Minute, dann Aussetzer, Zorkas wurde zunehmend blau grau, erst keine Reflexe dann plötzlich klonische Zuckungen bei der Ansicht fiel eine zweite Verletzung am Hinterhaupt auf (Riß-Platzwunde): Maßnahmen; beinehochlagerung,
Thoraxkompression,Kopflagerung (Atemwege freimachen)er zog Blut ein,
dann kam ein junger , mir unbekannter Beamter hinzu,der bei der Lagerung half, erstreifte den linken Ärmel hoch, dort fand sich radialseitig auf Höhe der Ellenbeuge blutig tingierte Eintrittstelle und leichte Rötung entlang der dortigen vene (Flushreaktion),da Zorkas immer mehr „einzuschlafen " drohte, auf Atemspende aber immer wieder kam, packte ich ihn, trotz insuufizientem Kreislauf, um ihn passiv zu bewegen, hielt ihn rückseitig am Gürtel,Beamter Sack links und weiterer beamter rechts und führten ihn über die
Station,dabei sackte Zorkas mehrfach weg, örtlich und zeitlich war er nicht orientiert, , er„vergaß" immer wieder zu atmen, wenn man ihn nicht anschrie dazu. Da ich barfüßig war, konnte ich den Kranken nicht zum Laz begleiten.

Zurück auf der Station wusch ich Arme und Gesicht vom Blut frei(bei Atemspende und Rean- Bemühungen passiert) , in der Spülzelle kamen einige VU der Stat auf mich zu und sagten, „dass der Guric auf B 4 schlechten Stoff heruntergeliefert habe, das würde die leute wie den Lars umhauen ..."
ich ging auf den Flur und schrie den gaffenden Tacic an, er solle so einen Mist lassen, daraufhin versuchte ich die mir bekannten typen der Station zu warnen und schickte Teddy meyer los, die Junkies vor dem Stoff zu warnen; denn ein VU sagte

▶

dass die Pumpe im Umlauf sei(was bedeutete,daß mehrere
VU eine Spritze teilten)
Es kam zu einer wenig schönen Auseinandersetzung mit den
Mittelhändlern auf B 4.

Da schrie plötzlich einer in der letzten Zelle links beim
Piek liegt auch noch einer. Herr Spahn meinte ich solle doch
bitte nachsehen,am Boden liegend blaß blau,Erbrochenes und
Wasser um ihn , lag der Gefangene Monti,Beine wurden von
VU Alexis hochgehalten, , der VU wurde gerade von Herrn
Lautmann untersucht, er fand (auch keinen Puls, Atmung
negativ)

Ich untersuchte den Monti kurz, keine Atmung, kein Puls,
Carotispuls neg.,Pupillenreflex neg. schlaff hängend, aber
Kiefer biß starr, ich löste den Kiefer auf mit einem Holz-
stück und zog seine Zunge vor, Kopflagerung, Atemspende Herz-
massage (die wurde zum Teil von dem Beamten Pawlak ausgeführt)das dauerte etwa 5 Minuten,dann kam er kurz und sackte
wieder ab, dann kam der Sani(der Kleine mit dem Koffer, der
den Zorkas übernommen ahtte)und ich intubierte mit dem güde-
öltubus und konnte mit Maske und Sauerstoff(aus dem Koffer)
Luft zuführen während die Massage von mir fortgeführt wurde

Sehr (!) langsam kam der Mann zurück und sackte immer wieder
ab, an seinem linken Ellenbogengelenk , innenseitig, fand sich
eine frische blutende Veneneintrittstelle (dort haten andere
„Personen" vermutlich zuvor versucht Kochsalz zu spritzen
(läuft als Gerücht unter den Junkies , dass dies helfen
soll)es lag ein Löffel gefüllt mit Wasser und einer kristal-
linen Substanz auf dem tisch und daneben lagen noch einige
Fixeruntensilien.

Mir wurde später bestätigt, dass ein VU, der ihm bei der
Injektion geholfen hatte dies mit dem „Kochsalz" versucht
habe, bevor sie ihn liegen ließen.
Dr. becker übernahm dann bei Eintreffen - wie üblich „reser-
viert" den Mann zur weiteren Versorgung.

       Dr. Ulrichs

Von Dr. Ulrichs selbst auf seiner Reiseschreibmaschine getippter Bericht an die Anstaltsleitung über eine der „Fixerrettungen"
Wortlaut, Schriftbild und Orthografie sind beibehalten. Alle Namen haben wir geändert.

Dieses Wiederaufnahmeverfahren wird sich von Juli 1990 bis zum Dezember 1998 mehr als acht Jahre lang hinziehen. Dreimal wird das Oberlandesgericht Frankfurt am Main ablehnende Beschlüsse des Landgerichts Kassel aufheben müssen.

Prägend für dieses Wiederaufnahmeverfahren sind Menge und Umfang der Schriftsätze. Der Wiederaufnahmeantrag selbst umfasst schon 215 Seiten[1]. Die Verteidigung versucht jeweils zu begründen, warum die jetzt vorgetragenen Beweismittel neu sind. Vor allem Professor Förster setzt sich engagiert für Dr. Ulrichs ein. Die Angriffe konzentrieren sich auf den toxikologischen Sachverständigen Professor Raudonat und den gerichtsmedizinischen Sachverständigen Professor Brettel[2]. Die Verteidiger bringen immer wieder zum Ausdruck, dass sie dem Darmstädter Schwurgericht, das von den Sachverständigen so falsch beraten war, sein Fehlurteil nicht vorwerfen können.

Wiederaufnahmeverfahren, I. Teil

Im November 1990 bittet die zuständige 4. Große Strafkammer des Landgerichts Kassel die Verteidiger um Geduld. Die schwierige Sache müsse von allen drei Richtern der Kammer durchgearbeitet werden. Das könne wegen eines Richterwechsels erst 1991 erfolgen.

Ende April 1991 verwirft Kassel das Wiederaufnahmegesuch. Hinsichtlich der Verurteilung wegen Brandstiftung sei es nur mit – unzulässigen – Angriffen gegen die Darmstädter Beweiswürdigung begründet. Hinsichtlich der Verurtei-

---

1 Den das Vertrauen in die hessische Justiz in manchen Augen damals schwer belastenden Hintergrund des Wiederaufnahmeverfahrens Dr. Ulrichs' bildet das zur selben Zeit – in den Jahren 1988 bis 2000 – unter größter Medienresonanz ablaufende Straf- und Wiederaufnahmeverfahren gegen die wegen zweifachen Kindesmordes verurteilte Monika Weimar, später Böttcher. Einer Verurteilung durch das Landgericht Fulda folgen eine erst beim Oberlandesgericht Frankfurt am Main erfolgreiche Wiederaufnahme und ein Freispruch der Angeklagten durch das Landgericht Gießen nach erneuter Hauptverhandlung. Dieser Freispruch wird vom Bundesgerichtshof aufgehoben, der eine dritte Hauptverhandlung in Frankfurt am Main anordnet. Zuletzt wird Frau Böttcher vom Landgericht Frankfurt doch verurteilt, was der Bundesgerichtshof schließlich rechtskräftig bestätigt. Das dramatische Hin und Her dieser Wiederaufnahme wurde seinerzeit vielfach als Beleg dafür angesehen, dass es in der hessischen Strafjustiz durchaus öfter zu falschen Verurteilungen kommen könnte.
2 siehe dazu den Kasten auf S. 71

Wiederaufnahmeverfahren

Wenn ein Strafverfahren rechtskräftig mit einer Verurteilung abgeschlossen ist, steht die Straftat fest. Die Rechtssicherheit verlangt, dass es grundsätzlich dabei bleibt. Es darf nicht dazu kommen, dass der Verurteilte sein Urteil immer wieder neu angreift, weil irgendwelche Restzweifel auftauchen, wie es sie bei komplexen Sachverhalten oft gibt. Die Wiederaufnahme eines rechtskräftig abgeschlossenen Verfahrens ist deswegen nur möglich, wenn bestimmte strenge Voraussetzungen gegeben sind.

Es gibt die Wiederaufnahme **zuungunsten** eines Freigesprochenen, vor allem dann, wenn er ein glaubhaftes Geständnis ablegt. Darum geht es hier nicht. Welche Voraussetzungen für die hier beantragte Wiederaufnahme **zugunsten** des verurteilten Angeklagten gegeben sein müssen, steht in § 359 der Strafprozessordnung (StPO). Die Wiederaufnahme ist danach zulässig,

> „wenn **neue Tatsachen oder Beweismittel** beigebracht sind, die allein oder in Verbindung mit den früher erhobenen Beweisen die Freisprechung des Angeklagten oder in Anwendung eines milderen Strafgesetzes eine geringere Bestrafung [...] zu begründen geeignet sind."

Eine neue Tatsache liegt zum Beispiel vor, wenn der laut Urteil Ermordete, dessen Leiche verschwunden war, lebend wieder auftaucht. Ein neues Beweismittel liegt zum Beispiel vor, wenn ein dem früheren Gericht noch nicht zur Verfügung stehendes Nachweisverfahren (wie der DNA-Nachweis) die Täterschaft eines anderen Menschen beweist.

Das Wiederaufnahmeverfahren gliedert sich in zwei Teile:

Im sogenannten **Aditionsverfahren** (von lat. adire, hingehen; § 368 StPO) wird von dem Wiederaufnahmegericht geprüft, ob
- die von dem Verurteilten vorgetragenen Tatsachen und Beweismittel neu sind und
- ob sie, *unterstellt, sie wären wahr*, zum Freispruch führen können.

Das Aditionsverfahren endet mit einem Beschluss, dass der Wiederaufnahmeantrag entweder zulässig ist oder nicht. Ist er zulässig, folgt das sogenannte Probationsverfahren.

Im **Probationsverfahren** (von lat. probare, beweisen; § 369 StPO) werden die zugelassenen neuen Beweismittel erhoben, soweit das Gericht das für erforderlich hält. Dabei muss der Verurteilte zwar nicht voll beweisen, es aber *wahrscheinlich machen, dass seine Verurteilung zu Unrecht erfolgt ist*. Im Wiederaufnahmeverfahren gilt *nicht* der Satz „im Zweifel für den Angeklagten" („in dubio pro reo"). Erst wenn durch die neuen Beweismittel die Feststellungen des angegriffenen Urteils so schwer erschüttert werden, dass ein Freispruch in einer neuen Hauptverhandlung wahrscheinlich erscheint, ist das Wiederaufnahmegesuch begründet.

Das Wiederaufnahmegericht ordnet, wenn das Wiederaufnahmegesuch zulässig und begründet ist, eine neue Hauptverhandlung an. Dabei ist das Wiederauf- ▶

> nahmegericht immer ein anderes Gericht als das, von dem das angegriffene Urteil stammt (§ 140 a des Gerichtsverfassungsgesetzes). Mit dieser Regel will der Gesetzgeber eine möglichst objektive Prüfung erreichen. Für die von dem Landgericht Darmstadt stammenden Urteile ist das Landgericht Kassel zuständiges Wiederaufnahmegericht.

lung wegen Mordes biete Professor Förster kein neues Beweismittel. Schon das Schwurgericht hat dessen Zweifel am Gutachten Professor Raudonats zurückgewiesen. Der Bundesgerichtshof hat das gebilligt. Professor Brinkmanns Überlegungen zu den Leichenflecken sind zwar neu, aber unerheblich. Der Täter kann Buchhammer zum Bluteinatmen auf den Rücken gelegt und ihn dann, schon ohnmächtig, in die stabile Seitenlage gebracht haben.

Das Landgericht kündigt der Strafanstalt die ablehnende Entscheidung an. Deren psychologischer Dienst schließt Selbstmordgefahr nicht aus. Dr. Ulrichs kommt für eine Nacht wieder in den „besonders gesicherten Haftraum ohne gefährdende Gegenstände". Am Morgen hat er sich beruhigt.

Die Verteidiger legen Beschwerde ein. Im August 1991 beantragt der Generalstaatsanwalt, die Beschwerde zu verwerfen. Begründung: Professor Brinkmanns Gutachten ist nicht neu und unerheblich. Professor Förster könnte ein neues Beweismittel liefern; sein Gutachten geht allerdings nur dahin, dass der Nachweis von Brevimytal nicht *sicher* sei. Er sagt nicht, dass dieser nicht doch *möglich* ist. Der Nachweis kann also ebenso gut gelingen wie misslingen. Dass das Gutachten Professor Raudonats nur *möglicherweise* falsch ist, reicht nicht für eine Wiederaufnahme.

Teilerfolg

Im Juni 1992 erringt Dr. Ulrichs einen wichtigen Teilerfolg. Das Oberlandesgericht lässt das Wiederaufnahmeverfahren zu, soweit Dr. Ulrichs wegen Mordes verurteilt ist. Professor Förster legt, sagt das OLG, nachvollziehbar dar, dass das Gutachten Professor Raudonats wissenschaftlich-analytischen Anforderungen nicht genügt und teilweise widersprüchlich ist. Das Oberlandesgericht sieht allerdings keinen Anlass, selbst schon jetzt eine neue Hauptverhandlung anzuordnen. Das Gutachten Professor Försters muss erst im Probationsverfahren überprüft werden. Sollte die noch vorhandene Menge ausreichen, ist dabei auch an eine neue chemische Untersuchung des Leichenblutes zu denken.

Die weitergehende Beschwerde verwirft das Oberlandesgericht. Die Argumente gegen die Verurteilung wegen versuchter Brandstiftung und Versiche-

Argumente im Wiederaufnahmeantrag

1. Dr. Ulrichs hat die Praxis nicht in betrügerischer Absicht doppelt versichert. Die zweite Versicherung bei der „Vereinten" hat er nur Buchhammer zuliebe abgeschlossen, um dessen Versicherungsvertreter einen Gefallen zu tun. Nach dem Brand hat Dr. Ulrichs selbst die „Vereinte" angerufen und mitgeteilt, sie sei nicht eintrittspflichtig. Über diesen Anruf hat die „Vereinte" eine Telefonnotiz, die sie grundlos nicht herausgibt. Die Verteidigung bietet dafür Dr. Ulrichs' damaligen Gesprächspartner von der „Vereinten" als neuen Zeugen an.
2. Erneut und im Detail wird dargelegt, wie dilettantisch die Brandstiftung war. Die ausgelegten Papierbahnen haben keine durchgehende Brandbrücke zur Wohnung Buchhammer gebildet. Das spricht für unter Zeitdruck getroffene Brandvorbereitung irgendwelcher Einbrecher.
3. Buchhammer hat allerhand obskuren Umgang gehabt; aus diesen Kreisen könnten die Täter stammen.
4. Der Durchbruch ist nicht von Dr. Ulrichs, sondern von Buchhammer selbst gemacht worden. Ein Zeuge hat zunächst auch richtig ausgesagt, er habe Buchhammer lebend bei dem begonnenen Durchbruch „in der Größe eines Fernsehbildschirms" gesehen. Das Schwurgericht hat diesem Zeugen diese Aussage in der Hauptverhandlung regelrecht ausgeredet. Das kann einer der erstinstanzlichen Verteidiger als neues Beweismittel bezeugen.
5. Weder in der Spritze „Spur Nr. 13" noch in Buchhammers Leichenblut ist Brevimytal tatsächlich nachgewiesen worden. Das ergibt sich aus dem neuen Gutachten von Professor Förster.
6. Dass dieses Institut erst 1986 über die erforderlichen Referenztabellen verfügt haben will, erklärt die negative Analyse 1985 nicht, denn die Tabellen hat man für die Analyse gar nicht benötigt.
7. Die untersuchten Blutproben sind verunreinigt gewesen, weil methyliertes Brevimytal gefunden worden ist; ohne eine Verunreinigung war eine Methylierung aber nicht möglich. Wenn in diesem Institut aber solche Verunreinigungen vorkommen, ist auch nicht auszuschließen, dass Brevimytal selbst aus anderen Untersuchungen in die Proben „eingeschleppt" gewesen ist.
8. Die Dokumentation der Eichläufe der Messgeräte und der verschiedenen Untersuchungsläufe („runs") ist unvollständig und diskreditiert die Frankfurter Laborpraxis.
9. Die Blutspuren an der Spritze „Spur Nr. 13" hat ein Laborant leichtfertig abgewaschen, was jetzt eine DNA-Analyse zu der Frage unmöglich macht, ob es sich überhaupt um Buchhammers Blut gehandelt hat.
10. Bei der quantitativen Analyse ist aus mehreren Untersuchungen unzulässig ein Mittelwert gebildet worden. Selbst danach steht aber fest, dass die im Leichenblut gefundene Menge Brevimytal viel zu gering war, um zu einer Bewusstlosigkeit mit der Ausschaltung der lebensrettenden Reflexe zu führen.
11. Die gefundenen 100 ml Blut in der Lunge Buchhammers haben zum Ersticken nicht ausgereicht.
12. Buchhammer hat, wie sich aus der Anordnung der Leichenflecken ergibt, nicht auf dem Rücken, sondern in „stabiler Seitenlage" gelegen. In dieser Seitenlage hätte das Blut ihm aber nicht aus der Nase in den Mund laufen können.
13. Die feingewebliche Untersuchung der Lunge Buchhammers zeigt nicht die charakteristischen Blut-Aspirationsherde, die bei der behaupteten Tötungsmethode hätten entstehen müssen. ▶

14. Professor Brettel hat bei der Leichenöffnung leicht erkennbare Vorerkrankungen übersehen. Die Vorerkrankungen entnimmt Professor Brinkmann den Krankenunterlagen der Buchhammer zu Lebzeiten behandelnden Ärzte: Hirnatrophie, Herzfehler, Nierenzysten mit der naheliegenden Folge eines Bluthochdrucks, ein durch Geschwüre völlig vernarbter Magen. Viel spricht dafür, dass Buchhammer an einem hämorrhagischen Lungenödem gestorben sei.
15. Die „handwerklichen" Mängel der Brandvorbereitungen wären Dr. Ulrichs nicht unterlaufen.
16. Die ungestörte Brandstiftung ist kein vernünftiges Motiv zur Tötung Buchhammers, denn ebenso schnell wie Buchhammer hätten in der relativ dicht bebauten Gegend, in der die Praxis lag, andere Nachbarn den Brand entdeckt.
17. Hätte Dr. Ulrichs selbst den Brand gelegt, so hätte er jedenfalls Einbruchspuren vorgetäuscht, um von seiner Täterschaft abzulenken.
18. Die angebliche Mordmethode ist viel zu wenig sicher; ein Arzt hätte zuverlässigere Mittel gewählt.
19. Auf Buchhammers von Zeugen bestätigtes Gerede, Dr. Ulrichs wolle ihm am Vorabend des Brandtages seine Aufbauspritze geben, ist wegen Buchhammers psychischer Auffälligkeit – durch eine Hirnatrophie – nichts zu geben.

rungsbetruges erschöpfen sich in unzulässigen Angriffen auf die Beweiswürdigung des Schwurgerichts.

Eine Haftentlassung Dr. Ulrichs' lehnt das Oberlandesgericht ab. Es hält an der Regel fest, dass die Zulassung des Wiederaufnahmeantrages die Strafvollstreckung nicht hemmt. Der Ausnahmefall – dass die neuen Tatsachen und Beweismittel einen „solchen Grad an innerer Wahrscheinlichkeit hätten, dass die weitere Vollstreckung bedenklich erscheint" – liegt hier nicht vor. Das Oberlandesgericht zitiert dazu am Ende seiner Entscheidung zustimmend die Schlussbemerkung des – zwar von der Verteidigung beauftragten, aber unbefangen urteilenden – Sachverständigen Professor Brinkmann in seinem Gutachten, bei einer Gesamtbetrachtung dränge sich ihm doch der Gedanke auf, dass Dr. Ulrichs etwas mit dem Tod Buchhammers zu tun habe.

Wiederaufnahmeverfahren, II. Teil

Damit ist erneut das Landgericht Kassel am Zug. Dessen Präsidium hat die Geschäftsverteilung für 1992 geändert. Statt der 4. ist jetzt die 5. Strafkammer zuständig. Nach bundesweiten Erkundigungen bestimmt diese den Kölner Professor Käferstein, einen Chemiker mit der Zusatzbezeichnung „forensischer Toxikologe", zum „Obergutachter"[1]. Im Mai 1993 liegt das „Obergutachten" vor:

---

1 zur chemischen Problematik siehe den Kasten auf S. 74

Es könne kein Zweifel bestehen, dass das Frankfurter Institut in fünf Chromatogrammen Brevimytal qualitativ zutreffend nachgewiesen hat. Wenn bei der Chromatographie keine Verschleppung – also Verunreinigung – stattgefunden hat, und dafür geben die vorgelegten Unterlagen keine Hinweise, muss sich in Buchhammers Blut tatsächlich Brevimytal befunden haben. Dessen Menge ist sogar eher unterschätzt worden. Die Vorgehensweise Professor Raudonats ist „sehr umfassend und wissenschaftlich einwandfrei".

Im Juli 1993 setzt die Kammer eine eintägige Beweisaufnahme an. Dr. Ulrichs ist dabei. Die Kammer will, dass die drei Professoren die chemischen Fragen – in einer Art Konsil (patientenbezogene Beratung) oder einer Konfrontation – untereinander ausdiskutieren. Professor Raudonat kann wegen plötzlicher Kreislaufstörungen der Verhandlung nicht weiter folgen. Der Staatsanwalt ruft den Notarzt; der Termin wird abgebrochen, bevor man zur Sache kommt.

Im Dezember 1993 ergänzt Professor Käferstein sein Gutachten schriftlich. Nach den Protokollen der anderen damals durchgeführten Untersuchungen ist eine Verschleppung auszuschließen. Eine neue Untersuchung mit dem noch vorhandenen Blut ist grundsätzlich zwar möglich, zuverlässige Resultate sind aber zweifelhaft, da das Material jetzt über neun Jahre alt, mehrfach aufgetaut und zeitweise nicht sachgerecht konserviert gewesen ist. Wenn jetzt noch Brevimytal nachgewiesen wird, ist das zwar ein sicherer Beweis für sein Vorliegen im Leichenblut, wenn aber nicht, stellt das keinen Beweis für sein Nichtvorliegen dar.

Am 23. Dezember 1993 gibt das Landgericht der Staatsanwaltschaft und den zwei Verteidigern Gelegenheit, binnen vier Wochen abschließend Stellung zu nehmen. Das Empfangsbekenntnis des Verteidigers Hild trägt als Datum den 17. Januar 1994. Noch im Januar verwirft das Landgericht Kassel den Wiederaufnahmeantrag zum zweiten Mal als unbegründet.

In der Beschwerde rügt Verteidiger Hild die Formalie, dass die ihm gesetzte Vier-Wochen-Frist – ab der Zustellung am 17. Januar – vom Landgericht nicht gewahrt worden ist. Im Mai 1994 hebt das Oberlandesgericht auch diesen Kasseler Beschluss auf. Die Beschwerde erklärt es schon allein wegen des formalen Fehlers für begründet, dass die in der Strafprozessordnung vorgeschriebene Schlussanhörung fehlt, weil das Landgericht seine eigene dem Verteidiger Hild dafür gewährte Anhörungsfrist nicht eingehalten hat.

Chemischer Nachweis von Brevimytal (Methohexital)

Zu untersuchen waren Blut aus Buchhammers Leiche und Blutreste in der Spritze „Spur Nr. 13".

Das vom Tatort gekommene Untersuchungsmaterial wird im gerichtsmedizinischen Institut **eingefroren** aufbewahrt. Das kann bei −18 °C, wie in der Tiefkühltruhe, oder bei noch tieferen Temperaturen bis −70 °C erfolgen. Die Sachverständigen sind uneinig darüber, wie tief das Blut hätte gekühlt werden müssen, um sicher auszuschließen, dass sich seine Inhaltsstoffe und Zusammensetzung verändern. Tatsächlich wurde es nur auf −18 °C gekühlt.

Zur Analyse wird das Blut aufgetaut. Da der Rest wieder eingefroren wurde, sind die hier untersuchten Proben überwiegend mehrfach, aber unterschiedlich oft, eingefroren und **aufgetaut** worden. Die Sachverständigen sind hier uneinig darüber, ob überhaupt und wie sich mehrfaches Einfrieren und Auftauen auf die Methohexital-Konzentration auswirkt.

Die Probe wird nach dem Auftauen aufbereitet, indem sie mit basischen (Ammoniak) oder sauren (Salz-, Wein-, Essigsäure) Substanzen **extrahiert** wird. Daran können sich **Reinigungsverfahren** anschließen.

Für die Analyse wird das Blut **gaschromatographisch** aufgetrennt, indem die Probe verdampft und mit einem reaktionsträgen Gasstrom (Helium oder Stickstoff) durch eine Trennsäule geleitet wird. Da jede Komponente des Stoffgemischs in der Trennsäule eine charakteristische Mobilität hat, können auch sehr komplexe Stoffgemische aufgetrennt werden. Anschließend erfolgt die Identifikation und – gegebenenfalls – Quantifizierung der getrennten Substanzen.

Der Gaschromatograph kann dazu mit einem **Massenspektrometer** (GC-MS-Verfahren) gekoppelt werden. Nach der Trennsäule werden die getrennten Stoffe ionisiert, wobei die Moleküle der jeweiligen Substanzen je nach Verfahren zertrümmert oder protoniert werden. Mit geeigneten Analysatoren werden die Moleküle der Einzelsubstanzen aufgefangen, identifiziert und ihre Menge wird festgestellt. Dabei zeigen sich „Peaks" mit charakteristischen Massenzahlen, aus denen auf die Substanz geschlossen werden kann.

Außer dem Massenspektrometer hat das Frankfurter Institut einen **Flammenionisationsdetektor** (GC-FID-Verfahren) eingesetzt. Das verdampfte Analysematerial wird mit Trägergas in eine Knallgasflamme transportiert und thermisch ionisiert. Die entstehenden Ionen werden aufgefangen und als „Peak" aufgezeichnet.

Die Analyse kann **qualitativ** oder **quantitativ** durchgeführt werden. **Qualitative** Analyse bedeutet, dass der gesuchte Stoff entweder – oberhalb der Nachweisgrenze – nachgewiesen wird oder nicht, aber dass seine Menge nicht festgestellt wird. Die **quantitative** Analyse hat zum Ziel, in der untersuchten Probe eine bestimmte Menge des gesuchten Stoffes festzustellen. Dafür bestehen mehrere Möglichkeiten: Optimal ist ein innerer Standard. Das ist der Zusatz einer bekannten Menge einer sich chemisch genau gleich verhaltenden, aber unterscheidbaren Substanz in der untersuchten Probe. Praktisch kommt nur die gleiche Substanz in Frage; damit sie analytisch unterschieden werden kann, wird sie in deuterierter Form zugesetzt, d. h. ein oder mehrere enthaltene Wasserstoffe sind durch Deuterium (schwerer Wasserstoff) ersetzt. Die chemischen Eigenschaften ändern sich dadurch nicht; nur das Massenspektrum ist anders. Viele Stoffe stehen aber nicht in deuterierter Variante zur Verfügung, sodass auf diese

▶

optimale Vorgehensweise verzichtet werden muss. Auch für Methohexital gibt es keine deuterierte Form. Zweite Möglichkeit: Sonstigem Blut wird eine bekannte Menge Methohexital zugesetzt, deren Wiederfindungsrate bestimmt wird. Diese wird dann auch der Leichenblutprobe zugrunde gelegt und der gefundene Wert entsprechend korrigiert. Diese Methode funktioniert allerdings befriedigend nur, wenn Aufarbeitung und Extraktion zu weitgehend standardisierten Ergebnissen führen, was auch bei sachgerechtem Vorgehen bei kompliziertem Analysegut, wie Leichenblut es darstellt, nicht immer der Fall ist. Dritte Möglichkeit: Man untersucht unter Zusetzung eines anderen, aber ähnlichen Wirkstoffs. Das schlägt Professor Förster vor. Neben den oben bereits aufgezeigten Unterschieden in der Wiederfindung verschiedener Barbitursäurepräparate können bei stark verunreinigten Extraktrückständen zusätzliche Verfälschungen bei der Quantifizierung vorkommen.

Die **Verteidigung** – basierend auf den Gutachten Professor Försters – rügt:

- Wäre Methohexital im Blut vorhanden gewesen, hätte es schon bei der ersten Analyse im Jahr 1985 gefunden werden müssen.
- Dass bei einer basischen Aufbereitung mehr Methohexital als bei einer sauren Aufbereitung gefunden wurde, widerspricht allen wissenschaftlichen Erkenntnissen.
- Die bei der quantitativen Analyse gefundenen Mengen Methohexital sind so gering, dass die rückgerechnete Menge für eine Narkose nicht ausgereicht haben kann.
- Dass – bei der qualitativen Analyse – überhaupt Methohexital gefunden worden ist, kann auf Verunreinigung des untersuchten Leichenblutes beruhen. Das kann nur ausgeschlossen werden, wenn alle in der fraglichen Zeit – über mehrere Tage – im Institut untersuchten Materialien ermittelt werden und sichergestellt wird, dass nicht kurz vor den hier relevanten Untersuchungen in einem anderen Zusammenhang Methohexital untersucht worden ist. Die Dokumentation der Untersuchungen ist lückenhaft. Bei manchen „Läufen" ist unklar, was genau untersucht worden ist. Das Institut hat auch eingeräumt, einen „Testlauf" mit reinem Methohexital durchgeführt zu haben. Es bleibt aufgrund der unzureichenden Dokumentation offen, wann – in Bezug auf die Beweisuntersuchungen – das war.
- Es zeigen sich Verunreinigungen in den Peaks der Proben, die nicht erklärlich sind.
- Der Fund von methyliertem Methohexital ist unerklärlich.

Der **Gutachter** des Kasseler Wiederaufnahmegerichts, Professor Käferstein, schreibt über die Vorgehensweise des Frankfurter Instituts:

„Es wurde kein Versuch gemacht, die Wiederfindungsrate nach Aufarbeitung mit Wolframat-Schwefelsäure und Extrelut zu bestimmen, jedenfalls sind nach der Akte keine der genannten inneren Standards zugesetzt worden. Somit ist nicht davon auszugehen, dass Methohexital im Blut tatsächlich quantitativ bestimmt wurde. Dies wird auch von Professor Raudonat eingeräumt, der von Aufarbeitungsverlusten von über 50 % ausgeht. Die Quantifizierung bezieht sich nur auf die Bestimmung in den Extraktrückständen. Im Blut muss die Konzentration demnach deutlich höher gewesen sein als gemessen."

Korrupte Gutachter?

Ein skandalöses Weiteres ist zwischendurch hinzugekommen: Schon am 7. Februar hat die Verteidigerin Dr. Ehrlicher den Professor Raudonat als Sachverständigen wegen Besorgnis der Befangenheit abgelehnt. Wie sie soeben erst erfahren hat, ist er seit einigen Monaten wegen Bildung einer kriminellen Vereinigung zum Landgericht Frankfurt angeklagt. Laut Anklage hat er mit zehn Bandenmitgliedern, darunter einem Oberamtsanwalt und einem Mitarbeiter der Führerscheinstelle, die Frankfurter „Führerscheinmafia" gebildet. Die soll für Geld Trunkenheitsfahrern illegal wieder zur Fahrerlaubnis verholfen haben. Der Tatbeitrag Professor Raudonats hat laut Staatsanwaltschaft darin bestanden, für Geld falsche Gutachten zu erstatten.

Das Hauptverfahren gegen ihn wird eröffnet. Die zugelassene Anklage begründet, schreibt die Verteidigerin, aus Sicht Dr. Ulrichs' schwerste Zweifel, ob Professor Raudonat das Gutachten gegen ihn unbefangen erstattet hat, denn nach den polizeilichen Ermittlungen gegen ihn ist er korrupt. Selbst die Staatsanwaltschaft, die ihn ja deswegen angeklagt hat, hält einen hinreichenden Tatverdacht für gegeben.

Einige Wochen später lehnt die Verteidigung auch den Professor Käferstein wegen Besorgnis der Befangenheit ab. Gerade erst hat sie erfahren, dass dieser sich schon im Jahr 1993 an der Universität Frankfurt am Main um eine Professur – und zwar ausgerechnet um die Nachfolge auf dem Lehrstuhl Professor Raudonats – beworben hat. An seiner Unbefangenheit bestehen deshalb Zweifel, da er als Bewerber doch befürchten muss, seine Chancen auf den Ruf würden sinken, wenn er an seinem akademischen Vorgänger so hart Kritik übt.

Die zwei Befangenheitsanträge verwirft das Landgericht einige Monate später. Professor Raudonat ist inzwischen, im Juni 1994, rechtskräftig von dem Vorwurf freigesprochen worden, zur „Führerscheinmafia" zu gehören. Und der Vorwurf gegen Professor Käferstein, dass eine akademische Krähe der anderen kein Auge aushackt, ist bloße Spekulation. Dies gilt zumal, als auch der Gutachter der Verteidigung, Professor Förster, selbst der Frankfurter Medizinischen Fakultät angehört. Das Oberlandesgericht Frankfurt am Main bestätigt im August 1994 die Zurückweisung der zwei Befangenheitsanträge.

Erster Kontakt mit Dr. Ulrichs

Das Folgende schreibe ich, Christine Gutmann, aus eigener Erinnerung.
Ich habe, und das fällt in diese Zeit, *Dr. Ulrichs* an einem meiner ersten Arbeitstage in der Strafanstalt Butzbach gesehen und gesprochen. Es ist Donnerstag, der 2. Januar 1992. Ich habe gerade das zweite juristische Staatsexamen hinter mir; heute trete ich an meinem ersten Arbeitstag den Dienst als Juristin im Strafvollzug an.
Das Gefängnis liegt nördlich vor der mittelhessischen Stadt Butzbach auf einem Hügel. Es ist ein wilhelminischer Bau aus dem späten 19. Jahrhundert. Zur Stadt hin zeigt er eine imponierende Fassade mit einem Giebel zwischen zwei gedrungenen Türmen. Der wuchtige Reiz der historistischen Architektur ist durch moderne Zutaten – eine betonierte Treppe zur Besucherpforte, überall Messerdrahtrollen auf den Mauern – beeinträchtigt. Ich melde mich an der Pforte. Ein uniformierter Beamter führt mich zu dem Anstaltsleiter. Es ist der Leitende Regierungsdirektor *W.*, ein Mann Ende vierzig. Seit 20 Jahren ist er hier Chef. Dazu ist er als junger Beamter im Jahr 1972 ernannt worden, nachdem sein Vorgänger von einem Gefangenen mit einem „Schussapparat", das ist eine selbstgebaute Schusswaffe, getötet worden war.
W. gibt mir den ersten Überblick über die Organisation der Anstalt und führt mich herum. Das frühere Zuchthaus ist, wie in der Gründerzeit nicht nur im deutschen Kaiserreich üblich, als „panoptische" Anstalt erbaut*. „Panoptisch" heißt, dass von einem zentralen Ort alle Stockwerke einzusehen sind. Vier Flügel gehen strahlenförmig von einem Kuppelbau aus. Die drei Flügel für die Gefangenen sind dreistöckig. Die Gänge haben um des freien Blicks willen keine Geschossdecken. Seitliche Laufstege sind die Zugänge zu den Zellentüren und bilden, verbunden durch eiserne Brücken und Treppen, eine transparente Konstruktion. Von der Zentrale aus, einer verglasten Kanzel unter der Kuppel, kann man in die drei Flügel nach oben und nach unten weit bis an die Enden sehen. Der Blick ist frei, denn damals sind die heute vorhandenen Fangnetze zwischen den Stockwerken – damit kein Selbstmörder hinunterspringt und kein Gefangener von anderen hinuntergeworfen wird – noch nicht vorhanden. Der Raumeindruck ist der eines Ameisenbaus. Es scheppert, hallt, riecht nach Essen und Putzmittel. Nah und fern, oben und unten auf den Gängen stehen und gehen Männer, einige in grüner Uniform, die meisten im „Blaumann", der damaligen Gefangenenkleidung. *W.* sagt etwas ironisch, ich hätte ja die zwei juristischen Staatsexamina durchgestanden, danach könne einen eigentlich nichts mehr erschrecken.
Im vierten der Flügel ist die Verwaltung. *W.* führt mich in mein Arbeitszimmer. Das ist ein schmaler Schlauch mit nur einem Fenster bei einer Deckenhöhe von vier Metern. Die Heizungsrohre liegen auf Putz, der Anstrich ist vergilbt. Von

---

* *Theodor Fontane* gibt 1853 eine lesenswerte Darstellung des (früher unmittelbar nördlich des heutigen Berliner Hauptbahnhofes gelegenen, inzwischen bis auf die Umfassungsmauer abgerissenen) ebenfalls panoptischen Gefängnisses in Berlin-Moabit, in der er die – neben der besseren Bewachbarkeit – dem Bau zugrundeliegende philanthropische Idee spürbar macht: Schon die klare Ordnung und Übersichtlichkeit des Baus selbst sollte bessernd auf das Leben der Verbrecher ausstrahlen („Wanderungen durch Mark Brandenburg", 6. Band der Ausgabe des Aufbau-Taschenbuch-Verlags, S. 221 ff.).

▶

oben durch die Decke sind wummernde Schläge zu hören. Sie kommen aus der Anstaltskirche, die den Gefangenen werktags als Body-building-Studio dient. Das Wummern ist das Fallen der Gewichte in den Maschinen.
W. macht mich mit dem Verwaltungsdienstleiter *H.* bekannt, der mich über meine Pflichten förmlich belehrt und bei dem ich Formulare ausfülle. Er strahlt Strenge und Ernst aus. Von ihm höre ich den Namen *Dr. Ulrichs* zum ersten Mal. *H.* sagt, er sei bisher stolz darauf gewesen, in dieser Strafanstalt Dienst zu tun. Seit einigen Jahren aber liege auf der Arbeit ein Schatten. Man halte einen Unschuldigen gefangen, einen feinen Mann, einen Arzt. Ich würde ihn kennenlernen. Er erwähnt, dass *Dr. Ulrichs* seit einigen Jahren die Wiederaufnahme seines Verfahrens mit dem Ziel seines Freispruchs betreibt.
Ich fange, wie damals im höheren Dienst üblich, als Vollzugsabteilungsleiterin an. Meine Zuständigkeit ist der „B-Flügel", der ungefähr ein Drittel der Insassen beherbergt, das sind um die 180 Gefangene. Hier liegen die besonders „Langstrafigen", darunter die zu lebenslanger Freiheitsstrafe Verurteilten. Einer von ihnen ist *Dr. Ulrichs*.
Zu bearbeiten habe ich stapelweise Akten „meiner" Gefangenen. Es geht um die Genehmigung der Vollzugpläne, die Anordnung oder Aufhebung von besonderen Sicherungsmaßnahmen, die Aushändigung von Gegenständen, um Anträge der Gefangenen auf Anhörung, Gewährung von Ausgang, Hafturlaub, Verlegung in eine Anstalt des offenen Vollzugs und um vieles andere. Weil ich neu bin, werde ich „ausgetestet". Die Gefangenen schreiben mir mehr „Anliegen" als sonst. Ich muss eine Linie finden.
Einige Tage später sehe ich *Dr. Ulrichs* zum ersten Mal. Er ist auf dem Gang vor meinem Zimmer unterwegs, ein großer kräftiger Mann mit Schnauzbart. Er trägt den „Blaumann", die Gefangenenkleidung. Als Mitarbeiter der Druckerei kann er sich im Haus relativ frei bewegen, um die Bestände an Formularen zu kontrollieren und Neugedrucktes zu verteilen. Weil sich herinnen alles sofort herumspricht, weiß er, dass ich die für ihn zuständige „Neue" bin.
Kurze Zeit später klopft er an meiner Tür. Gewandt stellt er sich vor und fragt nach meinen ersten Eindrücken. Bald bringt er sein Wiederaufnahmeverfahren ins Gespräch. Ob ich die Vorgänge lesen möchte? Ich bin mit den Gedanken zwar bei meinen vielen Akten und für seine Wiederaufnahme nicht zuständig, will aber niemanden, ihn auch nicht, vor den Kopf stoßen. Ich sage ihm, er könne mir die Unterlagen geben; ich würde sie lesen, sobald ich dazu käme. Er bringt einen Stapel Unterlagen. Einen Blick werfe ich hinein – das Verfahren scheint sich vor allem um chemische, um toxikologische Fragen zu drehen. Von Chemie verstehe ich nichts. Der Stapel bleibt vorerst ungelesen.
Nach einigen Tagen fragt er, ob ich schon Zeit gehabt hätte; ich verneine höflich bedauernd. Kurz darauf fragt er wieder, und ich habe immer noch keine Zeit gehabt. Jetzt ist er sehr verärgert und macht mir Vorwürfe. Ich kümmerte mich hier um die falschen Leute, den „Abschaum". Ich machte mir ja keine Vorstellung, wie es hier drinnen zuginge. Er spricht von Mitgefangenen, die in strafbaren subkulturellen Machenschaften stecken.
Als ich nachfrage und ihn auffordere, diese Beschuldigungen bitte nach Zeit, Ort und Informationsquelle konkret zu machen, damit ich ihnen sofort nachgehen kann, verweigert er eine Antwort und verlässt wütend mein Büro.
Seit dieser Szene hat Dr. Ulrichs nie mehr das Gespräch mit mir gesucht. In den nächsten 11 Jahren werde ich gleichwohl immer wieder, im Gefängnis und als Beamtin der Aufsichtsbehörde im hessischen Justizministerium, dienstlich mit ihm zu tun haben.

Das Gefangenenleben geht weiter (I)

Dass das Oberlandesgericht jetzt schon zum zweiten Mal eine Kasseler Ablehnung aufgehoben hat, interpretieren mehr und mehr Mitarbeiter im Butzbacher Gefängnis als deutliches Zeichen dafür, dass an Dr. Ulrichs' Schuld beachtliche Zweifel bestehen. Auch außerhalb der Strafanstalt gewinnt diese Sicht zunehmend Anhänger.

Im Mai 1991 meldet sich der *Stern* beim Anstaltsleiter und bittet, Dr. Ulrichs interviewen zu dürfen. Der Anstaltsleiter fragt ihn, ob er einverstanden ist – er will nicht. Im Dezember 1992 aber gibt er der *Ärztezeitung* ein Interview[1]. Es erscheint eine ganzseitige Reportage. Illustriert ist sie mit einer Fotografie von ihm in seiner Zelle, sein Inkognito wahrend von hinten aufgenommen. Er äußert sich über sein Schicksal, die im Wiederaufnahmeverfahren zu klärenden berechtigten Zweifel an seiner Verurteilung, sein Leiden unter der Monotonie des Gefängnisalltags und seine Hoffnung, bald freizukommen.

1993 gibt er ein Rundfunkinterview in HR 3, nach dem ihm mehrere Hörerinnen Briefe schreiben und ihn besuchen. Eine von ihnen wird er später heiraten.

Im Juli 1994 schreibt ihm Professor Ventzlaff, der Chefarzt der Göttinger Psychiatrischen Universitätsklinik – in dessen Klinik Dr. Ulrichs im Frühjahr 1985 für fünf Wochen war – einen von mehreren ermutigenden Briefen. Dieses Schreiben von einem der angesehensten deutschen forensischen Psychiater schließt so:

„Und noch etwas: Ich glaube, nach mehr als 45-jähriger Tätigkeit als Psychiater, Psychotherapeut und Gerichtsgutachter ein gutes Gefühl für Aufrichtigkeit, Wahrhaftigkeit und Stimmigkeit erworben zu haben. Nach unseren Gesprächen 1985 erschienen mir jedenfalls die Anschuldigungen absurd, und es hat seitdem für mich keinen Anlass gegeben, meine Ansicht zu korrigieren."

Mit dem Anstaltsarzt der JVA Butzbach entstehen immer wieder Reibereien. Dr. Ulrichs meint, dass dieser Dr. Becker[2] eifersüchtig auf ihn ist, weil er, der Häftling, der bessere Arzt ist. Dr. Ulrichs beklagt sich im Jahr 1993, dass der Anstaltsarzt ihm die „Zuckerkost" entzogen hat, im Jahr 1994, dass man ihn zu einem augenärztlichen Konsil gefesselt ausführt und ihn in Handschellen vor

---

1 Erschienen am 8. Dezember 1992 – Überschrift: „Verurteilt wegen Mordes: Ein Orthopäde sitzt seit sechseinhalb Jahren im Gefängnis – ‚Ich bin unschuldig'"
2 Name geändert

dem Ophthalmoskop sitzen lässt. Im Jahr 1995 gibt es Ärger wegen Blutdruckmessungen – irgendwoher hat sich Dr. Ulrichs unerlaubt ein Blutdruckmessgerät beschafft, das er aber behalten möchte, weil er die Messungen des Anstaltsarztes und der Sanitäter für unzuverlässig hält. Die Bediensteten der Anstalt bitten ihn bei orthopädischen Beschwerden häufiger um Rat und Hilfe; sie sind ihm sehr dankbar für das, was er für sie tut. Nach wie vor bezieht er für viel Geld medizinische Fachliteratur.

Mit seinem Gefängnis ist er loyal und zeigt dabei Durchsetzungsfähigkeit, ja physischen Mut. Im März 1994 bekommt er ein Anerkennungsschreiben des Anstaltsleiters, weil er bei einer Geiselnahme „beherzt eingegriffen" hat[1].

Da Vollzugslockerungen – Ausgang, Urlaub und offener Vollzug – noch auf Jahre hinaus nicht anstehen, gewährt ihm die Anstalt sogenannte Ausführungen. Dabei darf er unter Bewachung die Anstalt verlassen. Bei der ersten Ausführung im Dezember 1993 begleiten ihn sein Sozialarbeiter und zwei Beamte des allgemeinen Vollzugsdienstes auf einen mehrstündigen Spaziergang in die Wälder rund um Butzbach mit Einkehr in eine Forsthaus-Gaststätte. Im Mai 1994 wird er in die „Schwimmgruppe" aufgenommen, die regelmäßig in die Badeanstalt ausgeführt wird. In den nächsten Jahren kommen viele Ausführungen – beispielsweise nach Schloss Braunfels oder in die Altstadt von Herborn – hinzu. Außer dem Sozialarbeiter ist dann nur noch ein Beamter des allgemeinen Vollzugsdienstes als Bewacher dabei.

Dr. Ulrichs hat viel Besuch, darunter von verschiedenen Frauen. Im Sommer 1993 kommt eine der Hörerinnen seines Rundfunkinterviews erstmals zu Besuch. Es ist Jasmin Kaiser[2], die sich schnell in ihn verlieben und die er später in vierter Ehe heiraten wird.

Eine dauernde psychische Belastung bleibt, dass für ihn die „Schuldschwere" nicht feststeht und deswegen noch offen ist, wie hoch seine Mindestverbüßungsdauer sein wird. Deswegen kann auch kein verbindlicher Vollzugsplan aufgestellt werden, aus dem er sehen könnte, wann die Anstalt ihm – weitere gute Führung vorausgesetzt – erstmals unbewachten Ausgang und Hafturlaub geben wird.

Die Strafvollstreckungskammer Gießen verwirft im Januar 1994 seinen Antrag, jetzt schon die Mindeststrafdauer festzulegen. Ein solcher Antrag ist, lautet die Begründung, erst nach 13 Jahren Verbüßung in Verbindung mit einem Antrag auf Reststrafenaussetzung zur Bewährung zulässig[3]. Diese 13 Jahre sind

---

1 siehe Kasten auf S. 81
2 Name geändert
3 siehe Kasten auf S. 63

**DER LEITER
DER JUSTIZVOLLZUGSANSTALT BUTZBACH**
Kleeberger Str. 23, Tel.: (06033) 893-0
35510 Butzbach

Butzbach, 24.3.94 /L

PA: Dr. ███████ - 01

Herrn
Dr. ███████
im Hause

Betr. : Versuchte Geiselnahme am 23.3.94
Bezug : Vollzugsplanung, Führung

Sehr geehrter Herr Dr. ███████!

Am 23.3.94 wurden Bedienstete des allgemeinen Vollzugsdienstes von zwei gefährlichen Gefangenen mit Messern lebensgefährlich bedroht. Durch Ihr beherztes Eingreifen und persönlichen Einsatz konnte Sie erreichen, daß einer der Täter, nachdem er bereits einen Bediensteten erheblich mit zwei Stichen in den Bauch verletzt hatte, das Messer herausgab und sich festnehmen ließ. Darüber hinaus leisteten Sie Erste Hilfe für den verletzten Bediensteten.
Hierfür spreche ich Ihnen - auch im Namen der Bediensteten der Anstalt - Dank und Anerkennung aus.
Eine Durchschrift dieses Schreibens wird zu Ihren Gefangenenpersonalakten genommen.

Mit freundlichen Grüßen

(W███████)
Ltd. Regierungsdirektor

Aus der Gefangenenpersonalakte

erst in fünf Jahren, im April 1999, verbüßt. Daraufhin bittet der Anstaltsleiter das hessische Justizministerium um eine Anweisung, auf welcher Grundlage er für Dr. Ulrichs planen soll. Das Justizministerium ordnet im April 1994 an, die Anstalt solle einen Vollzugsplan aufstellen, der von der Mindestverbüßungsdauer von 15 Jahren ausgeht.

In diesem Vollzugsplan charakterisiert die Anstalt Dr. Ulrichs als einen außergewöhnlichen Menschen, hoch intelligent und leistungsfähig. Persönlichkeits- und berufsbedingt, so heißt es, denkt er in den klaren Kategorien der Naturwissenschaften. Er hat durch seine strengen Anschauungen zuweilen wenig Einfühlungsvermögen in menschliche Schwächen. Diese charakterliche Kälte provoziert, steht im Vollzugsplan, manchmal Missverständnisse. Zu seinen Mitgefangenen verhält er sich, heißt es weiter, mit wenigen Ausnahmen distanziert. Seit Jahren schon nimmt er nicht mehr am Hofgang und an der „offenen Station" teil. Aber zum Sozialdienst und zum katholischen Anstaltspfarrer hat er engen Kontakt. Ohne zu sagen, bei wem, wird im Vollzugsplan unpersönlich formuliert, „sei der Eindruck entstanden, dass die Möglichkeit eines Fehlurteils nicht ausgeschlossen werden kann". Dr. Ulrichs, heißt es weiter, war früher zeitweise optimistisch, zeitweise depressiv. In letzter Zeit ist er nur noch depressiv, „lost in time", apathisch, in „einer Art Winterschlaf".

Wiederaufnahmeverfahren, III. Teil

Die Anhörungsfrist für den Verteidiger Hild ist inzwischen verstrichen, denn seit der Zustellung am 17. Januar 1994 sind vier Wochen längst vorbei. In der Annahme, der einzige Fehler seines vom Oberlandesgericht aufgehobenen Beschlusses hätte darin bestanden, die Anhörungsfrist nicht gewahrt zu haben, sieht das Landgericht Kassel keinen weiteren Handlungsbedarf. Es verwirft den Wiederaufnahmeantrag im September 1994 zum dritten Mal. Es führt zuvor weder eine Beweiserhebung durch noch beraumt es eine mündliche Verhandlung an.

Dr. Ulrichs lässt wieder Beschwerde einlegen. Im Februar 1995 hebt das Oberlandesgericht auch diesen Beschluss auf. Das ist die dritte Aufhebung. Die Beweiserhebung im Wiederaufnahmeverfahren, wird das Landgericht Kassel belehrt, ist echte Beweisaufnahme; es gelten die Regeln über den „Strengbeweis" wie in der Hauptverhandlung eines Strafprozesses. Das Landgericht hätte deswegen die Professoren Käferstein und Förster vorladen und mit ihnen, der Staatsanwaltschaft und der Verteidigung mündlich verhandeln müssen. Bei dem wegen Professor Raudonats Schwächeanfall abgebrochenen Termin im Juli 1993 hat die Strafkammer zudem die Vorschriften über die Protokollierung missachtet. Das OLG als Beschwerdegericht kann deswegen den Akten nicht entnehmen, was erörtert wurde. Es hätte ein Inhaltsprotokoll geführt werden müssen.

Das Gefangenenleben geht weiter (II)

Zu den Stimmen, die sich für Dr. Ulrichs erheben, kommt die des Berufsverbandes der Orthopäden. Der rheinland-pfälzische Landesobmann Dr. Erck[1] schreibt im Juni 1994 einen galligen Brief an den Anstaltsleiter. Seit längerer Zeit pflegt er mit Dr. Ulrichs einen intensiven Briefwechsel. Seine letzten Briefe sind ohne Antwort geblieben. Sind sie etwa beschlagnahmt worden? In den nächsten Jahren richtet Dr. Erck eine ganze Reihe von Briefen unter anderem an den damaligen Hessischen Justizminister, den „Grünen" v. Plottnitz, in denen er sich immer offensiver für seinen, wie er zum Ausdruck bringt, sicherlich unschuldigen Kollegen einsetzt.

Jasmin Kaiser wird im Juni 1995 erstmals ein „Langzeitbesuch" bei Dr. Ulrichs erlaubt, während dessen das Paar in einem besonderen Raum für einige Stunden allein gelassen wird. Weitere „Langzeitbesuche" schließen sich im Monatsabstand an.

Im April 1998 stirbt Dr. Ulrichs' Vater. Den Trauergottesdienst und die Beerdigung hält der Butzbacher katholische Gefängnispfarrer. In dessen Auto fährt man mit nur einem Bewacher dorthin. Dieser Bewacher ist inzwischen nicht mehr bewaffnet.

Kampf um Vollzugslockerungen (I)

Ab 1995 kämpft Dr. Ulrichs um den sogenannten Lockerungseinstieg[2]. Vor der ersten nicht „ständig und unmittelbar bewachten" Lockerung muss in Hessen für zu lebenslanger Freiheitsstrafe Verurteilte bei einem externen Sachverständigen ein Gutachten über die Prognose[3] eingeholt werden.

---

1 Name geändert
2 zu den möglichen Vollzugslockerungen und dazu, wie der Gefangene sie erhält, siehe Kasten auf Seite 84
3 zur forensischen Prognosebegutachtung siehe den Kasten Seite 86

Vollzugslockerungen

Das 1995 geltende (Bundes-) Strafvollzugsgesetz* (StVollzG) sieht Lockerungen des Vollzugs vor. Nach seinem § 11 Absatz 1 Nr. 2 und Absatz 2 StVollzG kann angeordnet werden,

„dass der Gefangene für eine bestimmte Tageszeit die Anstalt unter Aufsicht (Ausführung) oder ohne Aufsicht eines Vollzugsbediensteten (Ausgang) verlassen darf.

Diese Lockerungen dürfen mit Zustimmung des Gefangenen angeordnet werden, wenn nicht zu befürchten ist, dass der Gefangene sich dem Vollzug der Freiheitsstrafe entziehen oder die Lockerungen des Vollzuges zu Straftaten missbrauchen werde."

Nach § 13 Absatz 1 und 3 StVollzG gilt:

„Ein Gefangener kann bis zu einundzwanzig Kalendertagen in einem Jahr beurlaubt werden. [...]
(3) Ein zu lebenslanger Freiheitsstrafe verurteilter Gefangener kann beurlaubt werden, wenn er sich einschließlich einer vorhergehenden Untersuchungshaft oder einer anderen Freiheitsentziehung zehn Jahre im Vollzug befunden hat [...]"

Nach § 10 Absatz 1 StVollzG gibt es schließlich den offenen Vollzug:

„Ein Gefangener soll mit seiner Zustimmung in einer Anstalt [...] des offenen Vollzuges untergebracht werden, wenn er den besonderen Anforderungen des offenen Vollzuges genügt und namentlich nicht zu befürchten ist, dass er sich dem Vollzug der Freiheitsstrafe entziehen oder die Möglichkeiten des offenen Vollzuges zu Straftaten missbrauchen werde."

„Offener Vollzug" bedeutet, dass die Anstalten „keine oder nur verminderte Vorkehrungen gegen Entweichungen" vorsehen (§ 141 Abs. 2 StVollzG).
Über die Gewährung oder Versagung von Vollzugslockerungen entscheidet der Anstaltsleiter – nach Beratung mit den Sozialarbeitern, Psychologen und sonstigen Bediensteten der Anstalt, die den Gefangenen kennen. Bei zu lebenslanger Freiheitsstrafe Verurteilten muss die Anstalt in Hessen vor einer unbewachten „Erstlockerung" die Zustimmung des Justizministeriums einholen. Erstlockerungen bestehen praktisch meist in einigen Stunden Ausgang.
Lockerungen stehen keineswegs im freien Belieben der Anstalt, sondern der Gefangene hat auf sie einen Rechtsanspruch, wenn er die Voraussetzungen

---

* Im Zuge der Föderalismusreform des Jahres 2006 wurde Art. 74 Absatz 1 Nr. 1 des Grundgesetzes geändert. Seither hat der Bund nicht mehr die (zuvor konkurrierende) Gesetzgebungs-Zuständigkeit für den Strafvollzug. Die Gesetzgebung zum Strafvollzug ist ab dieser Reform Ländersache. Sofern Länder kein eigenes Strafvollzugsgesetz erlassen, gilt auf ihrem Gebiet das bisherige Bundesgesetz weiter (Artikel 125 a Grundgesetz).

▶

> erfüllt. Deswegen werden Erstlockerungen sorgfältig geprüft; dazu werden zum „Gegencheck" externe Prognose-Gutachten eingeholt. Die Gutachter sind spezialisierte – „forensische" – Psychiater oder Psychologen. Gegen eine Ablehnung von Lockerungen kann der Gefangene das Gericht, das ist die Strafvollstreckungskammer, anrufen (§ 109 StVollzG). Gegen deren Entscheidung gibt es nur die Rechtsbeschwerde, die – wie eine Revision – ausschließlich bei Rechtsfehlern begründet ist.

Ein erstes Gutachten erstellt im Oktober 1995 der im Butzbacher Gefängnis seit Langem konsiliarisch tätige Psychiater Gliemann, Chefarzt einer forensischen psychiatrischen Klinik außerhalb Hessens. Er kennt Dr. Ulrichs seit Jahren und hat ihm gelegentlich, wenn er wegen einer Ablehnung der Wiederaufnahme oder wegen der Haft deprimiert war, durch seine Beratung weitergeholfen. Das mit nur 16 Seiten ungewöhnlich kurze Gutachten referiert vor allem Dr. Ulrichs' Lebenslauf. Dargestellt werden Studien und Examina in Medizin und Chemie in Würzburg und Zürich; für das Chemiestudium habe er 1968 ein Hochbegabten-Stipendium der Studienstiftung des Deutschen Volkes bekommen. Zur prognostischen Bewertung schreibt Dr. Gliemann, Dr. Ulrichs sei eine „akzentuierte Persönlichkeit mit deutlich narzisstischen Anteilen", indes kein „primär dissozialer" Charakter. Wenn man trotz der Unstimmigkeiten in den toxikologischen Fachgutachten, auf denen das Urteil gegen ihn beruht, annehmen wolle, er hätte den Mord begangen, so wäre die Tat nur als Resultat „lebensphasischer Bedingungen zu werten". Welche „lebensphasischen Bedingungen" ihn in diesem Fall 1984 zu der Tat veranlasst haben sollten, sagt der Gutachter nicht.

Die Anstalt legt Dr. Gliemanns Gutachten im November dem Justizministerium vor. In dem Begleitschreiben lobt sie Dr. Ulrichs' vorbildliches Vollzugsverhalten. Und, betreffend das Wiederaufnahmeverfahren: Man komme „nicht umhin festzustellen, dass in den der Verurteilung zugrunde liegenden toxikologischen Fachgutachten enorme Unstimmigkeiten und Ungereimtheiten aufgetreten sind".

Im Justizministerium hält man Dr. Gliemanns kurzes Gutachten in keinem Fall für ausreichend, dem Gefangenen eine für die Gewährung von Vollzugslockerungen ausreichende Ungefährlichkeit zu attestieren. Auch wird beanstandet, dass die JVA hier einen Gutachter beauftragt hat, der wegen seiner dauernden engen Zusammenarbeit mit der Anstalt, und wegen seiner psychotherapeutischen Interventionen bei Dr. Ulrichs, nicht als „externer" Sachverständiger angesehen werden kann. Im Februar 1996 ordnet das Ministerium an, ein Gutachten eines anderen Sachverständigen einzuholen. Dagegen wendet sich Dr. Ulrichs an die Strafvollstreckungskammer Gießen. Er sei, trägt er vor, in seinen Rechten verletzt: Das Bestehen auf einem zweiten Gutachten bedeute jetzt ja nichts anderes als die Ablehnung der beantragten Lockerung.

Forensische Prognosebegutachtung im Vollstreckungsverfahren

Die JVA darf Vollzugslockerungen nur gewähren, wenn nicht zu befürchten ist, dass der Gefangene die Lockerungen zur Flucht oder für neue Straftaten missbraucht. Diese Prognose stellt zuerst die Anstaltsleitung, die sich vor allem auf ihren Sozialdienst und ihre Psychologen stützt. Wenn die JVA der Meinung ist, ein Gefangener sei lockerungsgeeignet, muss sie das in Hessen bei „Lebenslangen" durch ein oder zwei externe Prognose-Gutachten „gegen-checken" lassen. Als Gutachter bedient sie sich spezialisierter Psychiater oder Psychologen.

Der Gutachter arbeitet die über den Gefangenen in der JVA geführten Personalakten durch. Ein sorgfältiger Gutachter zieht auch die Akten des Ermittlungsverfahrens heran. Aus den Akten und durch meist mehrere persönliche Gespräche mit dem Gefangenen, manchmal zusätzlich mit dessen Familie, verschafft er sich ein Bild. Es erfasst die Herkunftsfamilie, die Lebensgeschichte, die bisherigen Straftaten und Haftzeiten (die „kriminelle Karriere"), den Tatablauf des Anlassdelikts, das Verhalten in dem oder den Strafprozess(en), das Verhalten im Strafvollzug und das Umfeld, das den Gefangenen bei den Vollzugslockerungen draußen erwartet. Der Gutachter beurteilt auch die aktuelle Persönlichkeit des Gefangenen, wie sie sich jetzt, nach Jahren des Strafvollzuges, entwickelt hat. Er stellt fest, ob der Gefangene an einer psychischen Erkrankung leidet. Es können auch psychologische Testverfahren – Intelligenztests und/oder sogenannte „Persönlichkeitsinventare" – durchgeführt werden. Eine große Rolle spielen außerdem spezielle Beurteilungsbogen (ein Beispiel auf S. 150).

Der Sachverständige ist grundsätzlich an das gebunden, was das verurteilende Gericht über die Tat im Urteil rechtskräftig festgestellt hat. Falls er bei seiner Exploration den Eindruck gewinnt, dass sich aus seiner Sicht die Dinge anders verhalten, muss er das – und die Begründung – in seinem Gutachten darlegen. Der Gutachter hat insbesondere herauszuarbeiten, worin bei diesem Gefangenen die „in der Tat zu Tage getretene Gefährlichkeit" besteht. Daraus muss er Schlüsse für die Zukunft ziehen. Wie ist die allgemeine, von der kriminologischen Forschung festgestellte Rückfall-Wahrscheinlichkeit bei solchen Straftaten, wie der Untersuchte sie begangen hat? Was hat sich bei den zur Tat führenden Persönlichkeitsmerkmalen des Gefangenen jetzt geändert? Kann sich die zur Tat führende Situation wiederholen? Wird es dieser Gefangene schaffen, sich für die Stunden eines unbegleiteten Ausgangs, für die Tage eines Urlaubs, für die Monate oder Jahre im offenen Vollzug und Freigang straflos zu verhalten?

Je nach der Schwere der Straftaten, die der Gefangene früher begangen hat und die er in Vollzugslockerungen – oder bei einer Strafaussetzung – erneut begehen könnte, ist die für eine positive Prognose erforderliche Wahrscheinlichkeit, dass keine neuen Straftaten begangen werden, unterschiedlich hoch. Bei Tötungsdelikten ist sie hoch anzusetzen.

Wenn ein Gutachten falsch ist, kann es entweder einen in Wahrheit ungefährlichen Gefangenen fälschlich für gefährlich erklären. Dann bleibt der Begutachtete in Haft. Dieser Fehler bleibt fast immer unentdeckt, weil der Gefangene im Gefängnis nahezu nie in die Lage kommt, Straftaten zu begehen, die aufgedeckt werden. Oder es wird ein in Wahrheit gefährlicher Gefangener fälschlich für ungefährlich erklärt. Dieser Fehler wird – wenn es zu einem Rückfall kommt – entdeckt. Für die Strafanstalt und das Justizministerium ist ein Rückfall während

▶

> einer Vollzugslockerung stets problematisch und kann zum Skandal führen. Eine zuverlässige statistische Aussage über die Häufigkeit dieser Art Fehler liegt nicht vor.
> Die Reichweite einer Prognose in die Zukunft sollte zwei Jahre nicht überschreiten. Die Begutachtung im Vollstreckungsverfahren erfolgt – anders als etwa die Begutachtung der Schuldfähigkeit vor der Verurteilung – im sogenannten „Freibeweisverfahren". Das Gericht kann eigene Feststellungen des Sachverständigen übernehmen, wenn sie überzeugend erscheinen. Es muss den Sachverständigen nicht förmlich als Zeugen darüber vernehmen, was er neu festgestellt hat.

Seinerzeit hatte die Staatsanwaltschaft den Gutachter zu beauftragen. In Darmstadt bleibt die Akte bis in den Sommer 1996 fünf Monate lang unbearbeitet liegen. Für diese Verzögerung wird der zuständige Staatsanwalt vom Generalstaatsanwalt getadelt. Im Juli 1996 endlich beauftragt die Staatsanwaltschaft den Mainzer Psychiatrieprofessor Glatzel mit der Begutachtung.

Dieses Gutachten wird schon sechs Wochen später, im August 1996 erstattet. Der Gutachter spricht sich gegen Vollzugslockerungen aus. Professor Glatzel hat sich die Ermittlungsakten kommen lassen und zitiert frühere Persönlichkeitsbeschreibungen Dr. Ulrichs', so die aus dem Mund seiner ersten Frau Katharina[1]. Sie hat, berichtet das Gutachten, seinerzeit bald bemerkt, dass ihr damaliger Mann sich pausenlos wichtig gemacht und, wenn er sich bestimmte Dinge eingeredet hat, auch selbst daran geglaubt hat.

Diesen Hinweis greift der Gutachter auf. Er lässt den Gefangenen, der ihn zu Beginn der Exploration von Herrn zu Herrn mit kräftigem Händedruck und einer knappen „militärischen" Verbeugung begrüßt, von seinen Studien und seiner Assistenzarztzeit erzählen. Er hört, dass Dr. Ulrichs in Würzburg, Innsbruck, Berlin und Zürich studiert habe, und zwar Medizin und Chemie bis zum Staats- beziehungsweise Magister-Examen, daneben auch noch, wenngleich ohne Abschluss, fünf Semester Psychologie[2]. Seit 1970 Stipendiat der Studienstiftung

---

1 siehe S. 31
2 Sowohl die Eidgenössische Technische Hochschule (ETH) als auch die Universität Zürich haben den Verfassern im Jahr 2010 die Auskunft erteilt, dass ein „Thomas Ulrichs" (natürlich wurde hier wie auch sonst immer unter dem wahren Namen gefragt) dort nie – weder für Medizin noch für Chemie oder für Psychologie – immatrikuliert war. Der Dekan der medizinischen Fakultät der Julius-Maximilians-Universität Würzburg schrieb den Verfassern im Jahr 2010, dass Herr Ulrichs vom Wintersemester 1967/68 bis zum Wintersemester 1976/77 (das sind 19 Semester) durchgehend nur für Medizin, aber weder je für Chemie noch für Psychologie immatrikuliert war.

Aus dem Gutachten von Professor Glatzel – Dr. Ulrichs als Assistenzarzt

„Als einen Beleg für sein bemerkenswertes operatives Geschick erwähnt Herr Dr. U. einen Vorfall aus dem Jahr 1979. Er sei damals in der chirurgischen Abteilung des Krankenhauses Überlingen beschäftigt gewesen, als man ihm eine Patientin gebracht habe, die einen Reitunfall erlitten hatte. Während er sich am Operationstisch um die Schwerverletzte bemüht habe, sei plötzlich und gänzlich überraschend der berühmte, aus Zürich angereiste Prof. Y. neben ihm gestanden. Offenbar sei er von den Angehörigen eingeflogen worden. Er habe sofort Prof. Y. gebeten, die Operation zu übernehmen, sich selbst als Assistent zur Verfügung gestellt. Prof. Y. habe aber auf den ersten Blick „meine Fähigkeiten erkannt". Er habe nicht nur darauf gedrungen, daß Dr. U. die Operation fortführe und beende, sondern darüber hinaus ihm angeboten, ihn an einer berühmten Klinik unterzubringen.
Obgleich ihm zu dieser Zeit auch Angebote anderer Häuser vorgelegen hätten, habe er das des Prof. Y. aufgegriffen und so die Stellung in Würzburg erhalten."

Dazu die Bewertung

„Besonders schwierig aber gestaltet sich die Exploration, wenn es um den Versuch geht, den beruflichen Werdegang des Herrn U. nachzuzeichnen. Wenn er davon spricht, aus wissenschaftlicher Neugier immer wieder die Stellung gewechselt zu haben, so vermag er auf Befragen nicht darzutun, welchen wissenschaftlichen Gewinn er sich etwa von einem Wechsel von Zwiesel nach Füssen oder von Überlingen nach Krozingen versprach und welcher fachliche Gewinn von einer Tätigkeit zu erwarten war, die gelegentlich nicht einmal die Zeit von einem Jahr umfaßte. Auch in der Exploration bleibt Herr Dr. U. hier überzeugende Erklärungen schuldig, erwähnt er gelegentlich Unstimmigkeiten und Kollegenneid, ohne jedoch das eine oder das andere zu erläutern.
Für den Wechsel von Überlingen nach Würzburg schließlich macht er jenen bemerkenswerten Glücksfall verantwortlich, der ihm den Respekt und die Bewunderung des berühmten Zürcher Professors Y. gebracht habe.
Es ist nicht Aufgabe des Sachverständigen, sich zum Wahrheitsgehalt der Einlassungen des Dr. U. zu äußern. Man wird es jedoch immerhin für befremdlich halten dürfen, dass jener Professor Y. gerade im richtigen Moment am Operationstisch erschien, vor allem aber, daß sich dieser Prof. Y. an den Überlinger Operationstisch bemühte, obwohl er zur Ausübung seiner überlegenen Kunst auf Ausrüstung und Mitarbeiter seiner Klinik angewiesen war, und deswegen die Benutzung des ihn herbeibringenden Hubschraubers zur Verlegung der Patientin nach Zürich vermutlich sinnvoller gewesen wäre."

des Deutschen Volkes[1], hat er zudem von der Zürcher Universität 1973 ein Leistungsstipendium erhalten. Als Assistenzarzt war er unersättlich neugierig; er hat, um Neues zu lernen, immer wieder die Stelle gewechselt, sich dabei fachlich ausgezeichnet und dafür glänzende Stellenangebote[2] erhalten.

Selbst mit dem abgestuften Aufnahmeverfahren der „Studienstiftung" vertraut, fragt der Gutachter nach Einzelheiten, erkundigt sich dann nach Dr. Ulrichs' Chemie- und Psychologiekenntnissen, nach den Fragestellungen, Forschungsmethoden und Ergebnissen der angeblich durchgeführten wissenschaftlichen Studien. Seine präzisen Fragen zu diesen Zusammenhängen, fährt der Gutachter fort, hat Dr. Ulrichs zunächst mit einer verbindlichen Geste und dem Bemerken abzuwehren gesucht, es handelte sich doch nur um Randprobleme. Schließlich hat er unwirsch und gereizt gewirkt, sodass, im Interesse einer Fortführung der Exploration, das Thema hat gewechselt werden müssen. Der durchgehende und sich im Verlauf der Untersuchung verfestigende Eindruck ist der des Unechten, Fassadenhaften.

Allerdings müsse man sich auch bezüglich dieses großzügigen Umgangs mit der Wirklichkeit vor einer raschen Verwendung des Begriffs „Verfälschung" hüten. Dr. Ulrichs' unbewusstes Motiv liegt tiefer: Es mag sein, dass ihn Verstand und Neigung dazu qualifizieren, ein Arzt und Orthopäde zu sein wie viele andere. Dies ist ihm aber nicht genug; der sein Wesen gleichsam grundierende Zweifel am eigenen Wert bedarf zu seiner Beruhigung jener anerkennenden Bewunderung, die die Welt dem Ungewöhnlichen und Herausragenden entgegenbringt. Das betrifft selbst die Darstellung seiner verschiedenen Erkrankungen. Nicht irgendein Schnupfen – es sind bösartige Erkrankungen, die mal dieses, mal jenes Organ befallen und die seine Lebenserwartungen befristen, weswegen er nicht nur Mitleid, sondern auch eine „Freistellung von den Verpflichtungen erwarten darf, die an einen so Gezeichneten billigerweise nicht zu richten sind".

Die detailreich ausgearbeitete und anschaulich formulierte Charakterstudie geht allerdings auf die wesentliche prognostische Frage nicht gehaltvoll ein, wie ein Mensch

---

1 Die Studienstiftung des Deutschen Volkes ist eine Einrichtung der Hochbegabtenförderung. Ihr Generalsekretär schreibt den Verfassern im Jahr 2010: „Ein Stipendiat Thomas Ulrichs ist weder in unserer Datenbank noch in unseren schriftlichen Unterlagen zu finden. Denkbar wäre natürlich, dass ein Mörder von unseren Vorgängern aus den Akten getilgt wurde. Denkbar ist auch, dass Ulrichs nach dem Abitur aufgenommen, nach 4 Semestern aber bei der sogenannten ‚endgültigen Aufnahme' wegen seiner Leistungen oder seines Charakters nicht weitergefördert wurde. In solchen Fällen bewahren wir die Akten ebenfalls nicht auf. Ich selber bin seit 1995 im Amt und kann ihnen versichern, dass mir dieser Fall bisher nicht begegnet ist."
2 siehe den Ausschnitt aus Professor Glatzels Gutachten im Kasten auf S. 88

mit solcher Persönlichkeit dazu gekommen ist, nicht nur Betrügereien zu begehen, sondern eine schwere Brandstiftung zu versuchen und einen Mord zu vollenden.

Ein prognostisch stets besonders wichtiges Kriterium, heißt es dazu nur, steht nicht zur Verfügung: Es kann nämlich Dr. Ulrichs' gegenwärtige Einstellung zu dem Mord, weil er ihn leugnet, weder geprüft noch bei der prognostischen Bewertung berücksichtigt werden. Der psychologisch-psychopathologische Befund ist zwar nicht unauffällig, die beschriebenen Wesensmerkmale, die Dr. Ulrichs als eine hysterische[1] Persönlichkeit ausweisen, rechtfertigen aber sicherlich nicht die Annahme der Gefahr künftiger Mordtaten. Allerdings ist zu bedenken, dass er sich gegenwärtig in einer Verfassung erwartungsvoller Spannung wegen der greifbar nahen Wiederaufnahme befindet. Trotz der Gelassenheit, die er hier an den Tag legt, und trotz seiner Behauptung, es gehe ihm mehr um die Sache der Gerechtigkeit als um die eigene Person, darf man seine emotionale Belastung nicht verkennen. Diese steht zurzeit im Vordergrund, sodass nicht mit der erforderlichen Sicherheit abzuschätzen ist, wie er auf einen für ihn negativen Ausgang des Wiederaufnahmeverfahrens reagieren wird.

Das Gutachten mit der für den Lockerungseinstieg an sich gar nicht so schlechten Prognose stößt bei Dr. Ulrichs – und seinen Unterstützern in der Strafanstalt, die an seine Unschuld glauben – wegen seiner Charakterisierung als narzisstische Persönlichkeit auf Empörung. Sozialarbeiter Kuhn schreibt in einer bitteren Stellungnahme, dass ihm das Misstrauen des Professor Glatzel unverständlich ist. Dr. Ulrichs' verschiedene Universitätsstudien können anhand der Studienbücher nachvollzogen werden; seine wissenschaftlichen Arbeiten sind publiziert; seine Krebsoperationen durch die sichtbaren Narben belegt. Im Übrigen hat Professor Glatzel den Gefangenen, mit nur drei Stunden, viel zu kurz exploriert.

Der katholische Anstaltsgeistliche wendet sich an das Justizministerium. Das Gutachten des Professors Glatzel ist „unbeschreiblich". Die gesamte JVA Butzbach empfindet die Einschätzung als haarsträubend; selbst „jedem psychologischen Laien standen die Haare zu Berge". Und: Dr. Ulrichs hat mehr als acht seiner Mitgefangenen durch sein kompetentes Eingreifen das Leben gerettet und „sich dadurch die immerwährende Missgunst des Anstaltsarztes zugezogen".

---

1 Die Diagnose „hysterisch" wird in späteren Gutachten durch die dann neu eingeführte Bezeichnung „histrionisch" ersetzt werden. Von der Sache her ist dasselbe gemeint – siehe Kasten „Histrionische Persönlichkeitsstörung" auf S. 164. Grund für die Änderung ist die Etymologie: „Hysterisch" kommt von altgriechisch „hystera" = Gebärmutter, und unterstellt damit, diese Störung befalle ausschließlich Frauen. „Histrionisch", von lateinisch „histrio" = Schauspieler, ist geschlechtsneutral und vermeidet den Vorwurf der Frauenfeindlichkeit.

Der Pfarrer deutet hier per analogiam an, dass Dr. Ulrichs' so herausragende Fähigkeiten als Arzt den Neid der anderen Mediziner wachrufen und dass der Psychiater Professor Glatzel sein Gutachten aus einer solchen rivalisierenden Haltung parteiisch erstattet hat. Er schließt seinen Brief:

„Ich wäre dankbar, wenn irgendwer das unbegreifliche und jedem gesetzlichen Auftrag des Strafvollzuges schädliche Handeln ‚des Ministeriums' erläutern könnte.
Ich habe die ganze Angelegenheit dem für Butzbach zuständigen Bischof von Mainz mitgeteilt, damit er darüber informiert ist, dass ich als Gefängnisseelsorger eine derartige Verfahrensweise nicht gutheißen kann."

Im Oktober 1996 hebt die Strafvollstreckungskammer Gießen den Bescheid auf, mit dem die Anstalt, auf Weisung des Ministeriums, Lockerungen abgelehnt hat. Die Kammer verbietet dem Gefängnis, die Entscheidung von der Einholung eines vollständig neuen Gutachtens abhängig zu machen und legt der Anstalt dringend nahe, Dr. Ulrichs jetzt schleunigst Ausgänge zu gewähren. Dr. Gliemann ist, steht im Beschluss, der Kammer als erfahrener Gutachter mit umfassenden Kenntnissen bekannt. Wofern sein Gutachten stellenweise zu knapp ist, soll die Anstalt es allenfalls ihn selbst kurz ergänzen lassen, statt einen anderen Gutachter zu holen und die Lockerungen dadurch immer weiter hinauszuzögern.

Auf das Gutachten Professor Glatzels kann die Strafvollstreckungskammer nicht eingehen, weil sie es nicht kennt; die Anstalt hat es dem Gericht nicht zu der Akte nachgesandt.

Dem Gericht gehorsam weist das Justizministerium die Anstalt im November 1996 an, Dr. Gliemann sein Gutachten ergänzen zu lassen. Dagegen ruft Dr. Ulrichs erneut die Strafvollstreckungskammer an. Im Januar 1997 kommt ein geharnischter Beschluss der Strafvollstreckungskammer. Auf vollen 33 Seiten legt sie dar, aus welchen Gründen die Anstalt verpflichtet ist, Dr. Ulrichs sofort unbegleiteten Ausgang zu gewähren. Das dem Gericht inzwischen vorliegende Gutachten Professor Glatzels wird rechtlich beanstandet. Der Gutachter durfte kritische Äußerungen, wie die früherer Ehefrauen und Partnerinnen Dr. Ulrichs', nicht ungeprüft und ohne Quellenangabe einfach aus der Ermittlungsakte übernehmen.

Die Anstalt wird vom Justizministerium angewiesen, gegen den Beschluss Rechtsbeschwerde zum Oberlandesgericht einzulegen. Für die Entscheidung zuständig ist der 3. Strafsenat. Dessen Vorsitzender ist ausgerechnet Dr. Reubold, der frühere Darmstädter Schwurgerichtsvorsitzende, unter dessen Leitung Dr.

Ulrichs wegen des Mordes verurteilt worden ist. Im März 1997 hebt dieser Strafsenat den 33-seitigen Beschluss der Strafvollstreckungskammer auf. Das Gutachten Dr. Gliemanns erscheint ihm nicht überzeugend. Im Übrigen hat die Strafvollstreckungskammer den der Anstalt zustehenden Ermessensspielraum nicht respektiert. Die Anstalt ist jetzt aber zur umgehenden Bescheidung verpflichtet.

Nach Auswertung der Gutachten Dr. Gliemanns und Professor Glatzels sowie mehrerer Stellungnahmen des psychologischen Dienstes der JVA Butzbach entscheidet das Ministerium im April 1997, seine Zustimmung zum Einstieg in Lockerungen weiterhin zu verweigern. Es ist dem Gutachten Professor Glatzels zu folgen, da nicht absehbar ist, wie Dr. Ulrichs auf eine mögliche Ablehnung seines Wiederaufnahmeantrages reagieren wird.

Wiederaufnahmeverfahren, IV. Teil

Das Landgericht Kassel nimmt sich ab dem Jahr 1995, fünf Jahre nach dem Wiederaufnahmeantrag, der Beweisaufnahme im Probationsverfahren erstmals ernsthaft an. Von Mai bis Juli 1995 führt es eine sechstägige, nicht öffentliche mündliche Verhandlung durch, in der als Sachverständige alle drei beteiligten Professoren und als Zeugen zwei Laboranten aussagen. Dr. Ulrichs ist wieder selbst anwesend; der katholische Anstaltspfarrer hat ihn hingefahren. Die Sachverständigen werden sich einig, dass in der Spritze „Spur 13" und im Leichenblut Brevimytal jedenfalls qualitativ korrekt nachgewiesen ist. Die Verteidigung will jetzt aber noch das „File-Buch" einsehen, in dem alle im gerichtsmedizinischen Institut durchgeführten einschlägigen Analysen festgehalten worden sein sollten. In der Tat: Im „File-Buch" zeigen sich einige unerklärliche „Läufe". Das Hin und Her schriftlicher sachverständiger Stellungnahmen dauert das ganze Jahr 1996 an. Mit dem Jahreswechsel 1996/1997 ändert sich die Geschäftsverteilung beim Landgericht Kassel erneut. Nach der 4. und der 5. muss sich nun die 6. Strafkammer in die mehr als tausendseitige Akte einarbeiten. Im Juli 1997, an seinem 50. Geburtstag, schreibt Dr. Ulrichs dem Vorsitzenden der neuen Kammer, nun sitze er schon über elf Jahre unschuldig im Gefängnis.

Am 9. Dezember verwirft das Landgericht Kassel den Wiederaufnahmeantrag zum letzten Mal.

Durch Beschluss vom 21. Dezember 1998 verwirft auch das Oberlandesgericht die dagegen erhobene Beschwerde. Es fasst zusammen, dass Buchhammer an seinem Blut erstickt und dass in diesem Blut Brevimytal gefunden worden

Die toxikologische Analyse reicht aus. Das Landgericht Kassel verwirft das Wiederaufnahmegesuch

Zwar gebe es einiges Irreguläre in der Dokumentation der verschiedenen Analyseläufe; so sei unter der Nr. 5000 ein „Lauf" mit reinem Brevimytal vorgenommen worden, dessen Ergebnis nicht festgehalten sei. Nach dem überzeugenden Gutachten Professor Käfersteins führten solche Dokumentationsmängel aber nicht zur Unbrauchbarkeit der Brevimytal-Feststellungen in der Spritze „Spur 13" und im Leichenblut. Es seien genau die Spektren gefunden worden, die den „Fingerabdruck" von Brevimytal bedeuteten. Das habe nach einigem Hin und Her selbst Professor Förster anerkannt. Das Vorkommen von methyliertem Brevimytal sei zu vernachlässigen, da es sich um eine geringe Menge handle, die möglicherweise Folge von Verunreinigungen der verwendeten Säule sei.

Ein wiederholt aufgetauchter, an sich unerklärlicher „Peak", möglicherweise eine Fettsäure, habe die Analyse nicht beeinträchtigen können, weil er stets zutreffend als Verunreinigung erkannt worden sei. Dass bei der ersten Untersuchung im Jahr 1985 und in drei Untersuchungs-„Läufen" im Jahr 1986 kein Brevimytal habe nachgewiesen werden können, liege daran, dass Leichenblut schwierig zu untersuchendes Material sei. An sich vorhandenes Brevimytal könne damals bei einem Reinigungsversuch versehentlich mit beseitigt worden sein. Die fundamentale Kritik Professor Försters an dem Frankfurter Institut entkräftet die Kammer. Dieser Wissenschaftler, daran gewöhnt, stets unter optimalen Laborbedingen zu arbeiten, neige dazu, bei jedem Abweichen von höchsten Standards alles Gefundene weitgehend zu entwerten.

Eine zusammenfassende Bewertung der quantitativen Befunde habe schließlich beide Sachverständige zur Überzeugung geführt, dass die vorgefundene Konzentration für eine kurzzeitige Bewusstlosigkeit ausgereicht habe. Eine erneute Untersuchung des noch vorhandenen Leichenbluts sei, weil dieses inzwischen verdorben sei, nach der überzeugenden Aussage des Sachverständigen zwecklos.

ist, für dessen Anwesenheit es keinen anderen realistischen Grund als den gibt, dass Dr. Ulrichs es ihm gespritzt hat. Die Behauptungen des Wiederaufnahmegesuches hätten keine genügende Bestätigung gefunden. Damit ist das Wiederaufnahmeverfahren zu Ende. Eine weitere Beschwerde zum Bundesgerichtshof ist nicht zulässig.

Erst nach Weihnachten 1998 geht dieser Beschluss Dr. Ulrichs zu.

Kampf um Vollzugslockerungen (II)

Rückblick: Schon seit September 1998 ist Dr. Ulrichs mit der 33-Jährigen Jasmin Kaiser verheiratet. Das ist seine vierte Ehe. Zur standesamtlichen Trauung ist er, immer noch nicht lockerungsberechtigt, unter Bewachung ausgeführt worden.

Mit seiner neuen Frau hat er es nicht leicht. Sie ist jung und sieht gut aus, hat aber ein Alkohol- und Drogenproblem und steht unter Polamidon-Substitution. Im Juni 1998 ist ihm – auf seine eigenen Kosten mit dem Taxi – eine Ausführung nach Höchst bei Frankfurt gewährt worden, weil seine Verlobte nach einem Selbstmordversuch in die Psychiatrie eingeliefert worden ist und er sich um sie kümmert.

Seine Unterstützer bleiben rührig. Orthopädenverbands-Obmann Dr. Erck schreibt in kurzen Abständen an den Minister und die Staatssekretärin. Der katholische Anstaltspfarrer kündigt dem Justizministerium einen Sitzstreik vor dem Ministerzimmer an und droht wieder mit dem Mainzer Bischof Lehmann (damals noch nicht Kardinal), der indes nicht selbst für Dr. Ulrichs eintritt. Neu dazugekommen ist die Landtagsabgeordnete Marx von den Grünen; sie schreibt mehrfach für Dr. Ulrichs an den „grünen" hessischen Justizminister v. Plottnitz. In der *Stuttgarter Zeitung* vom 12. September 1998 erscheint ein Artikel über Dr. Ulrichs, der mit einem Aliasnamen genannt wird – „Wer sich gegen sein Urteil wehrt, erhält keine Lockerungen – Der liberale hessische Strafvollzug endet an der Zellentür".

Das wesentliche Hindernis für die Gewährung von Vollzugslockerungen war, solange es nicht abgeschlossen war, das Wiederaufnahmeverfahren. Professor Glatzel, der von der Anstalt mehrfach schriftlich oder telefonisch mit ergänzenden Stellungnahmen betraut wird, bleibt dabei, dass die Reaktion Dr. Ulrichs' auf die endgültige Ablehnung des Wiederaufnahmeantrages unkalkulierbar sei. Das Ministerium merkt im Juni 1998 dazu kritisch an, Professor Glatzel habe Dr. Ulrichs seit mehr als zwei Jahren nicht mehr gesehen; die Brauchbarkeit seiner jetzigen Einschätzung sei daher fraglich. Dr. Ulrichs ist aber nicht bereit, sich nochmals von ihm untersuchen zu lassen.

Das Ministerium selbst sucht nach einem neuen externen Gutachter. Im August 1998 werden der Gießener Psychiater und Psychologe Professor Schumacher – ihn hatte die Verteidigung schon in Darmstadt vorgeschlagen – und auf den Vorschlag des Professors zusätzlich der Marburger Psychiater Dr. Rauch mit einem weiteren Gutachten über die Lockerungseignung beauftragt. Dr. Ulrichs erklärt zuerst, er denke nicht daran, mit schon wieder neuen Gutachtern zu kooperieren. Dr. Gliemann gelingt es, ihn umzustimmen.

Die neue Begutachtung liegt im Januar 1999 vor. Dr. Ulrichs äußert sich in den vier Explorationsterminen einerseits bescheiden – so räumt er ein, nie ein Stipendium der Studienstiftung bekommen zu haben –, andererseits gibt er jetzt an, sein Vater sei „Generalarzt" gewesen.

Die Gutachter sehen als sein zentrales Persönlichkeitsmerkmal das unersättliche Bedürfnis nach Anerkennung. Sie erwägen, ob Dr. Ulrichs seine Verbrechen deswegen begangen hat, weil er 1983 durch die Geburt der spastisch gelähmten Tochter, durch das – für sie undurchsichtige – Scheitern der wissenschaftlichen Karriere in Würzburg und durch die überstürzte Niederlassung in einer provinziellen Arztpraxis 1984 unter für ihn unerträglichen „kumulierten Kränkungs- und Versagenserlebnissen" gelitten hat. Das bleibe aber hypothetisch. Und sie formulieren vorsichtig: Die mit hoher krimineller Energie begangenen Taten entziehen sich für sie „einem weiterreichenden Verständnis".

Sein Ableugnen der Verbrechen, heißt es weiter in dem Gutachten, mag die Prognose zwar erschweren, bedeutet aber nicht, dass eine hohe Rückfallgefahr bestände. Denn bei den von ihm eingestandenen Taten, den Urkundsdelikten und der Geiselnahme, zeigten sich unübersehbar Ansätze innerer Umkehr. Die Gutachter erkennen eine Schamreaktion und Mitgefühl mit den Tatopfern. Hier sind bei ihm inzwischen wesentliche Hemmungsfaktoren gegen einen Rückfall aufgerichtet. Der rational gesteuerte und zugleich strafempfindliche Verurteilte weiß heute, dass alles an Delikten „herauskommt". Er rechnet sich die verhängnisvollen Folgen weiterer Straftaten für sein künftiges Leben aus.

Professor Schumacher und Dr. Rauch distanzieren sich ausdrücklich von dem Vorgutachter Professor Glatzel. Sie sagen, dass dieser den Verurteilten als frustrationsintolerant, impulsiv und affektinstabil „verkannt" habe. Die Lockerungsprognose für den Verurteilten halten sie selbst bei einem ablehnenden Ausgang des Wiederaufnahmeverfahrens für günstig. Es ist unwahrscheinlich, dass er Lockerungen zur Flucht nutzen oder zur Begehung weiterer Straftaten missbrauchen wird. Im Übrigen kommt es nach den in der deutschen und internationalen kriminologischen Literatur gemachten kollektivprognostischen Erfahrungen bei strafentlassenen Mördern fast nie zu einschlägigen Rückfällen[1].

Die Gefängnisleitung kann im Januar 1999 berichten, soeben habe Dr. Ulrichs die Nachricht von der endgültigen Ablehnung des Wiederaufnahmeantrages erhalten. Er hat darauf zunächst deprimiert, aber nicht pathologisch reagiert.

Im Februar 1999 erteilt das Justizministerium seine Zustimmung zu vorerst drei unbegleiteten Ausgängen. Es gestattet schon jetzt, wenn die Ausgänge ohne Schwierigkeiten verlaufen, danach die Urlaubsgewährung. Die drei Ausgänge sind im Februar und März, jeweils von halb acht bis halb vier. Dr. Ulrichs und seine Frau haben sich eine Wohnung in Butzbach gemietet. Im April erhält er seinen ersten Urlaub und darf über Nacht wegbleiben. Die neueste Fortschreibung des Vollzugsplans sieht vor, ihn ab Frühjahr 2000 in den offenen Vollzug zu verlegen.

Im April 1999 sind 13 Jahre Haft verbüßt. Auf den Antrag Dr. Ulrichs', nach Ablauf von 15 Jahren auf Bewährung entlassen zu werden, stellt die Strafvollstreckungskammer im Dezember 1999 endlich das Mindestmaß für die Strafverbüßung[2] fest: Die Schwere der Schuld gebietet eine Strafvollstreckung von mindestens 17 Jahren. Dieser Beschluss wird rechtskräftig, weil der Verurteilte ihn nicht anficht. Er bedeutet, dass die Reststrafe frühestens im April 2003 zur Bewährung ausgesetzt werden kann.

Lockerungsmissbrauch?

Am 20. Januar 2000 schickt der Butzbacher Anstaltsleiter einen Faxbericht an das Justizministerium: Soeben hat er erfahren, dass die Staatsanwaltschaft gegen Dr. Ulrichs ein neues Strafverfahren wegen Betruges führt. Ein Arzt aus Potsdam hatte sich auf eine Anzeige im *Deutschen Ärzteblatt* beworben, wonach eine „leitende ärztliche Position in einer Hotel-Kuranlage in Spanien" zu besetzen sei. Darauf hat ihn eine Frau angerufen und ihn mit einem Mann verbunden. Der hat sich als „Dr. Raven" vorgestellt und ihn gebeten, seine Unterlagen – unter anderem Promotions- und Approbationsurkunde – an die „Richter-Kliniken"

---

[1] Nach dem anerkannten Handbuch von Nedopil *Forensische Psychiatrie* gehören Mord und Totschlag zu den Delikten mit Rezidivraten (einschlägigen Rückfällen) „zwischen 0 und 3 %".

[2] zur Problematik der Schuldschwerefeststellung siehe den Kasten S. 63.

in Butzbach zu schicken. Eine Woche später hat er telefonisch nachzufassen versucht. Die Telefonauskunft hat ihm gesagt, dass es keine „Richter-Kliniken" in Butzbach gibt. Die ihm genannte Anschrift stellt sich als die Privatwohnung Dr. Ulrichs' und seiner Frau heraus.

Die Staatsanwaltschaft bittet die Polizei, jeden Ermittlungsschritt mit ihr abzustimmen – die Dr. Ulrichs'sche Wohnung soll überraschend durchsucht werden. Ein Polizeibeamter recherchiert in der Polizei-Datenbank „HEPOLIS", wo – Auswirkung des „Jahr-2000-Problems" – falsch eingetragen ist, dass Dr. Ulrichs Strafe nur bis 31. Dezember 1999 gedauert habe. Er ruft in der Strafanstalt wegen der Entlassungsadresse an. Dabei unterlässt er es, um Verschwiegenheit zu bitten. Sobald der Anstaltsleiter von dem neuen Verfahren erfährt, informiert er Dr. Ulrichs. Der kommt dem Anstaltsleiter zuvor und erklärt, dass er alle Anträge auf Vollzugslockerungen bis zum Abschluss des Ermittlungsverfahrens zurückziehe. Die Staatsanwaltschaft verzichtet auf die Haussuchung. Sie hält sie für sinnlos, nachdem Dr. Ulrichs informiert ist und verräterische Unterlagen hat vernichten lassen können.

Dr. Ulrichs gibt zu, dass er die Anzeige aufgegeben und sich die Qualifikationsnachweise hat schicken lassen. Er ist, sagt er, als „Headhunter" tätig. Sein Verteidiger trägt für ihn vor, sein Mandant sei seit Anfang 1999 von der „Dr. Richter Klinik Consulting Time Management, Lausanne, Schweiz" als Außendienstmitarbeiter in „Akquisition und Recherche" eingestellt. Und er beschwert sich: Leider ist dieses aussichtsreiche Resozialisierungsprojekt, mit dem Dr. Ulrichs sich ein neues berufliches „Standbein" hat verschaffen wollen, am rücksichtslosen Vorgehen der Polizei gescheitert.

Der dünnen Ermittlungsakte ist nicht zu entnehmen, ob dieses Lausanner Unternehmen tatsächlich existiert. Die Staatsanwaltschaft geht dieser Frage auch nicht weiter nach, sondern stellt das Verfahren aus Rechtsgründen ein. Einen Betrugsversuch, so schreibt sie in ihrer Einstellungsverfügung, habe Dr. Ulrichs noch nicht begangen, sondern allenfalls eine „straflose Vorbereitungshandlung". Der Generalstaatsanwalt sieht das rechtlich zwar anders, besteht aber nicht auf der Weiterführung des Verfahrens.

Der Strafanstalt hat Dr. Ulrichs die Aufnahme einer „Headhunter"-Tätigkeit nicht gemeldet. Sie wäre ihm niemals genehmigt worden. Sozialarbeiter Kuhn vermerkt mitfühlend zur Akte, dass sein Schützling wegen des Wegfalls der Lockerungen „unter starken Belastungsreaktionen leidet". Dass der Gefangene schwerstens gegen die Lockerungsbedingungen verstoßen hätte, da er ohne Erlaubnis während seines Hafturlaubs selbstständig berufstätig gewesen wäre, übergeht er. Und dass ein Versuch, sich in den maximal 21 Tagen Hafturlaub pro Jahr erfolgreich als „Headhunter" zu betätigen, offensichtlich aussichtslos war, wird im Vermerk auch nicht angesprochen. Schließlich wird nicht überlegt, dass angesichts der höchst fragwürdigen Erfolgsaussichten einer solchen Gelegenheits-Headhuntertätigkeit ziemlich viel dafür spricht, dass die Anforderung dieser ärztlichen Qualifikationsurkunden Dr. Ulrichs zu Fluchtvorbereitungen ins Ausland hätte dienen sollen.

Erst im Juli 2000 stimmt das Justizministerium Lockerungen wieder zu.

Im offenen Vollzug

Der fortgeschriebene Vollzugsplan sieht jetzt vor, dass Dr. Ulrichs demnächst in den offenen Vollzug nach Frankfurt verlegt wird. Denn in der JVA Frankfurt am Main IV findet für alle „Lebenslänglichen" im offenen Vollzug eine sechsmonatige „Vorerprobung" statt. Dass auch er erst einmal nach Frankfurt soll, gibt zu neuen Kämpfen Anlass. Dr. Ulrichs zöge es vor, in die JVA Gießen verlegt zu werden, wo er, wie er sagt, arztnahe Arbeitsplätze bei einer Orthopädietechnik-Firma und/oder im Gießener Evangelischen Krankenhaus in Aussicht hat. Dr. Erck vom Orthopädenverband schreibt an den Justiz-Staatssekretär, aus unverständlichen Gründen bestehe sein Ministerium auf einer Verlegung nach Frankfurt. Die ganze Sachbehandlung sei inkompetent und willkürlich. Die JVA Butzbach gibt aber nicht nach.

Im Oktober 2000 fährt Dr. Ulrichs mit seinem Auto nach Frankfurt am Main und meldet sich zum Strafantritt bei der Anstalt für offenen Vollzug Frankfurt IV. Da er noch nicht zur Beschäftigung ohne Aufsicht außerhalb der Anstalt berechtigt ist, wird er im Frankfurter Gefängnis und in der „Abschiebehaftanstalt" Offenbach mit Aufräum- und Putzarbeiten beschäftigt. Dabei muss er auch die Toiletten putzen, was Dr. Erck vom Orthopädenverband so empörend findet, dass er noch zwei Protestschreiben – an den Justiz-Staatssekretär und den hessischen Ministerpräsidenten – verschickt.

Im August 2001 findet Dr. Ulrichs einen Arbeitsplatz bei einem Frankfurter Zeitarbeitsunternehmen, für das er Arbeitskräfte an Betriebe vermittelt. Im selben Haus wie diese Firma hat auch eine große Heilpraktikerschule eine Filiale. Mit deren Leiter kommt Dr. Ulrichs in Kontakt. Ab 2002 unterrichtet er mit beachtlichem Erfolg verschiedene medizinische Fächer, gibt angehenden Heilpraktikern in Frankfurt und bald auch anderen Städten Unterricht. Als das Justizministerium von dem neuen Arbeitsplatz erfährt, besteht man darauf, dass die JVA einen ihrer „Freigangskontrolleure" zur Schulleitung schickt. Er soll sich davon überzeugen, dass man in der Schule von den Vorstrafen Dr. Ulrichs' weiß. Die Schule bestätigt das. Dr. Ulrichs bewährt sich als Lehrer sehr, sagt die Schulleitung. Man will ihn trotz seiner schweren Verurteilung gern als Mitarbeiter behalten.

Das Ministerium besteht gegenüber der Anstalt darauf, dass Dr. Ulrichs Kontakt zu einem Anstaltspsychologen hält und mit dem wenigstens zwei Stunden im Monat therapeutische Gespräche führt. In denen beschäftigt ihn vor allem die Sorge, ob er seine Approbation als Arzt wiederbekommt. Für deren Wiedererteilung gibt es, so stellt er es dar, eine Altershöchstgrenze. Sie liegt bei 55 Jahren. Im Juli 2002 wird er 55 Jahre alt werden.

Mit den Gründen für seine Verbrechen setzt er sich in der Therapie nicht auseinander, weil er dabei bleibt, diese Taten nicht begangen zu haben.

Mit seiner Frau gibt es vermehrt Schwierigkeiten, weil sie immer mehr trinkt und Drogen nimmt. Im Dezember 2002 tobt sie auf der Polizeistation Kelkheim herum und wird nach Kiedrich ins Psychiatrische Krankenhaus gebracht.

Gutachten für die Freiheit

Im August 2001 stellt Dr. Ulrichs den Antrag, noch vor dem 55. Geburtstag im Juli 2002 auf Bewährung entlassen zu werden, um so seine Approbation zu retten. Obwohl die Entlassung wegen der „Schuldschwere" an sich erst in zwei Jahren möglich wäre, holt die Strafvollstreckungskammer schon jetzt ein Gutachten über die Prognose ein. Sie zieht wieder den Psychiater Dr. Rauch heran, der im Jahr 1998 die Lockerungseignung bestätigt hat.

Die neue Exploration ist im Januar 2002; das Gutachten liegt im Februar vor. Danach ist es ganz unwahrscheinlich, dass bei Dr. Ulrichs im Falle seiner Entlassung die durch die abgeurteilten Taten zu Tage getretene Gefährlichkeit zum Rückfall führt. Charakterlich hat er sich weiterentwickelt, auch weil er älter geworden ist. Seine in der Vorbegutachtung angesprochene Geltungssucht und Inszenierungsbereitschaft erscheinen abgemildert. Realistisch erkennt er seine Stärken und Schwächen. Seine neu erworbene Frustrationstoleranz hat er bewiesen, als er von Januar bis Juli 2000 den Entzug aller Lockerungen geduldig ertragen hat[1]. Der damals aufgekommene Verdacht neuer Betrügereien hat sich nicht bestätigt. Sein Vollzugs- und Arbeitsverhalten ist gut. Zwar hält er an der – das ist aus der Sicht des Gutachters eine Illusion – Hoffnung fest, später

---

1 Gutachter Dr. Rauch hat sich mit dem offensichtlichen Lockerungsmissbrauch (siehe S. 96), so scheint es, nicht auseinandergesetzt

doch noch einmal als Arzt arbeiten zu können, aber er wird sich auch mit einem anderen Beruf abfinden; als tatkräftiger Mensch wird er von einem seinen Alltag strukturierenden und ihn zufriedenstellenden Arbeitsplatz prognostisch profitieren können. Durch Erbschaften ist er materiell abgesichert. Der „soziale Empfangsraum" belastet ihn zwar mehr als ihn zu fördern – seine alte Mutter ist körperlich, seine Frau suchtkrank. Aber das ist nicht nur schlecht, denn damit sind ihm doch auch Aufgaben gestellt, deren „seine altruistischen Neigungen bedürfen". So wird sein „Bedürfnis nach Beheimatung" gestillt. Jedenfalls sinnvoll ist für ihn eine längerfristige psychotherapeutische Begleitung.

Selbst die Staatsanwaltschaft Darmstadt gibt in einem Bericht an das Ministerium zu bedenken, dass die Wiedererteilung der Approbation für Dr. Ulrichs' Resozialisierung dermaßen wichtig ist, dass ausnahmsweise eine Entlassung vor seinem 55. Geburtstag und also vor der vollständigen Verbüßung der 17-jährigen Mindeststrafe in Betracht käme. Das Justizministerium sagt dazu klar Nein.

Wie erwartet lehnt die Strafvollstreckungskammer im Juli 2002, wenige Tage vor seinem 55. Geburtstag, Dr. Ulrichs' Antrag auf vorzeitige Entlassung deswegen ab, weil er die wegen seiner Schuldschwere erhöhte Mindeststrafe noch nicht abgebüßt hat.

Vom Justizministerium dazu angewiesen, widersetzt sich der Staatsanwalt auch noch acht Monate später, als die Schuldschwere endlich herum ist, der Strafaussetzung zur Bewährung. Er schreibt in seiner Stellungnahme, selbst auf der Basis des zuletzt erstatteten Gutachtens von Dr. Rauch aus dem Februar 2002 sei keine eindeutig positive Prognose zu stellen. Im März 2003 beantragt die Staatsanwaltschaft weisungsgemäß eine weitere Begutachtung durch einen neuen Sachverständigen.

Eine solche neue Begutachtung könnte dazu führen, dass Dr. Ulrichs auch nach 17 Jahren noch nicht entlassen wird. Kurz nachdem er von diesem Antrag der Staatsanwaltschaft erfahren hat, bekommt er auf dem Parkplatz vor der JVA – nach einer banalen Behinderung im Straßenverkehr – einen Wutanfall und bedroht einen fremden Verkehrsteilnehmer massiv mit körperlicher Gewalt. Die Anstalt holt als „Feuerwehr" den Psychiater Dr. Gliemann herbei, der zwei Stunden mit ihm redet. In einer ergänzenden Stellungnahme schreibt der Psychiater dann, dass man Dr. Ulrichs den Freigang auf keinen Fall streichen soll. Den Wutanfall hat er nur deswegen erlitten, weil er gerade von dem Antrag der Staatsanwaltschaft auf eine schon wieder neue Begutachtung seiner Legalprognose erfahren hat. Zudem ist er im Augenblick psychisch besonders angespannt, weil er jetzt über 55 Jahre alt ist und seine Approbation nie mehr zurückbekommen wird.

Am 1. April 2003 beschließt die Strafvollstreckungskammer gegen den Antrag der Staatsanwaltschaft, den Rest der lebenslangen Freiheitsstrafe zur Bewährung auszusetzen. Der Beschluss wird rechtskräftig. Dr. Ulrichs muss am 17. April 2003 entlassen werden.

Prognostisch stützt sich die Strafaussetzung auf Dr. Rauchs schriftliches Gutachten vom Februar 2002, das der Sachverständige mündlich auf den neuesten Stand gebracht hat. Sein Fazit, dass Dr. Ulrichs' durch die Taten von 1984 zutage getretene Gefährlichkeit nicht mehr besteht, überzeugt die Strafvollstreckungskammer. Dr. Rauch habe Dr. Ulrichs' Wutanfall vom März nachvollziehbar als bloße situativ bedingte Überreaktion eingeschätzt. Die Einwendungen der Staatsanwaltschaft – sie sind der Akte nicht zu entnehmen und auch im Beschluss nicht dargelegt – weist die Kammer zurück. Zur Anhörung des Sachverständigen war die Staatsanwaltschaft geladen, ist aber ohne Begründung nicht gekommen.

Am Donnerstag, den 17. April 2003, um 11.33 Uhr vormittags, wird Dr. Ulrichs aus der Strafhaft entlassen. Das sind genau 17 Jahre Haftzeit[1] nach der Verhaftung in seinem damals neuen Haus bei München am 14. April 1986.

Die Bewährungszeit hat die Strafvollstreckungskammer durch Beschluss festgesetzt. Sie beträgt fünf Jahre; länger geht nicht. Dr. Ulrichs wird einem Bewährungshelfer unterstellt, bei dem er sich alle zwei Wochen melden muss. Er soll weiter mit seiner Frau Jasmin in Kelkheim wohnen und in Frankfurt bei der Heilpraktikerschule arbeiten. Weder Wohnung noch Arbeitsplatz darf er ohne Absprache mit dem Bewährungshelfer wechseln. Die Bewährung wird von der Strafvollstreckungskammer beim Landgericht Frankfurt am Main überwacht.

Neue Approbation

Die „Regierung von Oberbayern" – „Regierung" heißt in Bayern die mittlere Verwaltungsebene der Regierungsbezirke – hatte Dr. Ulrichs im März 1988 seine ärztliche Approbation entzogen, weil sich aus der Tötung Leonhard Buchham-

---

[1] Zur Präzisierung der Strafzeitberechnung, die immer mit äußerster Genauigkeit geführt wird: An sich hätte Dr. Ulrichs am 13. April entlassen werden müssen, denn 17 volle Jahre sind es vom 14. April 1986 (dem Tag der Verhaftung in Kirchheim) bis zum 13. April 2003. Die vier Tage mehr gehen auf seine Flucht nach der Geiselnahme in Darmstadt vom 2. bis 5. Februar 1987 (siehe S. 46 ff.) zurück. Zwar wird die damalige Untersuchungshaft auf die Strafzeit angerechnet, aber davon sind die Tage auf der Flucht abzuziehen.

mers seine Unzuverlässigkeit und Unwürdigkeit als Arzt ergibt. Bei dieser Behörde stellt Dr. Ulrichs im Mai 2003 den Antrag auf Wiedererteilung der Approbation. Er will wieder im Münchener Raum tätig werden. Von einer Altersgrenze bei 55 Jahren ist keine Rede mehr. Es gibt sie nicht.

Die „Regierung" fordert bei der Staatsanwaltschaft Darmstadt die Strafakten an. Sie selbst holt bei der Psychiatrischen Universitätsklinik München ein weiteres Gutachten ein. Dessen Bewertung wirkt hin- und hergerissen. Der Psychiater meint einerseits, dass eine Wiedererteilung der Approbation an sich schwer vertretbar ist, weil Dr. Ulrichs gerade sein ärztliches Fachwissen zur heimtückischen Tötung Buchhammers eingesetzt hat. Andererseits begründet, meint der Gutachter, seine narzisstische Persönlichkeit alleine noch keine mangelnde Eignung für den Arztberuf.

Als Kompromiss erhält Dr. Ulrichs im März 2004 eine erst einmal auf zwei Jahre befristete Approbation, die auf einen bestimmten Arbeitsplatz örtlich beschränkt ist. Dazu erteilt ihm die Regierung von Oberbayern die Auflage, sich mindestens zweimal wöchentlich einer Psychotherapie zu unterziehen, um die „psychosomatischen Hintergründe und Motive, die zu seinen Delikten geführt haben, aufzuarbeiten".

Er findet eine Stelle als „Funktions-Oberarzt" in einer orthopädischen Rehabilitations-Fachklinik in der Nähe von Füssen. In der erfolgreichen Bewerbung hat er seine Vorstrafe so umschrieben:

„Seit 1987 juristisches Verfahren mit insgesamt drei zugelassenen Wiederaufnahmeverfahren (Auskünfte kann der beteiligte Gutachter Prof. Dr. Förster geben). Ehescheidung, Verlust der Praxis, Ruhen der Approbation, sozialer Untergang. Seit 1990 Betreuung durch Kollegen Dr. Erck (vom BVO[1]) [...] auch während der Haft."

Dazu legt er ein – inhaltlich zutreffendes, sehr gutes – Arbeitszeugnis der Heilpraktikerschule bei. Er selbst hat es verfasst und unberechtigt mit dem Namen des Direktors unterschrieben. Im der Bewerbung beigelegten Lebenslauf gibt er an, er sei bei der Bundeswehr Reserveoffizier, nämlich „Oberfeldarzt d. R.", das entspricht einem Oberstleutnant.

Für die ihm auferlegte Psychotherapie findet er als Therapeuten den Allgemeinarzt Dr. Degenhardt aus Füssen[2]. Der ist nach einer tiefenpsychologisch

---

1 Berufsverband der Orthopäden
2 Name und Ort geändert

orientierten Zusatzausbildung berechtigt, den Zusatz „Psychotherapie" zu führen. Wie Dr. Ulrichs ausgerechnet auf ihn gekommen ist, weiß Dr. Degenhardt nicht. Eine Frau Dr. Katzer[1] soll, hat ihm Dr. Ulrichs gesagt, ihm ihn empfohlen haben. Dr. Degenhardt fragt bei ihr telefonisch nach; sie kann ihn nicht empfohlen haben, weil sie ihn gar nicht kennt.

Dr. Degenhardt ist 50 Jahre alt und hat gerade seine Hausarztpraxis aufgegeben. Jetzt betreibt er mit großem Engagement eine sonderpädagogische Einrichtung für sozial auffällige Mädchen. Er ist ein unabhängiger Kopf. Früher war er, wenn auch nicht lange, „Sanyasi". Die augenblickliche Lage der Welt sieht er pessimistisch, vor allem im Nahen Osten und wegen der weltweiten Staatsverschuldung. Er glaubt, es spreche viel dafür, dass die Vereinigten Staaten von Amerika die Anschläge auf das Word Trade Center vom 11. September 2001 selbst inszeniert haben. Ohne dass er dafür Honorar – üblich wären 90 Euro pro Stunde à 50 Minuten – verlangt, übernimmt er die auf mehrere Jahre angelegte Psychotherapie. Damit schenkt er Dr. Ulrichs insgesamt mindestens 20 000 Euro.

Sein neuer Patient taut schnell auf. Er erzählt, was er auch sonst jedem sagt: dass er zwar wegen Mordes verurteilt ist, aber als unschuldiges Opfer einer falschen Verdächtigung. Der amerikanische Geheimdienst hat gegen ihn eine falsche Indizienkette aufgebaut, weil er, Dr. Ulrichs, bei seinen wissenschaftlichen Untersuchungen über Hochgeschwindigkeitsmunition etwas für die USA Entlarvendes herausgefunden hat. Die von ihm experimentell – auf tote Schweine – verschossenen amerikanischen Projektile wiesen einen durch internationale Verträge streng verbotenen hochinfektiösen Sporenbefall auf. Die Amerikaner hatten diese Munition absichtlich mit Pilzsporen infiziert, um bei den Getroffenen unheilbare Wunden zu verursachen. Diesen Befund hat er in anonymen Briefen zwei amerikanischen Senatoren offenbart. Zur Strafe hat der US-Geheimdienst seine Odenwälder Arztpraxis angezündet, in der sich sein Labor mit den entlarvenden Forschungsergebnissen befunden hat. Dabei, gleichsam als „Kollateralschaden", ist sein Nachbar umgekommen.

Zudem hat er sich den Hass eines deutschen Geheimdienstes zugezogen. Erkenntnisse aus seiner geheimen Waffenforschung waren im Ostblock bekannt geworden. Der Geheimdienst hat ihn deswegen als Doppelagenten und Verräter betrachtet. Erst nach dem Fall der Mauer ist er rehabilitiert worden, weil Unterlagen aus der Ostberliner Normannenstraße[2] bewiesen haben, dass in Wahrheit seine Laborleiterin die Ostspionin war. Diese Laborleiterin, mit der er auch ein

---

1 Name geändert
2 Stasizentrale in Ostberlin

intimes Verhältnis gehabt hat, ist wenig später an einer Vergiftung mit einem chemischen Kampfstoff, einer Phosphorverbindung, gestorben. Wahrscheinlich hat ein deutscher Geheimdienst sie umgebracht[1].

Dr. Degenhardt findet Dr. Ulrichs' Denkweise der seinen verwandt. Sie beide neigten zu einer klaren Reduktion aufs Wesentliche. Dr. Ulrichs beeindruckt ihn durch seine Erzählungen aus der Welt der Spionage, die ihm – er selbst hat entfernte Kontakte zu einem israelischen Geheimdienst gehabt – plastisch und authentisch vorkommen.

Dr. Ulrichs erzählt in den Therapiesitzungen von seinen riskanten Einsätzen bei Geheimdiensten und im Auftrag von Rüstungsunternehmen. Wissenschaftlich ist er für die Kriegswaffenforschung tätig gewesen, so in den Jahren 1981 und 1982 im Libanon, wo damals Bürgerkrieg war. Nur zur Tarnung hat er in einem Beiruter Krankenhaus des Roten Kreuzes Verletzte versorgt, Muslime und Christen. Tatsächlich aber hat er die neuesten Scharfschützengewehre des schwäbischen Herstellers Heckler & Koch testen lassen. Die hat er mit unkontrollierter Diplomatenpost empfangen und an die christliche Privatarmee „Falange" weitergegeben. Bei den Falange-Kämpfern hat er bestimmte Verletzungen wie Becken-, Kopf-, oder Wirbelsäulenschüsse „bestellt", die die Scharfschützen den feindlichen Muslim-Milizionären präzise beigebracht haben. Die so Schussverletzten hat er dann in seinem Krankenhaus versorgt und deswegen an Heckler & Koch auf breiter empirischer Basis technisch nützliche Rückmeldungen über die Wirkung ihrer Produkte geben können. Dr. Degenhardt recherchiert im Internet und findet dort, dass die Firma Heckler & Koch tatsächlich damals ein neues Scharfschützengewehr auf den Markt gebracht hatte.

Ihm als Therapeuten fällt auf, dass Dr. Ulrichs bei ihren Gesprächen kaum je Gefühle äußert. Nur über seine vielfältige Tätigkeit im Geheimdienstmilieu, und dabei auch über verschiedene Torturen, die bei unterschiedlichen Charaktertypen zu folternder Menschen jeweils am besten wirkten, redet er ohne Ende und wirkt mitgerissen. Dr. Degenhardt wertet das so, dass sein Patient bei solchen Folterungen wirklich dabei war. Dessen Faszination deutet er als Traumatisierungsfolge, als einen kathartischen Selbstheilungsversuch, durch den Dr. Ulrichs unbewusst versucht, mit diesen ihm in Wahrheit unerträglichen Erlebnissen seelisch fertig zu werden.

Einmal versucht Dr. Degenhardt, mehr herauszufinden. Er wendet sich an die Regierung von Oberbayern und will wissen, ob vielleicht dort etwas von früherer

---

1 Diese Erzählung zeigt auffällige Ähnlichkeiten zu der schweren Vergiftung, die seine frühere Geliebte Erika Stein in Würzburg tatsächlich erlitten hat; siehe S. 32

Geheimdiensttätigkeit Dr. Ulrichs' bekannt ist. Die Regierung reagiert auf die Anfrage besorgt, als befürchte sie, Dr. Degenhardt habe zu diesem Patienten nicht mehr die nötige innere Distanz. Die Regierung erteilt Dr. Ulrichs nämlich im Oktober 2004 durch einen „Änderungsbescheid" die Auflage, sein Therapeut Dr. Degenhardt müsse sich mit diesem Fall in eine Supervision begeben[1].

Dr. Degenhardt telefoniert daraufhin selbst mit der zuständigen Medizinaldirektorin. Die sagt ihm, eine Supervision sei ihre dringende fachliche Empfehlung. Dr. Degenhardt hat freilich auch ohne diese Auflage längst einen regelmäßigen Supervisor, einen Psychoanalytiker. Dem fällt allerdings zu Dr. Ulrichs nichts wirklich Fassbares ein. Dr. Degenhardt hat für sich überlegt, ob die Regierung von Oberbayern in Wahrheit vielleicht gehofft hat, Dr. Ulrichs könne die ihm auferlegte lange und teure Therapieauflage nicht bezahlen und man könne an deren Nichterfüllung die Wiedererteilung der Approbation dann ohne viel Begründungsaufwand „gerichtsfest" scheitern lassen.

Wieder Arzt

Im Juli 2004 schreibt Dr. Ulrichs an die Frankfurter Strafvollstreckungskammer und bittet, ihm doch des weiten Weges wegen die regelmäßigen Vorsprachen beim Bewährungshelfer in Hessen zu erlassen. Das Gericht soll ihn aber keinesfalls dem örtlich für ihn jetzt an sich zuständigen bayerischen Bewährungshelfer unterstellen. Das würde sich in dem kleinen Ort, in dem er jetzt arbeitet, sofort herumsprechen und ihm schaden. Denn nur sein Chefarzt kennt seine Vorstrafe; den anderen Kollegen hat er erzählt, er wäre die letzten 17 Jahre im Ausland gewesen. Er gibt seine Festnetz- und Handynummern an und verspricht, für die Frankfurter Richter immer erreichbar zu sein.

Ferner teilt er der Strafvollstreckungskammer mit, dass er sich jetzt fest bei einem Psychotherapeuten in längerfristiger Behandlung befindet, jede Woche zwei Stunden. Über den Verlauf der Therapie, so schreibt Dr. Ulrichs, muss sein Therapeut halbjährlich an die für die Approbation zuständige Regierung von Oberbayern berichten.

---

1 Der Supervisor, ein erfahrener und besonders fortgebildeter Psychotherapeut, hilft während des Therapieprozesses dabei, dass das Verhältnis zwischen dem („supervidierten") Therapeuten und dem Patienten transparent bleibt. Ob eine Auflage an einen Patienten, sein Therapeut müsse in Supervision gehen, verwaltungsrechtlich wirksam erteilt werden kann, ist höchst fraglich.

Sein hessischer Bewährungshelfer unterstützt diesen Antrag. Dr. Ulrichs hat, lässt er das Gericht wissen, bisher gezeigt, „für sich verantwortungsvoll sorgen zu können". Mit Belastungen weiß er umzugehen. Eine Gefahr neuer Straftaten sieht der Bewährungshelfer nicht. Er schließt sich deswegen dem Antrag seines Probanden an, die Unterstellung unter ihn aufzuheben. In selbst verfassten Berichten könne Dr. Ulrichs stattdessen künftig das Gericht über seine Lebensführung auf dem Laufenden halten.

Im August 2004 hebt die Strafvollstreckungskammer antragsgemäß die Unterstellung unter die Aufsicht und Leitung des Bewährungshelfers auf und verpflichtet Dr. Ulrichs, künftig regelmäßig selbst erstellte Berichte über sein Ergehen zu schicken.

Im Oktober 2004 hat Dr. Ulrichs Ärger in der Klinik. Der Vorsitzende der Frankfurter Strafvollstreckungskammer vermerkt in das „Bewährungsheft" – das ist der Aktenband, in dem der Bewährungsverlauf dokumentiert wird –, Dr. Ulrichs' Chefarzt habe ihn angerufen. Dr. Ulrichs hat der Klinik, wie jetzt herausgekommen ist, unwahre Angaben über Grund und Dauer seiner Strafhaft gemacht. Außerdem ist der Verdacht aufgekommen, dass er seine Einstellung mit einem gefälschten Zeugnis der Heilpraktikerschule erreicht hat. Vom Chef mit diesen Vorwürfen konfrontiert, hat er sich nicht nur krank gemeldet. Er hat gleich sein Dienstzimmer ausgeräumt. Da er noch im Probearbeitsverhältnis ist, steht die Kündigung im Raum. Der Chefarzt möchte vom Gericht den wahren Grund für Dr. Ulrichs' Verurteilung wissen. Der Vorsitzende der Strafvollstreckungskammer hält zur Akte fest, dem Chefarzt wegen des Datenschutzes über die Verurteilung keine Auskunft gegeben zu haben. An seinen Probanden Dr. Ulrichs richtet er die dringende Bitte um umgehende Aufklärung – hatte er nicht behauptet, der Chefarzt wisse über seine Vorstrafe Bescheid? Das Gericht sei „irritiert".

Ruhig im Ton und ausführlich schreibt ihm Dr. Ulrichs. Kollegialer Neid auf seine überlegenen fachlichen Fähigkeiten und Unwillen der Klinikleitung ob seiner Weigerung, die Patienten abrechnungstechnisch zu „optimieren", also bei Abrechnungsbetrügereien mitzumachen, haben leider dazu geführt, dass man ihn „mobbt". Statt seiner, wie er es nach Ansicht aller Gutwilligen verdient hätte, haben sie einen inkompetenten 34-jährigen „Jungspund" zum Oberarzt gemacht. Überdies ist zu den Kollegen irgendwie doch durchgesickert, dass er wegen Mordes verurteilt ist. Er weicht der Frage aus, ob er seinem Chef jemals reinen Wein über seine Vorstrafe eingeschenkt hat. Jedenfalls hat er diese Klinik verlassen und ist jetzt bei einem niedergelassenen Orthopäden in Deggendorf im Bayerischen Wald angestellt.

Mit seiner Frau Jasmin, das räumt er ein, hat er Schwierigkeiten; sie steht ständig unter Alkohol oder Drogen und ist schon zweimal in die Landesklinik zwangseingewiesen worden. Mehrfach ist sie, zu seiner peinlichen Berührung, sturzbetrunken in der Klinik aufgetaucht. Inzwischen befindet sie sich in der geschlossenen Psychiatrie, „wo ihr geholfen wird".

Der Vorsitzende der Strafvollstreckungskammer schreibt zurück, er sei „nicht erfreut" über den bisherigen Verlauf der Bewährung, „ohne dass er damit schon Schuldzuweisungen gegen irgendjemanden verbinden" wolle. Von Dr. Ulrichs verlangt er, schriftlich sein Einverständnis zu erklären, dass das Gericht sich künftig direkt bei seinem Arbeitgeber über ihn erkundigen kann; er fordert deswegen die genaue Anschrift des Arbeitsplatzes. Sollte Dr. Ulrichs seinem Chef die Auskunftserteilung nicht gestatten, erwägt die Strafvollstreckungskammer, ihn in Deggendorf dem örtlich zuständigen Bewährungshelfer zu unterstellen. Dr. Ulrichs erteilt das Einverständnis.

Bewährungsversagen?

Im August 2005 schickt die Staatsanwaltschaft Kempten im Allgäu der Strafvollstreckungskammer Frankfurt die Kopie einer neuen Anklageschrift gegen Dr. Ulrichs. Das angeklagte Delikt ist „Bedrohung"[1]. Der konkrete Anklagesatz lautet:

> „Am 10. April 2005 gegen 0:00 Uhr bedrohte der Angeschuldigte in Füssen den Werner Obermaier[2], indem er ihm mitteilte, er sei Offizier beim Bundesnachrichtendienst und werde den Obermaier ‚filetieren'. Der werde in Zukunft keine Ruhe mehr haben und sei auf einen Begleitschutz von mindestens zwei Mann angewiesen. In diesem Zusammenhang drohte er dem Werner Obermaier, er werde ihn ‚umbringen'. Des Weiteren werde er den Obermaier und seine Frau ‚kaltmachen'."

Der Vorsitzende der Strafvollstreckungskammer schreibt an Dr. Ulrichs, gleichzeitig mit dessen letztem selbst verfasstem Bericht habe er über die Staatsanwaltschaft Kenntnis von der neuen Anklage erhalten. „Es erstaune ihn ein wenig",

---

1 § 241 Absatz 1 des Strafgesetzbuches: „Wer einen Menschen mit der Begehung eines gegen ihn oder eine ihm nahe stehende Person gerichteten Verbrechens bedroht, wird mit Freiheitsstrafe bis zu einem Jahr oder mit Geldstrafe bestraft."
2 Name geändert

dass Dr. Ulrichs der Kammer das neue Ermittlungsverfahren bis jetzt verschwiegen hat. Die Kammer wird die Entscheidung des Strafrichters in der neuen Sache abwarten, bevor sie gegebenenfalls für ihre Strafaussetzung zur Bewährung Konsequenzen zieht.

Im Januar 2006 verurteilt ein Einzelrichter des Amtsgerichts Kaufbeuren Dr. Ulrichs wegen Bedrohung zu 1200 Euro Geldstrafe. Die Hauptverhandlung hat ergeben, dass Dr. Ulrichs einen Zechgenossen seiner Ehefrau, der sie nach Hause begleitet hatte, so wie angeklagt mit dem Tod bedroht hat. Bei der Strafzumessung hat für den Angeklagten gesprochen, dass er die Tat zugegeben und sich inzwischen bei dem Bedrohten entschuldigt hat, dass die spontan ausgestoßene Bedrohung „die Quintessenz eines jahrelangen Kampfes mit der Alkoholsucht seiner Frau war, und dass sie Frustration, Enttäuschung und auch Verärgerung, dass sie von einem anderen Mann heimbegleitet wurde, beinhaltete". Trotz schwerster Vorstrafe und erneuter Straftat unter laufender Bewährung reicht dem Amtsrichter wegen dieser besonderen Umstände eine Geldstrafe aus.

Als Reaktion auf die neue Verurteilung verlängert die Strafvollstreckungskammer die Bewährungszeit um sechs Monate bis zum Oktober 2008. Im Verlängerungsbeschluss steht:

„Der Verurteilte hat durch die Begehung der neuen Tat die der Strafaussetzung zugrunde liegende Erwartung nicht erfüllt, und er hat die damalige günstige Prognose durch die neue Tat durchaus in Frage gestellt. Die Kammer hat dabei nicht übersehen, dass Frust, Wut, Verärgerung und Enttäuschung eine nicht unwesentliche Rolle in der Tatsituation eingenommen haben. Andererseits lässt die Wortwahl [...] die Annahme zu, dass es dem Verurteilten darauf ankam, die Ernsthaftigkeit der Drohung zu unterstreichen. Die bei der neuen Tat festzustellende mangelnde Beherrschung des Verurteilten hat die Kammer schon einmal beschäftigt, nämlich bei der Frage der bedingten Entlassung[1]. Schon damals war dies partiell als prognostisch ungünstig gewertet worden. Von dem Verurteilten muss erwartet werden, dass er seine Emotionen jedenfalls soweit beherrschen lernt, dass er den sozial adäquaten Bereich nicht verletzt."

---

1 Das bezieht sich auf den „Wutanfall" auf dem Parkplatz vor dem Frankfurter Gefängnis im März 2003, siehe S. 100.

Bewährungserfolg

Ab jetzt wird es spürbar besser. Regelmäßig kommen Dr. Ulrichs' Berichte; sie sind voller Details und belegen, dass er sich im Beruf bewährt und wohl fühlt. Die Strafvollstreckungskammer bittet im Frühjahr 2006 Dr. Ulrichs' Arztkollegen und Arbeitgeber in Deggendorf – auf der Anschrift steht: „persönlich" – zur Kontrolle um eine kurze Mitteilung, wie sich die Zusammenarbeit gestaltet. Umgehend kommt eine Antwort – die Zusammenarbeit, seit jetzt anderthalb Jahren, ist angenehm. Dr. Ulrichs ist fachlich und menschlich kompetent, zuverlässig und loyal. Natürlich „hat auch er Ecken und Kanten, wie jeder von uns", aber das zeigt ihn als echte Persönlichkeit und bereichert den Arbeitsalltag eher als ihn zu stören. Schwierigkeiten sind nicht aufgetreten. Dieses Schreiben ist wirklich vom Deggendorfer Arbeitgeber verfasst.

Die Psychotherapie bei Dr. Degenhardt ist Anfang 2006 abgeschlossen. Überrascht erfährt der Therapeut erst jetzt von seinem Patienten, dass die Regierung von Oberbayern einen Abschlussbericht von ihm erwartet. Halbjährliche Berichte dorthin, wie es Dr. Ulrichs der Strafvollstreckungskammer vorgespiegelt hat, hat es nämlich nicht gegeben. Nach sorgfältiger Klärung von Bedenken wegen seiner ärztlichen Schweigepflicht schreibt Dr. Degenhardt einen Bericht. In dem steht unter anderem:

„Wenngleich Herr Dr. Ulrichs nach wie vor bestreitet, die Tat [...] begangen zu haben, [...] beschäftigt er sich in der Therapie wiederholt mit Fragen persönlicher Schuld. Diskussionen [...] über Wertvorstellungen [...] fanden eigentlich in jeder Sitzung statt und bilden inzwischen so etwas wie unser gemeinsames Steckenpferd innerhalb der Therapie. [...]
Ich erlebe Herrn Dr. Ulrichs als sehr wertebewussten und wertegeleiteten Menschen, dessen Werte jedoch aus unterschiedlichen Traditionen stammen. So stammt sein starkes Loyalitätsgefühl und Verantwortungsbewusstsein wohl aus einer militärischen Tradition, [...] wohingegen seine scharfsinnige, bisweilen aber etwas gefühlsferne Denkweise wohl aus seiner Schulzeit an einem von Jesuiten geführten Gymnasium herrührt. [...] Herr Dr. Ulrichs arbeitet aber beständig an der Integration seiner Werte. [...]
Meiner Ansicht nach kann man mit an Sicherheit grenzender Wahrscheinlichkeit ausschließen, dass Herr Dr. Ulrichs eine Gefahr für die ihm anvertrauten Patienten darstellt. [...] Die einzige für mich vorstellbare Situation, in der Herr Dr. Ulrichs möglicherweise irrational reagieren könnte, würde ironischer Weise dann entstehen, wenn ihm durch eine äußere Einflussnah-

me die Hoffnung auf Erteilung der Approbation [...] genommen werden würde, da diese Hoffnung [...] den Kristallisationspunkt seines neuen Lebensentwurfes darstellt."

Dr. Degenhardt bewertet die Therapie als insgesamt erfolgreich. Er betrachtet die Therapeut-Patient-Beziehung als mit diesem Bericht beendet. Die Therapiesitzungen hören auf, und die beiden gehen zum „Du" über. Sie sind ab jetzt befreundet und sehen sich weiterhin häufig.

Wenig später gerät Dr. Ulrichs in eine emotionale Krise. Er befürchtet, die unbefristete und unbeschränkte Approbation trotz der erfolgreichen Therapie doch nicht wieder zu bekommen. Dr. Degenhardt macht sich um seinen Freund große Sorgen. Er befürchtet dessen Selbstmord oder eine Amoktat, da Dr. Ulrichs aufs Äußerste verbittert gegen die ihm missgünstig gestimmte Gesellschaft wirkt.

Dr. Degenhardt nimmt Kontakt zu einem Mitarbeiter des Militärischen Abschirmdienstes auf, den er flüchtig kennt, und bittet ihn, weiterzumelden, in welch gefährlicher Anspannung Dr. Ulrichs sich wegen der vorenthaltenen Approbation befindet. Sollte er bei einem Geheimdienst Mitarbeiter gewesen sein, möge man sich dort womöglich seiner Sache annehmen. Dieser Geheimdienstler gibt Dr. Degenhardt die mehrdeutige Auskunft, dass es unmöglich ist, zu einer Verbindung Dr. Ulrichs/Geheimdienst Stellung zu nehmen.

Wenig später teilt Dr. Ulrichs seinem Freund höchst erfreut mit, dass er soeben wieder die unbeschränkte und unbefristete Approbation erhalten hat. Das ist im Juni 2006. Im September bekommt Dr. Ulrichs auch seine Zulassung als Kassenarzt wieder.

Als er kurze Zeit später im bayerischen Schwaben praktizieren will, hat die dort zuständige Ärztekammer zuerst Bedenken und schickt an die Regierung von Oberbayern eine E-Mail mit der Anfrage, wie denn eigentlich die Verurteilung wegen Mordes „konkret gewürdigt worden" sei. Hätten denn das Strafurteil, die Entscheidungen über die Wiederaufnahmeverfahren sowie der Bewährungsbeschluss vorgelegen? Der Sachbearbeiter aus Oberbayern schreibt per Mail zurück:

> Es „war im Vorfeld der Approbationserteilung zu klären, ob die [...] rechtskräftige Verurteilung (Amtsgericht Kaufbeuren, Aktenzeichen ...) [...] zu einer Geldstrafe in Höhe von 1200 Euro wegen der [...] Bedrohung dafür ausschlaggebend sein konnte, die Approbation abzulehnen. Aus den im Begleitschreiben dargelegten Betrachtungen war dies nicht der Fall.
> Für die Wiedererteilung der Approbation im Juni 2006 war die 18 Jahre zuvor erfolgte Verurteilung wegen Mordes indessen nicht mehr zu würdigen. Sie

war – wie oben angeführt – bereits der Anordnung des Widerrufs der Approbation im März 1988 zu Grunde gelegt worden."

Der oberbayerische Regierungs-Sachbearbeiter ist anscheinend der Meinung, mit dem ersten Entzug der Approbation im Jahr 1988 sei der Mord aus Höchst „verbraucht" gewesen, so wie man wegen derselben Straftat nicht zweimal strafrechtlich verurteilt werden darf[1].

Dr. Ulrichs' Eheprobleme spitzen sich weiter zu. Seine Frau Jasmin trinkt, nach dem Scheitern weiterer Therapieversuche, nach wie vor viel zu viel Alkohol, nimmt Opiate und Subutex und lässt die Wohnung verwahrlosen. Dr. Ulrichs schreibt an die Strafvollstreckungskammer, dass seine Frau therapieresistent ist, sich gegen all seine Ermahnungen aggressiv zur Wehr setzt und ihn, sobald er ihr entgegenzutreten versucht, im Bekannten- und Kollegenkreis als den „Mann aus dem Knast" schlechtmacht.

Seine psychiatrischen Kollegen erklärten ihm, das Krankheitsbild seiner Frau „sei eben ‚borderline'"; dagegen sei therapeutisch kein Kaut gewachsen. Zuletzt hat sie den Hund kahl geschoren. Die Ehewohnung hat der Vermieter wegen Jasmins „Messie-Verhalten" gekündigt. Dr. Ulrichs selbst hat jetzt die Scheidung eingereicht. Wohnen wird er vorerst bei seinem früheren Psychotherapeuten Dr. Degenhardt, der ihn weiter – als Freund und bei Bedarf auch als Therapeut – stützend begleiten wird.

In Füssen ist er ab jetzt auch polizeilich gemeldet. Zeitweise wohnt er wirklich dort, zeitweise hat er dort nur seine „Postadresse", damit er Jasmins Nachstellungen besser entgehen kann.

Die in Frankfurt weiter ziemlich regelmäßig bei Gericht eingehenden Berichte lesen sich immer überzeugender friedlich-unauffällig. In der Deggendorfer Praxis klappt es gut. Für einen fast 60-Jährigen altersangemessen klagt Dr. Ulrichs über einige gesundheitliche Malaisen, seine Zuckerkrankheit, Herzprobleme und eine Neuropathie in Füßen und Händen, die ihn bei der Arbeit ein wenig behindern.

Im April 2007 tritt er eine wieder neue Stelle in Augsburg an, da ihn, wie er dem Gericht schreibt, sein bisheriger Chef zu schlecht bezahlt hat. Auch

---

1 „ne bis in idem" – geltendes Verfassungsrecht gemäß Artikel 103 Absatz 3 Grundgesetz: „Niemand darf wegen derselben Tat aufgrund der allgemeinen Strafgesetze mehrfach bestraft werden." Dieser Grundsatz gilt aber selbstverständlich nicht im Verwaltungsrecht bei Beurteilung der künftigen Zuverlässigkeit als Arzt. Die „Regierung von Oberbayern" ist übrigens die einzige Behörde, die auf das Auskunftsersuchen der Verfasser nicht geantwortet hat.

hat ihn seine Noch-Ehefrau in Deggendorf gegenüber Kollegen und Patienten immer wieder bloßgestellt, und er meint zu merken, dass sich das herumgesprochen hat und ihm manchmal Leute auf der Straße merkwürdig nachschauen. Auch diesen Bericht schließt er mit einem anrührenden, ein wenig melancholischen Blick auf die ihm noch verbleibende Lebensspanne harmonisch ab:

> „Ich kann sagen, ich bin zufrieden und glücklich, habe irgendwie zu mir gefunden, genieße die kleinen Dinge, die mir noch möglich sind. Wenn man Rücksicht auf meine Behinderungen nimmt, kann ich eine gute Arbeit leisten. Wenn ich manchmal sehr erschöpft bin, denke ich an eine der endlosen Stunden in Butzbach; dann gibt es keine inneren Klagen oder Belastungen mehr. Ich nütze meine Chance, arbeite, zahle Steuern und warte, dass die Bewährungszeit auch noch abgeschlossen werden kann. Das noch zu erleben habe ich mir vorgenommen."

Zum Gesamtbild der gereiften Persönlichkeit des fast 60-jährigen Arztes und kultivierten Intellektuellen trägt seine hin und wieder mit beiläufiger Selbstverständlichkeit angesprochene katholische Glaubenspraxis bei. Er erwähnt, dass er in der Kirche die Orgel spielen darf. Er hat die Beziehung zu seiner alten Stütze, dem Butzbacher katholischen Gefängnispfarrer, lebendig gehalten. Im Sommer und Herbst, so schreibt er, wird er den Pfarrer und von ihm geführte Pilgergruppen als Wallfahrtsarzt nach Lourdes begleiten.

Der Pfarrer hat schon im Jahr 2004 sein Amt als Gefängnisseelsorger vorzeitig verlassen. In seiner letzten Predigt in der Butzbacher Gefängniskirche hat er einiger in dieser Anstalt einsitzender unschuldig Verurteilter mit den Worten gedacht: Einige wenige Gefangene hätten einen „aussichts- und ergebnislosen Kampf um ihre Unschuld geführt".[1]

---

1 *Butzbacher Zeitung* vom 2. August 2004, S. 8 – Fettgedruckte Überschrift: „Man hat mich nicht mehr gewollt." – Der Pfarrer wird bei den Unschuldigen unter anderem seinen Dr. Ulrichs vor Augen gehabt haben. Außerdem steht in dem Artikel wörtlich: „Es sei ihm [dem Pfarrer – d. Verf.] besonders bitter aufgestoßen, dass ein amerikanischer Gefangener von heute auf morgen in die USA abgeschoben worden sei. Die Umstände dieser Abschiebung seien wohl eine Art Revanche dafür gewesen, dass gerade dieser Gefangene das Amt als Küster der JVA-Kirche immer so vorbildlich ausgeübt habe." – Der an dem Verabschiedungsgottesdienst teilnehmende Mainzer Generalvikar ist über diese absonderliche Schuldzuweisung – und überhaupt über die Kapuzinerpredigt des Pfarrers – „irritiert".

Im Januar 2008 mahnt die Strafvollstreckungskammer den Ende 2007 wieder fällig gewesenen Bericht an. Dr. Ulrichs ruft umgehend in Frankfurt an und bedauert, dass sein Bericht, den er pünktlich am 30. Dezember losgeschickt hat, auf der Post verloren gegangen sein muss. Er übersendet ihn nochmals: Seine Scheidung ist noch immer nicht über die Bühne, weil seine Noch-Ehefrau das familiengerichtliche Verfahren mit allen Tricks verschleppt. Auch verfolgt sie ihn, Dr. Ulrichs, und seine Umgebung, vor allem seinen Freund Dr. Degenhardt, wie eine „Stalkerin" penetrant mit nächtlichen Anrufen.

Mit seinem neuen Augsburger Praxispartner aber versteht er sich bestens. Die fachliche Anerkennung seiner Arbeit ist hoch. Wenn die Bewährungszeit endlich um ist, steht auch einem beruflichen Aufstieg, etwa zum richtigen Oberarzt in einer Rehaklinik, nichts mehr im Weg. Mehrere entsprechende Angebote hat er jetzt schon. Etwas ist neu:

„Ich lebe jetzt seit 18 Monaten in einer guten, stabilen Beziehung, meine Partnerin ist bayerische Finanzbeamtin, ein echt wertvoller Mensch (mein Psychotherapeut sagt immer: ‚das Beste, was Dir passieren konnte'), ein normaler Mensch, der mein Leben begleitet und ständig um mich ist. Ohne sie hätte mich meine Krankheit schon umgebracht, weil ich oft Unterzucker habe und besonders nachts lange Atemausfälle. Sie kocht für mich und hilft, wenn ich kollabiere, achtet auf mich."

Und er setzt ein postscriptum hinzu:

„Manchmal begegnet man auf Kongressen oder Fortbildungen Kollegen, die einem als Gutachter oder Beteiligte in meinem ‚früheren Leben' über den Weg liefen. Die Reaktionen sind dann oft sehr verblüffend (positiv), habe schon gehört, dass sie wieder Spitze in unserem Fach sind, ein sehr guter Kollege, habe nichts anders erwartet. Ich versuche durch fachliche und menschliche Qualität zu überzeugen, Vergangenem nicht nachzutragen."

Sein letzter Bericht für die Strafvollstreckungskammer geht am 1. April 2008 in Frankfurt ein. Er datiert von Karfreitag 2008, das ist der 21. März. Abgesehen von den mit Ausspruch der Scheidung voraussichtlich bald beendeten Misshelligkeiten mit Jasmin ist, wie in den letzten Jahren immer klarer, alles rundherum in Ordnung. Seine letzten Schulden bei der Darmstädter Gerichtskasse hat er endlich auch abbezahlt. Und dann hat Dr. Ulrichs noch eine besonders erfreuliche Nachricht:

„Ja, und dann noch eine Neuigkeit: Meine Lebensgefährtin Anna[1] (Finanzbeamtin aus Niederbayern, 35 Jahre alt, ein normaler Mensch, für mich ‚der Glücksgriff') will mich nach Abschluss der Scheidung heiraten. Völlig unerwartet (da das medizinisch wegen Krankheit nicht möglich) bekommt sie Ende Mai ein Mädchen, und alles läuft normal ohne Probleme für beide. Wir freuen uns! Wir haben hier eine 120 m^2-Wohnung nahe der Praxis und werden, wenn die Bewährung abgeschlossen werden kann, in ihre Heimat ziehen und dort arbeiten. Da ich dann, ohne Bewährung, in eine wesentlich besser dotierte Praxisstellung wechseln kann (großes Orthopädiezentrum mit 16 Ärzten und kann dort nur konservative Diagnostik und MRT betreiben). Der Kollege dort kennt auch ‚meine Geschichte', braucht mich aber als Fachmann, und der Chef dort und ich verstehen uns gut.

Sonst kann ich nichts berichten. Ich bin zufrieden und glücklich und danke Ihnen für die gebotenen Chancen.

Mit vorzüglicher Hochachtung!
…"

Eine tragfähige Partnerbeziehung, die Vorfreude auf ein gesundes Kind, Erfolg und Anerkennung in einem angesehenen Beruf, all das sind klare Zeichen einer endlich wieder stabilisierten Lebenslage, und einer nach so vielen Schwierigkeiten schließlich doch noch gelungenen Resozialisierung.

---

1 Name geändert

Zweiter Teil

Der Tote in Kirchasch

Am Gründonnerstag, dem 20. März 2008, macht der bayerische Steueramtmann Anton Fanger um halb fünf Uhr nachmittags zum letzten Mal Feierabend. Er arbeitet in München beim Landesamt für Steuern. Alle Kollegen kennen ihn als ein Muster an Pünktlichkeit. Am Dienstag nach Ostern 2008 kommt er nicht, wie sonst immer, früh um 7.00 Uhr zum Dienst. Auch am Mittwoch ist er nicht da. So etwas hat es bei ihm bisher nicht gegeben.

Er ist unverheiratet. Als er am Donnerstag immer noch nicht aufgetaucht ist, sprechen seine zwei nächsten Kollegen mit der Chefin – dem Fanger könnte vielleicht etwas passiert sein. Sofort, gleich während der Dienstzeit, dürfen sie die 35 km zu ihm nach Hause fahren, um nach ihm zu sehen. Das ist in Kirchasch, nordöstlich von München, bei Erding. Mitten im Dorf wohnt er ganz allein auf einem alten Bauernhof. Sein Hof wird nicht mehr bewirtschaftet. Mit „Hausnamen" heißt Fanger der „Meser-Bua", sein Haus, das er geerbt hat, ist das „Meser-Haus".

Um halb zehn stehen die Kollegen vor dem Haus. Als Fanger ihnen auf ihr lautes Klopfen nicht aufmacht, rufen sie die Polizei in Erding an. Die kommt gleich und bricht das Schloss der Hintertür des Bauernhauses auf. Am Fuß der Treppe liegt, in einer Blutlache, der Anton Fanger, der von hinten einen Schuss ins Genick bekommen hat. Die Kugel ist über seiner Nasenwurzel wieder ausgetreten. Auf der zweiten Treppenstufe von unten liegt eine Patronenhülse. Anton Fanger ist tot; er ist 48 Jahre alt geworden.

Im Hof vor der Hintertüre liegt auf dem Boden ein Vorderschaftrepetierer, eine Pumpgun. Das Gewehr ist nicht geladen. Eine alte Gefriertruhe, die am Haus steht, zeigt Spuren von Schrotbeschuss.

Erste Ermittlungen

Es sind keine Einbruchsspuren da. Die Polizei sucht deswegen nach einem Täter, den das Opfer selbst hereingelassen haben könnte.

Die Ermittlungen der Polizei im Dorf zeigen Anton Fanger als einsamen Mann. Allein wohnt er auf seinem alten Bauernhof mit sechs Hektar Grund. Nahe Angehörige hat er keine mehr, seit im letzten Jahr seine Tante gestorben ist. Zu den wenigen entfernten Verwandten hält er so gut wie keinen Kontakt. Die Äcker hat er verpachtet. In sein Haus lässt er niemanden eintreten, wohl, wie die Nachbarn meinen, weil es dort unaufgeräumt ist und keiner bei ihm putzt. Tag und Nacht brennt in seiner Küche das Licht.

Ein 70-jähriger Nachbar pflegt den Wald, den Fanger auch geerbt hat, und versorgt ihn daraus mit dem Brennholz. Dieser Nachbar sagt, dass der Anton Fanger, der „Toni", zu den Leuten von Kirchasch so gar keinen Kontakt gehabt hat. In die Messe oder ins Wirtshaus ist er nicht gegangen und auch in keinem Verein gewesen. Sein Bauernhaus ist sicher nicht an den Abwasserkanal und wahrscheinlich noch nicht einmal an die Wasserleitung angeschlossen; als Toilette gibt es einen Abtritt im Hof.

Die Leute haben im Dorf zwar darüber geredet, ob der Toni in München eine Freundin oder vielleicht sogar eine Wohnung hat. Das waren aber nur Spekulationen. Der Anton Fanger ist halt ein Sonderling gewesen, der sich am Ortsleben nicht beteiligt hat. Zuletzt unter die Leute gekommen ist er bei der Beerdigung seiner Tante vor mehr als einem Jahr. Ein Trauermahl hat er für sie nicht gegeben; es ist überhaupt nichts gewesen, außer der Beerdigung.

Zum Umfeld des Toten vernimmt die Polizei sofort seine zwei aus München hergefahrenen Kollegen, von denen sie alarmiert worden ist. Die beiden können wenig sagen, denn so nah sie im Dienst mit Anton Fanger zusammengearbeitet haben, so dürftig war der private Kontakt zu ihm. Dem einen kommt ein alter Schulfreund in den Sinn, von dem der Toni öfter erzählt hat. Noch vom Gymnasium her hat Fanger einen „Ludwig"[1] gekannt, der jetzt bei der Stadt Erding arbeitet. Dieser Ludwig trinkt inzwischen viel zu viel. Im Ort heißt er „Negerluis", seit er eine Schwarzafrikanerin, die Maria[2], geheiratet hat. Auf die ist er im Münchener Bordell „Pascha" am Stahlgruberring gestoßen, wo sie als Prostituierte gearbeitet hat. Die kirchliche Trauung hat in der Kathedrale von Marias Kameruner Heimatstadt stattgefunden; vollzogen hat sie Marias Bruder, ein katholischer Priester. Des „Negerluis" zu der Hochzeit nach Kamerun mitgereiste Verwandtschaft war von der Feierlichkeit der Brautmesse sehr ergriffen.

Trotz ihres Priester-Bruders gilt die „Maria" im Dorf als brandgefährlich. Den „Negerluis" hat sie schon um sein ererbtes Vermögen gebracht, und hinter dem Geld von Anton Fanger, sagt man, war sie danach her. Sie hat ihn mit einer „Mirei" (Mireille), einer Frau aus ihrem Ort in Kamerun, verheiraten wollen. Und als Fanger ihr für eines ihrer Geschäfte Geld abgeschlagen hat, ist sie unangenehm geworden.

Die Polizei vernimmt diesen „Negerluis" drei Tage später. Der sagt, dass er selber, das ist schon richtig, jetzt kein Geld mehr hat, und dass er die Maria und den Anton Fanger miteinander bekannt gemacht hat. Mit der Tötung hat er aber

---

1 Name geändert
2 Name geändert

nichts zu tun. Die Maria ihrerseits bestreitet bei der Polizei, den Anton Fanger je wegen Geld unter Druck gesetzt zu haben. Wenn Zeugen da das Gegenteil behauptet haben sollten, dann können das nur Türken gewesen sein, die etwas gegen sie haben. Im Übrigen war sie die ganzen Ostertage über in Berlin und hat für die Mordzeit ein Alibi.

Anton Fanger, der so kümmerlich gelebt hat, war gar kein armer Mann. Seine Grundstücke, die Gebäude, seine Wertpapieranlagen und sein Barvermögen sind, berichtet später die Nachlassverwalterin, ungefähr 1,2 Millionen Euro wert.

Anfangsverdacht

Am 31. März, dem Montag nach dem Leichenfund, ruft bei Fangers Münchener Kollegen im Landesfinanzamt eine junge Frau an. Sie heißt Anna Berger[1] und war früher dort in München Steueroberinspektorin, bis sie im Jahr 2004 wegen Krankheit nach Dingolfing versetzt worden ist. Zu Jahresanfang 2008 ist sie, erst 35 Jahre alt, frühpensioniert worden, weil sie eine schwer verlaufende Neuroborreliose hat und dienstunfähig ist. Sie war gut mit Anton Fanger befreundet, aber nicht seine Geliebte. Ganz zinslos hat er ihr 80 000 Euro auf 15 Jahre geliehen, damit sie sich damit eine Eigentumswohnung kaufen konnte.

Anna bekommt Fangers Zimmerkollegen an den Apparat. Sie fragt, was denn mit dem Toni ist. Als sie eine ausweichende Antwort bekommt, fragt sie, ob er vielleicht im Krankenhaus liegt. Da erwidert der Finanzbeamte, es ist viel schlimmer. Als sie keine Ruhe gibt, sagt er ihr, dass der Toni tot, dass er ermordet worden ist. Als sie das hört, fängt sie zu weinen an.

Dann gibt sie das Telefon an einen „Thomas" weiter. Das ist Dr. Ulrichs, ihr Freund. Er sagt, „um Gottes Willen, noch am Ostersonntag war er bei uns zum Essen" und fragt nach der Telefonnummer der Erdinger Polizei. Dann sinniert er laut vor sich hin, der Toni habe eben die falschen Freunde gehabt – „es war viel zu gefährlich". Der Finanzbeamte erwähnt den Namen Maria. Dem Dr. Ulrichs sagt dieser Name gleich etwas, und die beiden Männer sprechen über die Schwarzafrikanerin und über das Leben, wie es der Toni wohl geführt haben mag.

Minuten später ruft Anna Berger bei der Polizei in Erding an, sagt, dass sie gerade vom Tod des Herrn Fanger erfahren hat. Sie will wissen, was gewesen ist, kann dabei aber fast nicht sprechen, weil sie so stark weint. Gleich übernimmt

---

1 Name geändert

Dr. Ulrichs den Hörer; auch er schluchzt beim Reden. In einem Vermerk über das Telefongespräch hält der Polizist seinen Hinweis fest, dass Fanger „Schwierigkeiten" mit einer „Negerin" gehabt haben soll. Deren Namen kennt Dr. Ulrichs, wie er sagt, leider nicht.

Dem Polizisten am Telefon fällt auf, dass Dr. Ulrichs nicht danach gefragt hat, wie Fanger eigentlich umgebracht worden ist.

Noch am selben Tag fahren die Polizeibeamten nach Augsburg und vernehmen, als sein letzter Patient gegangen ist, Dr. Ulrichs um halb acht Uhr abends in seiner Praxis. Es ist eine Zeugen-, keine Beschuldigtenvernehmung.

Dr. Ulrichs, der voraussieht, dass die Polizei seine Vorstrafe herausfindet, macht ganz ungefragt ausführliche Angaben zu seiner Karriere als Arzt, erwähnt dabei, dass er sich im Jahr 1985 habilitiert und den Professorentitel verliehen bekommen hat. In der Nähe von Frankfurt hat er seine eigene gut gehende Praxisklinik geführt, bis er zu Unrecht wegen Mordes verurteilt worden ist. Drei Wiederaufnahmeverfahren hat er erreicht. Im Jahr 1999 ist er vorzeitig aus der hessischen Haft entlassen worden, weil er durch seinen Einsatz bei einer Geiselnahme zwei schon lebensgefährlich verletzte Vollzugsbeamte noch gerettet hat[1].

Den Anton Fanger hat er im Jahr 2007 über seine Freundin Anna kennen gelernt. Zu Dritt hat man viel unternommen, ist auf Bergtouren und in Museen gegangen. Noch am Ostersonntag ist Fanger bei ihnen zum Essen dagewesen. Dabei hat er ihm offenbart, dass er mit einer Maria – Dr. Ulrichs kennt diesen Namen also doch – große Schwierigkeiten hat. Diese Maria, so Fanger, hat ihn im vorigen Jahr mit einer verwandten Schwarzafrikanerin verheiraten wollen; er hat zuerst mitgemacht, aber dann doch nicht mehr gewollt. Darauf hat ihn die Maria mit dem Tod bedroht, weil es zu spät zum Abspringen gewesen sei. Zuletzt hat die Maria von ihm für Spekulationsgeschäfte mit Schuhen aus Tschechien 60 000 Euro haben wollen. Bei seinem Besuch am Ostersonntag, sagt Dr. Ulrichs, hat den Toni die Angst vor der Maria schlimm beherrscht. In jedem Schwarzen hat er gleich einen von Marias Leuten gesehen. Der Toni hat sich aus Angst letztes Jahr sogar eine Schusswaffe in der Schweiz besorgt, einen Vorderschaftrepetierer, eine Pumpgun.

Er, Dr. Ulrichs, sei zuletzt am Karfreitag bei Fanger in Kirchasch gewesen, auf dem Weg von Landshut zurück, wo er sich für eine neue Arztstelle vorgestellt hatte. Auf der Rückfahrt habe er beim Toni vorbeigeschaut und ihm eine Blutblase an einem großen Zeh frisch verbunden.

---

1 siehe dazu aber das Anerkennungsschreiben S. 81

Verdacht des Therapeuten

Am Freitag der Osterwoche, dem 3. April 2008, ruft Dr. Ulrichs' früherer Psychotherapeut und jetzt Freund Dr. Degenhardt einen Polizisten in Hof in Franken an, mit dem er bekannt ist. Sein Anliegen: Ein früherer Patient hat ihm erzählt, wegen eines Mordes bei München von der Polizei als Zeuge vernommen worden zu sein. Ihn lässt die Idee nicht los, dass sein Patient selbst der Täter sein könnte. Sollte der Ermordete von diesem Mann erschossen worden sein, dann wäre der Schuss wohl durchs Auge erfolgt; bei der Schusswaffe müsse es sich um einen tschechischen Revolver handeln. Sollte das Opfer von ihm erstochen worden sein, dann mit einem Messerstich in den Nacken.

Der Hofer Polizist am Telefon hat von dem Verbrechen bei Erding noch nichts gehört. Dr. Degenhardt bewundert er, weil er neben seiner Praxis als Allgemeinarzt noch Psychologie studiert hat. In seinen Vermerk über das Telefongespräch schreibt er, Dr. Degenhardt sei „nicht nur ein hundertprozentiger Mensch, sondern es muss noch mehr sein." Bei seiner späteren Vernehmung sagt er aber, schon während des Anrufs habe er im Stillen kurz überlegt, ob der Therapeut nicht jetzt selbst „durchgeknallt" sei.

Dr. Degenhardt fährt fort: Diese beiden Tötungsmethoden hat der frühere Patient ihm kürzlich als absolut sicher beschrieben. Es handelt sich um einen Arzt, den er 200 Sitzungen lang psychotherapeutisch behandelt hat. Dieser Mann ist nicht nur sein früherer Patient, sondern seit dem Ende der Therapie vor zwei Jahren sind sie sogar miteinander befreundet. Andererseits ist er vielleicht der gefährlichste Mensch, den er kennt. Wenn der Betreffende mitbekommt, was er im Moment gerade verrät, fürchtet er um sein Leben. Wenn der ein Verbrechen begeht, dann von langer Hand vorbereitet, nicht aus dem Affekt. Sein Alibi wird dann jeder Prüfung standhalten. Und: Sollte er es gewesen sein, muss Geld als Motiv im Spiel sein. Das Telefongespräch dauert 20 Minuten.

Der Hofer Polizist findet den Anruf zwar ein wenig befremdlich, telefoniert aber trotzdem gleich mit den Erdinger Kollegen. Postwendend ruft er Dr. Degenhardt zurück, sagt ihm, die Polizei in Erding sei an seiner Aussage äußerst interessiert. Als Zeugen aus der Sache heraushalten könne man ihn aber nicht.

Dr. Degenhardt lässt sich von der Staatsanwaltschaft Landshut und von seiner Ärztekammer bestätigen, dass die ärztliche Schweigepflicht ihm eine Aussage nicht verbietet, soweit die Therapie – seit jetzt zwei Jahren – vorbei ist. Über das, was sein Freund Dr. Ulrichs ihm ab Mitte 2006 gesagt und wie er sich verhalten hat, darf er – und muss er – vor Gericht aussagen.

Als ehrlicher Therapeut spielt Dr. Degenhardt gegenüber seinem Patienten trotz seiner Furcht vor Rache mit offenen Karten. Er trifft sich, bevor er aussagt, mit Dr. Ulrichs persönlich und sagt ihm ins Gesicht, dass er alles sagen wird, was er weiß. Dr. Ulrichs schaut verblüfft und schweigt.

Dr. Degenhardt nennt also bei der Polizei den Namen Dr. Ulrichs'. Dessen Geständnis hat er nicht zu berichten, sondern nur sein, Dr. Degenhardts, ganz beunruhigtes Gefühl. Dr. Ulrichs hat auf ihn in den letzten Tagen stark verändert gewirkt. Er hat ihm mitgeteilt, dass er den Ermordeten kennt. Ausführlich stellt Dr. Degenhardt dar, wie Dr. Ulrichs ihn bis zuletzt immer wieder mit tausend Details von geheimdienstlichen Einsätzen, militärischer Forschung, Folter, Gewalt und der Tötung von Menschen überschüttet hat. Und eine Erzählung hat für sein Gefühl einen ganz direkten Bezug zu dem Kirchascher Mord: Auf einem Spaziergang im Herbst 2007 hat Dr. Ulrichs ihm erzählt

> „[...] von einem über 80jährigen Nazi, der sehr vermögend sei, allein wohne, keine Angehörigen habe, in seinem Keller ein Waffenlager habe sowie Eimer voller Goldzähne. Wobei natürlich impliziert war, dass diese aus einem KZ stammen. Er hatte damals Überlegungen, diesem Herrn ein Testament zu seinen Gunsten unterzuschieben, so dass er nach dessen Tod erben würde [...] Ich glaubte, ihn so zu verstehen, dass er auch mit dem Gedanken spielte, diesen Nazi dann zu liquidieren. Denn ich sagte daraufhin, das wäre sowieso alles eine ganz schlechte Idee, und wenn der schon so alt ist, dann kann er ja auch warten, bis er stirbt. Er hat dann das Gespräch gleich wieder irgendwie abgelenkt, aber irgendwie ist mir das in Erinnerung geblieben [...]
> Interessant war, dass er damals diesen Mann als totalen Sonderling hingestellt hat, dass er trotz seines vielen Geldes ganz schlechte Zähne habe [...]
> Im zweiten Telefonat, was er nach dem Tod von Anton Fanger mit mir geführt hat, hat er ebenfalls erzählt, der hätte ganz allein gewohnt und auch ganz schlechte Zähne gehabt.
> Und da hat sich mir eben diese Parallele aufgedrängt."

Am Ende der letzten von mehreren Vernehmungen fragt ihn der Vernehmungsbeamte, wie Dr. Degenhardt denn, wenn ihm Dr. Ulrichs bei den ganzen Geheimdienst- und Kriegsgeschichten nicht die Wahrheit gesagt hat, als Therapeut seine unablässig um Gewalt gegen Menschen kreisenden Erzählungen bewertet. Dr. Degenhardt antwortet, sollte Dr. Ulrichs solche Gewalttaten tatsächlich nicht erlebt haben, dann ist sein ständiges Reden davon keine Traumatisierungsfolge. Dann handelt es sich um intensive Gewaltfantasien und Dr. Ulrichs muss als höchst gewaltbereit und sehr gefährlich gelten.

Wieder in Haft

Die Polizei hat das ganze Haus des ermordeten Fanger durchsucht. Im Wohnzimmer findet sie noch am Auffindetag der Leiche auf dem Fußboden ein kurzes scheinbar eigenhändiges Testament, datiert vom September 2007, mit dem Anton Fanger die Anna Berger zur Alleinerbin einsetzt. Die Unterschrift sieht nicht so aus, wie Fanger sonst unterschreibt. Einige Tage später findet die Polizei in einer Schublade im Schlafzimmer ein inhaltsgleiches Testament mit anderem Datum. In einem weiteren Schriftstück erteilt Anton Fanger eine Quittung über 58 000 Euro, mit denen ihm Anna Berger das Darlehen restlos zurückgezahlt hat, das er ihr vor sechs Jahren für ihre Eigentumswohnung gegeben hat. Auch die Unterschrift darunter ist offensichtlich nicht echt.

Aus einem Darlehensvertrag ergibt sich, dass Dr. Ulrichs dem Anton Fanger ein Darlehen von 135 000 Euro gegeben hat, das Ende 2008 zurückgezahlt werden muss. Damit hätte Dr. Ulrichs gegen Fangers Nachlass eine Forderung in dieser Höhe. Auch diese Unterschrift sieht anders aus als die Fangers.

Auf der schmutzigen Decke des Küchentischs ist ein großer Blutfleck. Auf dem Tisch liegen ein grober Putzlappen, der blutgetränkt ist, und zwei Viagra-Tabletten. Dort sitzen noch zwei Plüschtiere, ein Hahn und ein Teddybär, die auf den Blutfleck schauen.

Der Computer des Ermordeten war am Ostermontag bis viertel vor drei Uhr nachmittags hochgefahren. Anton Fanger hat drei Computerspiele gestartet. Um zwei Uhr hat er, mit dem mobilen Anschluss des „Negerluis", ein letztes Mal telefoniert. Der „Negerluis" war freilich sehr betrunken und kann sich an kein Gespräch erinnern. Ab etwa drei Uhr nachmittags am Ostermontag gibt es kein sicheres Lebenszeichen mehr von Anton Fanger.

Ein Nachbar, der gegen fünf Uhr nachmittags an Fangers Haus vorbeigejoggt ist, sagt aus, er habe dort einen Audi A 3 in der Einfahrt stehen sehen. Die leuchtend blaue Farbe ist ihm aufgefallen. Er hat an eine Sonderlackierung gedacht. Eine Zeugin sagt später aus, dass sie den Anton Fanger noch am Dienstagmittag vor seinem Haus habe stehen und etwas ausschütteln sehen, als sie mit dem Auto vorbeigefahren ist. Sein Gesicht hat sie aber nicht gesehen.

Die Bereitschaftspolizei sucht die Umgebung des Hofes nach der Tatwaffe ab. Es wird keine entdeckt. Die auf dem Hof gefundene Pumpgun scheidet als Tatwaffe aus.

Eine zweite Zeugenvernehmung ist am 8. April in Erding. Dr. Ulrichs kommt mit einem Verteidiger. Die Polizei hält ihm „Ungereimtheiten" vor. Man hat seine hessische Akte überprüft. Er ist nicht schon 1999, sondern erst 2003 aus der Strafhaft entlassen worden. Er hat verschwiegen, dass er 1987 in Darmstadt eine Geiselnahme begangen hat. Es kann nicht sein, dass er dem Anton Fanger am Karfreitag in Kirchasch die behauptete Blutblase verbunden hat – Spuren einer Blutblase sind an keiner der zwei Großzehen der Leiche feststellbar.

Die Polizei sagt Dr. Ulrichs, dass sie sein Alibi überprüft. Er behauptet, dass er den ganzen Ostermontag mit Anna Berger zusammen war, meist zu Hause, draußen nur, auch das zu zweit, kurz auf einem Hundeplatz. Von Dienstag bis Donnerstag nach Ostern ist er den ganzen Tag in seiner Praxis und die übrige Zeit bei sich daheim gewesen.

Einen Tag später wird Anna Berger vernommen. Auch sie kommt mit einem Verteidiger. Von ihrer Erbeinsetzung hat sie, sagt sie, nichts gewusst. Das Darlehen von Dr. Ulrichs an Anton Fanger bestätigt sie. Dr. Ulrichs und Anton Fanger haben auf dem Peißenberg und in Erding beim „Weißbräu" nämlich vor ihr miteinander darüber geredet. Die vollständige Tilgung ihrer Schulden bei Fanger bestätigt sie auch. Den Rest haben Dr. Ulrichs und sie durch Übergabe von Goldmünzen zurückgezahlt, die sie zusammen aus der Schweiz geholt hatten. An den Ostertagen haben Dr. Ulrichs und sie sich nie länger getrennt. Das gilt auch für Ostermontag und die Nacht zum Dienstag. Die Polizei stellt durch eine Probefahrt fest, dass man am Feiertag mit dem Auto von Augsburg nach Kirchasch eineinhalb Stunden braucht.

Polizei und Staatsanwaltschaft halten jetzt Dr. Ulrichs – wegen der gefälschten Erbeinsetzung und der gefälschten Darlehensunterlagen, wegen seiner Vorstrafe und wegen seiner widersprüchlichen Angaben – für der Tötung Anton Fangers dringend verdächtig. Am 22. April 2008 erlässt das Amtsgericht Landshut gegen ihn Haftbefehl wegen Mordes.

Tags darauf, 22 Jahre und 9 Tage nach Dr. Ulrichs Verhaftung in Kirchheim, morgens kurz nach sieben Uhr, liegt eine Einheit des Sondereinsatzkommandos vor dem Haus mit der Augsburger Wohnung des Paares auf der Lauer. Zuerst kommt Anna Berger heraus, die den deutschen Schäferhund der beiden ausführt. Als wenig später Dr. Ulrichs aus der Haustür kommt, um in seine Praxis zu gehen, erfolgt der Zugriff. Widerstand leistet er nicht. Das SEK übergibt ihn den anwesenden Erdinger Kriminalbeamten.

Um halb acht kommt Anna Berger mit dem Hund zurück. Sie wird vorläufig festgenommen. Einige Sachen darf sie noch aus der Wohnung holen. Ganz wichtig ist ihr der Mutterpass. Den Hund nimmt ein Hundeführer der Polizei in Obhut. Die Wohnung wird von acht Polizeibeamten durchsucht. Eine halbe Stunde lang wird sogar ein „Sprengstoffhund" durchgeführt, der aber nichts anzeigt. In einer Hundekottüte und in einem Bademantel finden sich fast 33 000 Euro Bargeld.

Der Polizeiarzt untersucht Dr. Ulrichs und stellt fest, dass er vernehmungs- und haftfähig ist. Allerdings ist er wegen seiner Herzkrankheit ein Risikopatient.

Die Polizei fährt ihn nach Erding, wo er auf der Kriminalstation seinen alarmierten Verteidiger antrifft. Der rät ihm dringend, vorerst keinerlei Aussagen zu machen. Dr. Ulrichs schweigt ab jetzt. Er wird fotografiert, ihm werden Fingerabdrücke und eine Speichelprobe abgenommen. Alles, was er anhat, wird für die kriminaltechnische Untersuchung beschlagnahmt. Die Polizei gibt ihm, weil sonst in seiner Größe nichts da ist, einen weißen Einweg-Schutzanzug zum Anziehen.

Um halb drei ist Termin beim Haftrichter in Landshut, der ihm den Haftbefehl verkündet und aufrechterhält. Dann fährt die Polizei Dr. Ulrichs nach München ins Gefängnis auf der Stadelheimer Straße, wo er zum Vollzug der Untersuchungshaft aufgenommen wird.

Anna Berger kommt am selben Tag wieder auf freien Fuß. Die Staatsanwaltschaft beantragt gegen sie keinen Haftbefehl. Weil die Augsburger Wohnung noch näher kriminaltechnisch untersucht wird, darf sie aber dort nicht mehr hinein. Sie geht wieder in ihre Deggendorfer Eigentumswohnung.

Noch mehr Indizien

Das Alibi für den Ostermontag hält nicht. Bei der Polizei meldet sich eine ältere Dame, die in Dr. Ulrichs' Haus auf demselben Stock wohnt. Sie hat gesehen, dass die Polizei Dr. Ulrichs' Wohnung durchsucht und versiegelt hat und danach von dem Mordverdacht und davon in der Zeitung gelesen, dass die Polizei Zeugen sucht.

Sie kann sich genau erinnern, dass sie mit Dr. Ulrichs am Ostermontag, gegen drei Uhr nachmittags, im Lift in die Tiefgarage gefahren ist. Dr. Ulrichs ist allein gewesen, weder hat Frau Berger ihn begleitet noch hat er den Hund dabei gehabt. Bis dahin hatte er ihr nie mehr als „guten Tag" gesagt. An diesem Ostermontag aber hat er ihr bei der Liftfahrt schnell erzählt, dass er „Bereitschaft" hat und zu einem Notfall ins „Klinikum" muss. Dort sei er Oberarzt mit Fachgebiet Wirbelsäulenchirurgie. In der Tiefgarage haben sich ihre Wege getrennt, und Dr. Ulrichs ist mit seinem roten Audi A3 vor ihr ausgefahren.

Die Zeugin kann sich auf den Ostermontag so sicher festlegen, weil sie auf dem Weg zu einer Verabredung war. Dem Bekannten, mit dem sie sich getroffen hat, hat sie gleich danach von der unverhofften Gesprächigkeit ihres Nachbarn im Lift erzählt. Der Bekannte erinnert sich auch noch an die Geschichte und bestätigt Tag und Uhrzeit. Im „Klinikum" – so nennen die Augsburger das Zentralklinikum dort – ist ein Dr. Ulrichs nicht bekannt.

Damit ist sein Alibi für den Ostermontag weg. Zugleich steht fest, dass Anna Berger ihm – ob bewusst oder nicht – ein falsches Alibi gegeben hat.

Die Schriftsachverständigen des Landeskriminalamtes stellen fest, dass das Testament mit Sicherheit nicht von Anton Fangers Hand stammt. Es ist allerdings keineswegs gewiss, dass Dr. Ulrichs es geschrieben hat. Die Handschrift zeigt mit der seinen nur einige Ähnlichkeit.

Ein Umstand verstärkt den Verdacht gegen Dr. Ulrichs sehr: Er hat am 1. April zu seinem Augsburger Praxiskollegen gesagt, aus seiner ersten polizeilichen Zeugenvernehmung am Tag zuvor wisse er, dass der Ermordete ein Testament für seine Freundin Anna hinterlassen habe. Die vernehmenden Polizeibeamten hatten ihm das aber gerade nicht mitgeteilt, wie sie bei der Vernehmungsplanung extra besprochen haben. Also muss er dieses Wissen aus anderer Quelle haben.

Der große Blutfleck auf dem Küchentisch sieht wie „hingeschüttet" aus. Die Ermittlungsbeamten glauben, dass es sich um eine „Trugspur" handelt, dass der Täter das Blut eines Menschen ausgegossen hat, der mit der Tat nichts zu tun hat. Die erste Analyse des Blutes ergibt, dass es von einer Frau stammt. Die Ermittler gehen der Hypothese nach, dass Dr. Ulrichs dafür das Blut einer Patientin verwendet haben könnte. Sie erkundigen sich bei den mehr als 3000 Patientinnen der Praxis, ob ihnen Blut abgenommen wurde. Unter anderen bejaht das Vera Mayer[1], eine Russlanddeutsche. Ihr hat Dr. Ulrichs im Oktober 2007 Blut abgenommen, um eine Entzündung diagnostisch abzuklären. Sie gibt eine Speichelprobe ab. Im September 2008 stellt die Gerichtsmedizin durch DNA-Vergleich fest, dass das Blut auf dem Küchentisch mit Sicherheit von ihr stammt. Vera Mayer, die psychisch stark darunter leidet, mit einem Mordfall in Zusammenhang gebracht zu werden, hatte keinerlei Verbindung zu Anton

---

1 Name geändert

Fanger oder dem Ort Kirchasch. Einziges erkennbares Bindeglied, wie ihr Blut auf den Küchentisch gekommen sein kann, ist Dr. Ulrichs.

Recherchen bei den Immobilienmaklern ergeben, dass sich Dr. Ulrichs und Anna Berger am Karsamstag ein Einfamilienhaus in Feldafing haben reservieren lassen, um es zu kaufen. Es soll 770 000 Euro kosten. Als Reservierungsgebühr hat Anna Berger knapp 3000 Euro bezahlt. Ermittlungen zur Finanzlage der beiden zeigen, dass bis auf die bei ihnen in bar gefundenen 33 000 Euro kein Vermögen da ist. Dr. Ulrichs verdient netto 3900 Euro im Monat, Anna Berger hat 1100 Euro Beamtenpension und noch über 50 000 Euro Schulden aus Fangers zinslosem Darlehen. Aus diesen Einkommen können sie die für den Kauf mit Nebenkosten nötigen 850 000 Euro nicht finanzieren.

In seinem Scheidungsverfahren hat Dr. Ulrichs der Familienrichterin ein Schweizer Anlagevermögen von 870 000 Euro angegeben, aber nicht gesagt, bei welcher Bank das liegt. Die Staatsanwaltschaft glaubt ihm nicht. Ein Rechtshilfeersuchen in die Schweiz ergibt, dass dort von ihm kein Vermögen zu finden ist.

Auch den Rest seiner Schulden bei der Darmstädter Gerichtskasse hat Dr. Ulrichs nicht von eigenem Geld zurückgezahlt. Der Gerichtsvollzieher stand plötzlich mit einem Vollstreckungsauftrag der Frankfurter Gerichtskasse über 26 000 Euro bei Dr. Ulrichs' Postadresse – seinem Füssener Freund Dr. Degenhardt – vor der Tür, um zu pfänden. Der von Dr. Degenhardt alarmierte Dr. Ulrichs hat sich daraufhin von Anton Fanger die 26 000 Euro geliehen. Über diesen Betrag hat sich in Fangers Haus ein Darlehensvertrag gefunden, und zwar trägt der, wie die Kriminaltechnik ergibt, als einziger eine zweifelsfrei echte Unterschrift Anton Fangers.

Die von Dr. Ulrichs mehrfach ins Spiel gebrachte Maria aus Kamerun, die Frau des „Negerluis", kann die Tat nicht begangen haben. Sie zeigt der Polizei ein Flugticket vor, mit dem sie am Karfreitag nach Berlin und am Mittwoch nach Ostern zurück nach München geflogen ist. Germanwings bestätigt, dass sie ihr Ticket „abgeflogen" hat. Drei Zeugen bestätigen, dass sie bis Mittwoch nach Ostern in Berlin war. Auch aus ihrem Umfeld kommt niemand als Täter in Frage, weil keiner ein Motiv für diesen Mord hat.

Die Polizei verfolgt die Spur des leuchtend blauen Audi A 3, den der Jogger aus der Nachbarschaft am Ostermontag vor Fangers Haus hat stehen sehen wollen. Im Juni unterzieht sie diesen Zeugen – mit seiner Einwilligung – einer „Hypnose-Befragung" durch einen Starnberger Hypnotherapeuten. Man will erforschen, ob in seinem Unbewussten die Erinnerung an das Fahrzeug anders gespeichert ist, ob sich darin das Fahrzeug etwa als rot – so wie Dr. Ulrichs typgleicher Audi A3 – statt leuchtend blau darstellt. Der Zeuge beschreibt den Wagen unter der Hypnose aber als genauso blau wie im Wachzustand. Die Polizei versucht, einen verdächtigen leuchtend blauen Audi A 3 zu ermitteln, weshalb alle Halter solcher Fahrzeuge im Münchener Raum befragt werden. Dazu gibt es eine Öffentlichkeitsfahndung – und einen Suchaufruf in der ZDF-Sendung *Aktenzeichen XY – ungelöst*. Ohne Resultat.

Anna Berger

Anna Berger ist selbst fast immer ohne ihren Vater und ihre ganz junge, alkoholabhängige Mutter bei den Großeltern, die inzwischen schon gestorben sind, in Niederbayern aufgewachsen. Dr. Ulrichs hat sie als seine Patientin in Deggendorf kennengelernt. Seit Herbst 2006 sind sie ein Paar. Sie wollen heiraten, sobald er seine Scheidung von Jasmin durchgefochten hat. Dr. Ulrichs erzählt Anna Berger, dass seine Mutter schon bei seiner Geburt verstorben ist. Er ist bei einer Stiefmutter aufgewachsen, zweimal verheiratet gewesen, seine erste Frau Katharina ist auch schon tot und er hat von ihr zwei Kinder, einen Christoph und eine Katrin.

Von der Polizei hört Anna Berger, dass Dr. Ulrichs bei seinem Vater und seiner bis jetzt immer noch rüstigen leiblichen Mutter aufgewachsen ist, dass er viermal verheiratet war, dass alle vier Ehefrauen noch leben und dass er keinen Sohn, sondern je eine Tochter aus der ersten und aus der dritten Ehe hat. Sie erfährt auch jetzt erst die genauen Umstände der Verurteilung, für die er 17 Jahre wegen Mordes im Gefängnis gesessen hat.

Anna Berger ist bemüht, sich keine Überraschung durch diese Enthüllungen anmerken zu lassen. Sie sagt den Beamten, es sei ihr gar nicht wichtig, was ihr Freund früher gemacht hat. Wahr ist allein, dass er zu ihr immer ein liebevoller Mann war. Als sie unverblümt gefragt wird, ob sie ihm den Mord am Toni zutraut, lächelt sie und verneint das bestimmt.

Sie bringt mehrfach die Maria und den „Negerluis" ins Gespräch, vor denen der Toni Fanger sich so gefürchtet hat. Die Polizei hält ihr die Aussage der älteren Dame über die Begegnung in dem Lift vor, und dass deswegen doch das Alibi für den Ostermontag nicht stimmen kann. Sie bleibt dabei, sie sei an diesem Tag und in der Nacht zum Dienstag dauernd mit ihrem Freund zusammen gewesen.

Obwohl wegen des falschen Alibis gegen sie ein Verdacht besteht, beantragt die Staatsanwaltschaft noch keinen Haftbefehl. Im Mai 2008 bringt Anna Berger ein gesundes Mädchen, Dr. Ulrichs' dritte Tochter, zur Welt.

Erst am 9. Juni 2008 wird sie in ihrer Wohnung in Deggendorf verhaftet. Das Amtsgericht Landshut hat Haftbefehl wegen Beihilfe zum Mord erlassen. Das Neugeborene kommt in Pflege. Dringender Tatverdacht gegen Frau Berger besteht laut Haftbefehl, weil sie als falsche Alleinerbin und wegen der gefälschten Bestätigung der Darlehensrückzahlung vom Tod Fangers wirtschaftlich profitieren würde und weil sie ihrem Freund für die Tatzeit ein durch die Ermittlungen widerlegtes falsches Alibi gegeben hat.

Vier Tage später erfährt Dr. Ulrichs in der Stadelheimer Untersuchungshaft durch seinen Verteidiger von Annas Verhaftung und davon, dass sein neugeborenes Kind in Pflege gegeben werden musste. Er sagt zu dem Vollzugsbeamten, der ihn nach dem Verteidigergespräch in seinen Haftraum zurückbringt, der Landshuter Staatsanwalt habe Anna nur verhaften lassen, um sie zu einer Aussage gegen ihn zu zwingen. Deshalb sei dieser Staatsanwalt schon jetzt „ein toter Mann". Er würde Anna und sich selber rächen. Er als alter Geheimdienstmann habe die nötigen Kontakte. Das bringt ihm, wegen Bedrohung, ein weiteres Strafverfahren ein.

Rückblick: Urkundenfälschung und Betrug

Eineinhalb Jahre vorher, im Herbst 2006: Dr. Ulrichs und Anna Berger haben sich gerade als Paar zusammengetan. Dr. Ulrichs meint, dass arbeiten zu gehen sich für die Frau eines Arztes nicht schickt, sondern dass die Gattin dem Arzt den Haushalt führen soll. Schon Jasmin Ulrichs ging deswegen in Kelkheim, als er noch im Butzbacher Gefängnis einsaß, ihr Geld – unter anderem als Putzfrau – heimlich verdienen. Anna Berger soll nur für ihn da sein können und nicht mehr alle Tage zum Finanzamt müssen.

Anna leidet schon länger unter verschiedenen Erkrankungen, hat Hörstürze, Krampfanfälle, ein starkes Zittern in den Händen. Psychisch ist sie beeinträchtigt. Das Krankheitsbild wird vom medizinischen Sachverständigen später als „episodenhafte somatoforme Störung" beschrieben – es gibt keine organischen, sondern allenfalls schlecht greifbare psychische Ursachen für ein vielfältiges und wechselhaftes körperliches Beschwerdebild. Im Jahr 2004 ist Anna zu ihrer Entlastung vom Münchener an das Finanzamt Dingolfing versetzt worden. Dingolfing liegt näher an Deggendorf, und sie muss nicht so weit pendeln. Ihr neuer Chef ist mit der hübschen jungen Mitarbeiterin sehr zufrieden. Er bezeichnet sie später als besonders vertrauenswürdig und, so weit ihre gesundheitlichen Möglichkeiten es zulassen, im Dienst sehr engagiert.

Im November 2006 erkrankt sie von Neuem und ist dienstunfähig. Den Kollegen fällt später ein, dass sie am letzten Arbeitstag ihre Kaffeetasse und ihren Löffel mitgenommen hat, als ahnte sie, dass sie nie mehr wiederkommen würde. Im Jahr 2007 ist sie dauernd in stationärer Behandlung. Sie reicht Arztberichte, Gutachten, Arzt- und Krankenhausrechnungen ein. Auf die von ihr unterschriebenen Anträge hin zahlen die Beamten-Beihilfe und die Bayerische Beamtenversicherung ihr insgesamt fast 40 000 Euro für angeblich entstandene Behandlungskosten. Der Befund lautet auf eine besonders schwer verlaufende Lyme-Borreliose, eine bakterielle Infektion, oft Folge eines Zeckenbisses. Dr. Ulrichs sagt später den Ermittlern, dass nach jahrelangen vergeblichen diagnostischen Bemühungen der Internisten er, der Orthopäde, kommen musste, um endlich die richtige Diagnose zu stellen.

Dr. Ulrichs telefoniert mit dem Dingolfinger Finanzamtsvorstand, stellt sich ihm als Anna Bergers Verlobter und als Arzt vor, deutet eine vorerst leider wenig erfreuliche „infauste" Prognose an und erkundigt sich, wie eine Frühverrentung vermieden werden kann. Frau Berger will, sagt er, unbedingt wieder zurück ins Finanzamt, eine Frühverrentung nimmt ihr den letzten Strohhalm an Hoffnung auf Wiedereingliederung. Wie zu erwarten, meldet der Finanzamtsvorstand die schlechten Genesungschancen pflichtgemäß sofort nach oben weiter. Genauso pflichtgemäß leitet die Regierung von Niederbayern, um nicht einer unabsehbar dienstunfähigen Beamtin weiter die vollen Bezüge zahlen zu müssen, das beamtenrechtliche Verfahren zur Frühpensionierung ein.

Im Juni 2007 wird Anna Berger zur Amtsärztin nach Deggendorf vorgeladen. Dr. Ulrichs, der schon vorher wegen einer Terminverschiebung mit der Medizinalrätin telefoniert, sich ihr dabei als Verlobter der Patientin und Arztkollege vorgestellt und die Diagnose „Neuroborreliose" ausgesprochen hat, kommt mit. Als die beiden die Amtsarztpraxis betreten, muss er seine Verlobte stützen. Die Amtsärztin lässt ihn auf beider Wunsch bei der Untersuchung dabei sein. Er mischt sich nicht im Geringsten ein, hilft Anna nur beim Entkleiden. Anna ist aufgeregt und weint, hat beim Ausziehen größte Schmerzen, kann schlecht sitzen. Jede Berührung verursacht ihr kaum erträgliche Schmerzen. Eine körperliche Untersuchung – etwa eine Reflexprüfung – ist deswegen nicht durchführbar. Was die Amtsärztin Anna fragt, beantwortet sie zur Borreliose stimmig. Dr. Ulrichs übergibt eine Mappe mit Arztberichten über erfolglose Behandlungsversuche. Eine objektive Diagnostik – die aus dem Blutbild leicht möglich ist – hält die Amtsärztin angesichts dieses Gesamtbildes für überflüssig. Sie hat keinen Zweifel, dass sie gerade einen der schwersten Fälle von Neuroborreliose vor sich sieht. Zudem diagnostiziert sie eine schwere depressive Episode. So lautet dann ihr Bericht an die Regierung von Niederbayern.

Ende November 2007 wird die Steuerobersekretärin Anna Berger, 35 Jahre alt, wegen dauernder Dienstunfähigkeit frühpensioniert. Über ihre Versetzung in den Ruhestand wird eine Urkunde ausgestellt, die der Pensionsbeamtin ausgehändigt werden muss. Dr. Ulrichs fragt, ob er die Urkunde, weil Anna Berger im Krankenhaus ist, für seine Verlobte abholen darf. Das wird ihm gestattet, sofern er ihre Vollmacht vorlegt. Er legt ein entsprechendes Schreiben vor. Es ist auf dem Briefpapier ihrer Klinik. Anna Bergers angeblicher Aufenthaltsort ist die „Schlössli-Klinik" in Luzern, Schweiz. Die Anschrift fehlt. Eine Kollegin vom Finanzamt, die Anna endlich einmal besuchen will, ruft bei der Auslandsauskunft an. Die einzige „Schlössli-Klinik" der ganzen Schweiz steht nicht in Luzern, sondern in Zürich. Dort ruft sie an. Man kann dort ausschließen, in den letzten Jahren eine Patientin Anna Berger behandelt zu haben.

Der Finanzamtsvorstand teilt diese schlecht erklärliche Beobachtung der Amtsärztin mit. Die erwidert ihm sehr betont, dass Anna Berger schwer krank ist. Sie, die Ärztin, hat den Eindruck, dass Frau Berger in der Schweiz in außergewöhnlich guten Kliniken behandelt wird, in die hineinzukommen gar nicht so leicht ist. Der Finanzamtsvorstand und Annas Kollegin lassen die Sache nun auf sich beruhen.

Im Ermittlungsverfahren wird im Jahr 2008 Anna Bergers Blut mikrobiologisch auf Antikörper gegen Borrelien untersucht. Sie hat in den letzten Jahren mit Sicherheit keine Borreliose gehabt.

Die Polizei geht den von Anna Berger unterschriebenen Erstattungsanträgen in Höhe von knapp 40 000 Euro für Heilbehandlungen nach. Aus ihrem Bankkonto sieht man, dass die Krankenversicherung und die „Beihilfe" hohe Rechnungen bezahlt haben, aber die Gegenbuchungen – die Überweisungen der Honorare an die Ärzte und Kliniken – fehlen. Diese Rechnungen erweisen sich als gefälscht. Fragmente der Fälschungen finden sich auf Dr. Ulrichs' Laptop. Auch die der Amtsärztin überreichte Mappe mit Arztbriefen und Berichten von Kliniken enthält nur für die Jahre vor 2006 echte Unterlagen. Die Arztberichte danach hat Dr. Ulrichs gefälscht.

Bewährungswiderruf?

Die Frankfurter Strafvollstreckungskammer weiß vom neuen Tatverdacht gegen ihren Probanden Dr. Ulrichs zunächst noch nichts. Durch Zufall kommt ihrem

Vorsitzenden Anfang Mai ein Zeitungsartikel[1] der *Frankfurter Neuen Presse online* vom 30. April 2008 in die Hände, in dem Dr. Ulrichs' Name genannt, seine einschlägige Vorverurteilung erwähnt und der neue Mordverdacht beschrieben wird.

Der Vorsitzende bittet die Darmstädter Staatsanwaltschaft um sofortige Überprüfung der Meldung. Die Staatsanwaltschaft Landshut faxt den Haftbefehl am 20. Mai. Der Vorsitzende telefoniert mit dem Amtsgericht Landshut und erfährt, dass Dr. Ulrichs im Münchener Untersuchungsgefängnis Stadelheim in Untersuchungshaft sitzt.

Er schreibt ihm,

„In pp … ist der Kammer Ihre derzeitige Inhaftierung aufgrund des Haftbefehls des Amtsgerichts Landshut vom 2. April 2008 bekannt geworden. Für den Fall einer Verurteilung kann dies zu einem Bewährungswiderruf führen, der auch noch geraume Zeit nach Ablauf der regulären Bewährungszeit (8. Oktober 2008) erfolgen kann.
Hiervon setze ich Sie bereits jetzt in Kenntnis.

Mit freundlichen Grüßen"

und bestimmt eine Wiedervorlagefrist von vier Monaten.

---

1 siehe Kasten S. 133 (die Zeitung nennt den wahren Namen)

Frankfurter Neue Presse Online
30.4.2008

Warum die Justiz einen gefährlichen Mörder freiließ
Von Georg Haupt

Frankfurt / München. (fnp) Dr. ………. …….. war vor 30 Jahren ein erfolgreicher Orthopäde und Sportarzt im Odenwald. Jetzt hat er wahrscheinlich zum zweiten Mal einen Menschen getötet. Und bei der hessischen Justiz muss man sich fragen, warum er nach dem ersten Mord überhaupt wieder in die Freiheit entlassen wurde.
In einem spektakulären Mordprozess, den das Landgericht Darmstadt im Jahr 1986 verhandelte, ermittelte das Gericht die erste Tat. Dabei hatte der damals 38 Jahre alte Arzt seinen 76-jährigen Vermieter, der im angrenzenden Wohnhaus lebte, erst betäubt und ihm dann einen Schnitt in die Nase zugefügt. Der Hauswirt erstickte an seinem eigenen Blut. Mit dem Mord, so das Urteil, wollte ……… einen möglichen Zeugen für einen Versicherungsbetrug beseitigen. Nach der Tat zündete er nämlich seine Praxis an, um 3,5 Millionen DM von der Versicherung zu kassieren. Erst als die Rechtsmediziner Narkosemittel im Blut des Toten feststellten, das zu dem Orthopäden führte, zog sich die Schlinge zu.
Das Urteil, lebenslange Haft unter Feststellung der besonderen Schwere der Schuld, machte für ……… seine Entlassung nach den für „Lebenslang" üblicherweise abzusitzenden 15 Jahren unmöglich. Aber der Mann führte sich im Gefängnis gut, wurde gegen Ende der Strafe nach Frankfurt in den offenen Vollzug gebracht und 2003 nach weiteren zwei Jahren von der Strafvollstreckungskammer des Frankfurter Landgerichts auf Bewährung entlassen.
Ein Gutachten, das das hessische Justizministerium aus Datenschutzgründen geheim hält, muss die erfolgreiche Resozialisierung des verurteilten Mörders belegt haben. Allerdings gebe es laut Ministerium auch eine rechtliche Bewertung der Staatsanwaltschaft, nach der eine Entlassung nicht vor dem Ablauf von 20 Jahren hätte erfolgen sollen.
………. zog nach Augsburg, bekam seine Arztzulassung wieder und arbeitete in einer Praxis. Dort lernte er vor zwei Jahren den Finanzbeamten Anton Fanger kennen, der sich einiges Geld zurückgelegt hatte, das er zur Gründung einer Familie verwenden wollte. Ostern wurde der 48-Jährige mit einem Kopfschuss getötet. Die Spur führte zu dem inzwischen 60 Jahre alten ………., der seitdem in Untersuchungshaft sitzt.
Ein Sprecher des Justizministeriums bedauerte den Fall, bezeichnete ihn aber unter den herrschenden Verhältnissen als unvermeidbar. Allerdings dringe Hessen über eine Bundesratsinitiative darauf, in derartigen Entlassungsfällen ein zweites Gutachten einholen zu können. Für den Bereich der Sexualstraftaten sei dies bereits herrschende Praxis.

Zwischenverfahren

Beide Inhaftierte schweigen bei den Vernehmungen. Ihre im Zusammenhang mit der Erkrankung und Frühverrentung Anna Bergers begangenen Betrugsdelikte und Urkundenfälschungen sehen sie eher als Randproblem. Die Angeklagten werden sie später in der Hauptverhandlung weitgehend zugeben. Die Verteidiger konzentrieren sich mit Haftprüfungsanträgen und Haftbeschwerden darauf, den dringenden Verdacht des Mordes und der Beihilfe zum Mord zu entkräften. Dazu greifen sie alle angesichts der Ermittlungsergebnisse noch möglichen Zweifel auf[1].

Am 30. Januar 2009 erhebt die Staatsanwaltschaft Landshut Anklage gegen Dr. Ulrichs wegen heimtückischen und aus Habgier begangenen Mordes an Anton Fanger, wegen Urkundenfälschung in sechs und wegen Betruges in fünf Fällen. Anna Berger wird angeklagt, Beihilfe zu dem Mord geleistet und die Urkundenfälschungen und Betrugstaten als Mittäterin begangen zu haben.

Die Staatsanwaltschaft hat zur Klärung der Schuldfähigkeit den bekannten forensischen Psychiater Professor Nedopil aus München hinzugezogen. Schon im Oktober 2008 hat Dr. Ulrichs verweigert, sich von ihm untersuchen zu lassen. Der Sachverständige spricht mit der Ermittlungsbehörde und dem Gericht ab, sein Gutachten notgedrungen auf den Akteninhalt und die Beobachtung des Angeklagten in der Hauptverhandlung zu stützen. Er wertet den Akteninhalt des Darmstädter und des Landshuter Verfahrens minutiös aus. Damit und nach seinen Beobachtungen in der Hauptverhandlung kommt er zu dem Ergebnis, dass Dr. Ulrichs' Schuldfähigkeit bei Begehung der Taten weder ausgeschlossen noch vermindert war.

Dr. Ulrichs hat eine hohe Intelligenz. Zwar spricht einiges für eine histrionische, narzisstische und dissoziale Persönlichkeitsstörung: dramatisierendes und manipulatives Verhalten, Egozentrik, Größengefühl, dauerndes Verlangen nach Anerkennung, Neigung zu Lügengeschichten, große Kränkbarkeit, Mangel an Empathie, Ausnutzen menschlicher Nähe, Unfähigkeit zu treuen Partnerbeziehungen (Promiskuität), Arroganz und Hochmut, dauernde Missachtung sozialer Normen, kein Lernen aus erhaltener Strafe, Schuldzuweisungen an andere. Alles erreicht aber nur den Grad einer „ausgeprägten Persönlichkeitsakzentuierung", nicht den einer Persönlichkeitsstörung mit Krankheitswert. Für eine Krankheit fehlen zwei wesentliche Kriterien: Dr. Ulrichs ist in seiner beruflichen und sozialen Leistungsfähigkeit nicht eingeschränkt gewesen. Und er hat selbst unter seiner charakterlichen Eigenart subjektiv nicht gelitten.

---

1 siehe Kasten S. 135

Argumente der Verteidigung in Landshut

1. Niemand hat die Tat beobachtet oder Dr. Ulrichs am Tatort gesehen. Am Tatort sind keine mikrobiologisch analysierbaren (DNA-)Spuren, die er unvermeidlich hätte hinterlassen müssen. Umgekehrt finden sich an Dr. Ulrichs' Kleidungsstücken und Schuhen keine auf den Tatort hinweisenden Mikrospuren.
2. Die erstermittelnden Beamten haben weder das gefälschte Testament noch die gefälschten Darlehensunterlagen gefunden, obwohl sie – auf der Suche nach einem Abschiedsbrief, um einen Selbstmord Fangers auszuschließen – das ganze Haus auf den Kopf gestellt haben. Also waren diese Unterlagen unmittelbar nach der Tat nicht da. Wer hat sie später dort hingebracht?
3. Statt auf Dr. Ulrichs muss der Verdacht sich auf die Maria und den „Negerluis" richten. Vor ihnen hatte der Ermordete Angst. Bei ihren Vernehmungen haben sie widersprüchliche Angaben gemacht. Finanziell waren sie am Ende und hatten damit ein Motiv für die Tat. Aus der Funkzellenauswertung ergibt sich, dass der „Negerluis" am Ostermontag in der Nähe des Tatorts mit dem Handy telefoniert hat, also in der Nähe war.
Die Schroteinschüsse in der alten Gefriertruhe beweisen, dass Anton Fanger tatsächlich bedroht war. Die molekularbiologische Auswertung von Anhaftungen der Pumpgun hat eine auch ihm zuordenbare „Mischspur" ergeben. Diese Spurenlage kann so interpretiert werden, dass er vor seinem Tod noch mit dieser Waffe hantiert hat, um Angreifer abzuwehren.
4. Der Tatablauf aus dem polizeilichen Abschlussbericht – der Mörder sei beim tödlichen Genickschuss höher als sein Opfer hinter ihm auf der Treppe gestanden – stimmt nicht mit dem von hinten nach vorne ansteigenden Verlauf des Schusskanals überein.
5. Der vor der Tat vor dem Haus gesehene leuchtend blaue Audi A3, naheliegend das Fahrzeug des Täters, ist nicht zu finden und keinesfalls Dr. Ulrichs zuzuordnen.
6. Der Vernehmung des Dr. Degenhardt ist lediglich zu entnehmen, dass Dr. Ulrichs gern über Geheimdienstaktivitäten „doziert" hat. Als Beweismittel ausreichende Angaben über die Täterschaft seines früheren Patienten hat Dr. Degenhardt nicht gemacht.
7. Die am 27. März rektal gemessene Temperatur der Leiche von noch 8,1 °C zwingt dazu, von einem Todeszeitpunkt nicht vor den Morgenstunden des 25. März, des Osterdienstags, auszugehen. Es drängt sich die Vermutung auf, dass im Haftbefehl als Tatzeit nur deswegen der Ostermontag angegeben wird, weil für diesen Tag nur Anna Berger Alibizeugin ist. Ihre Aussage ist viel leichter in Frage zu stellen als ein Alibi durch all die Patienten und Praxisangestellten am Dienstag und Mittwoch.
8. Die Aussage der Zeugin aus der Kirchascher Nachbarschaft, die Anton Fanger am Dienstagmorgen, als Dr. Ulrichs nachweislich in seiner Praxis gewesen ist, vom Auto aus noch lebend gesehen hat, beweist, dass er am Dienstagvormittag, als Dr. Ulrichs ein sicheres Alibi hatte, noch gelebt hat.
9. Medienberichten ist zu entnehmen, dass nach der Tat am 3. April 2008 in das Haus Fangers eingebrochen worden ist. Dieser Vorgang findet in der Akte nicht einmal Erwähnung, geschweige denn, dass festgehalten ist, in welcher Weise die unbekannten Einbrecher den Tatort verändert haben.
10. Soweit man Dr. Ulrichs mit Schusswaffen in Verbindung bringt, beruht das allein auf seinem nicht ernstzunehmenden Herumgerede und auf den Aus- ▶

> sagen seiner Noch-Frau Jasmin Ulrichs, die alkohol- und drogenabhängig ist und ihren in Scheidung lebenden Mann mit ihrem Hass verfolgt.
> 11. Dr. Ulrichs hat als erfolgreicher Facharzt nicht schlecht verdient und mit Anna Berger in wirtschaftlich geordneten Verhältnissen gelebt. Seine Mutter hat glaubhaft ausgesagt, dass sie ihm bei Geldnot geholfen hätte. Sie wäre bereit gewesen, für ihn ihr schuldenfreies Haus zu verkaufen. Es gibt also kein wirtschaftliches Motiv für den Mord.

Von den Fortschritten in der persönlichen Entwicklung, der „Nachreifung", die ihm die Gutachten von Professor Schumacher und Dr. Rauch in den Jahren 1999 und 2002 zuerkannt haben[1], bleibt nach Professor Nedopils Diagnose nichts mehr übrig.

Im Januar 2009 spricht das Familiengericht Dr. Ulrichs' Scheidung von Jasmin aus. Anna Berger, der er noch aus der Untersuchungshaft Dutzende langer Briefe mit glühenden Liebeserklärungen geschrieben hat, wendet sich, je mehr sie durch die in der Hauptverhandlung gehörten Zeugen über seine Persönlichkeit und sein früheres Leben erfährt, desto stärker von ihm ab. Schließlich beendet sie die Beziehung zum Vater ihres Kindes.

Verurteilung

Von April bis August 2009 findet an 29 Tagen die Hauptverhandlung vor dem Landshuter Schwurgericht statt. Dr. Ulrichs gibt über seine Verteidiger das Teilgeständnis ab, dass die Vorwürfe der Urkundenfälschung und des Betruges in Zusammenhang mit den falschen Arztrechnungen Anna Bergers der Wahrheit entsprechen. Zu der Mordanklage äußert er sich nicht, lässt aber seine Verteidiger alles unternehmen, um dieser Tat nicht überführt zu werden.

Das Schwurgericht führt eine umfassende Beweisaufnahme durch. Es vernimmt – beginnend bei seiner Mutter, über seine früheren Ehefrauen und Geliebten, seine alten Professoren bis zu seinen Kollegen aus den letzten Jahren – alle biografisch wichtigen Personen aus seinem persönlichen Umfeld der letzten Jahrzehnte als Zeugen.

Als sein Ex-Freund Dr. Degenhardt in der Hauptverhandlung über ihn aussagt, verzieht der Angeklagte keine Miene. In einer Pause schaut Dr. Ulrichs seinem bisherigen Freund in die Augen und macht mit der waagrechten Hand die Geste des Kehledurchschneidens zu ihm hin. Dr. Degenhardt geht der

---

1 siehe S. 99

Gedanke nach, ob Dr. Ulrichs irgendwann einem seiner Mithäftlinge, der entlassen wird, für seine Ermordung eine Belohnung verspricht. Er überlegt auch, ob Dr. Ulrichs ihm gar, bei ihrem letzten Treffen vor einem Jahr, ein schleichend wirkendes Gift schon beigebracht hat.

Für die mögliche Tatzeit gibt Anna Berger ihrem Ex-Freund am Ende der Hauptverhandlung – anders als bei der Polizei und am Anfang auch noch vor Gericht – kein Alibi mehr. Sie hat es sich nochmals reiflich überlegt und kann jetzt nicht mehr bestätigen, dass Dr. Ulrichs vom Nachmittag des Ostermontags bis zum Morgen des Osterdienstags ununterbrochen mit ihr in Augsburg zusammen gewesen ist. Ihr ist es damals gesundheitlich schlecht gegangen und sie haben oft in verschiedenen Zimmern geschlafen, weil Dr. Ulrichs stark geschnarcht hat.

Am 25. August 2009 verurteilt das Schwurgericht Landshut Dr. Ulrichs wegen Mordes, Urkundenfälschung und Betruges zu lebenslanger Gesamtfreiheitsstrafe. In einer minutiösen Beweiswürdigung, die von den 244 Seiten des Urteils 187 Seiten einnimmt, verwertet es im Wesentlichen zehn Indizien[1] gegen ihn. Rechtlich stellt es fest, dass Dr. Ulrichs sein Opfer aus Habgier getötet hat. Er wollte sich über Anna Berger das ganze Vermögen Anton Fangers aneignen. Die Tötung war außerdem heimtückisch, denn er nutzte das besondere Vertrauen Anton Fangers, der ihn als einen von wenigen ins Haus gelassen hat und arglos vor ihm die Treppe hinunter gegangen ist, für den Genickschuss aus. Mit Habgier und Heimtücke hat er zwei „Mordmerkmale" verwirklicht. Das Gericht stellt fest, dass die Schuld Dr. Ulrichs' besonders schwer wiegt, sodass es voraussichtlich bei der Mindestverbüßungsdauer von 15 Jahren Freiheitsstrafe nicht bleiben wird.

In der *Bild-Zeitung* vom 26. August 2009 steht über einem kleinen Zweispalter mit Dr. Ulrichs Bild und ein wenig Text: „,Dr. Mord' – Arzt tötete zwei Menschen aus purer Habgier". In der *Landshuter Zeitung* vom selben Tag steht, dass Dr. Ulrichs während der Urteilsverkündung immer wieder wie ungläubig den Kopf geschüttelt hat, als könnte er den Schuldspruch nicht fassen.

Der Haftbefehl gegen Anna Berger ist schon am 19. Tag der Hauptverhandlung, dem 21. Juli 2009, außer Vollzug gesetzt worden. Sie wurde aus der Untersuchungshaft entlassen. Am Ende verurteilt das Gericht sie wegen der Urkundenfälschungen und der Betrugsdelikte. Vom Vorwurf der Beihilfe zum Mord wird sie freigesprochen, weil ihr weder nachzuweisen ist, dass sie von der Tatplanung ihres früheren Freundes etwas gewusst noch dass sie irgendeinen fördernden Tatbeitrag dazu geleistet hat.

---

1 Siehe Kasten auf S. 139

Sie erhält eine Gesamtfreiheitsstrafe von einem Jahr und sechs Monaten, deren Vollstreckung zur Bewährung ausgesetzt wird. Zwei Tage nach der Hauptverhandlung erklärt sie, dass sie auf Revision verzichtet. Gegen sie ist das Urteil damit rechtskräftig.

Ab einer Freiheitsstrafe von einem Jahr wird nach dem Beamtenrecht zwingend jedes Beamtenverhältnis beendet. Anna Berger ist deswegen nach ihrer Verurteilung keine Ruhestandsbeamtin mehr und verliert ihre Pension.

Sicherungsverwahrung

Gegen Dr. Ulrichs ordnet das Gericht über die lebenslange Freiheitsstrafe hinaus die Sicherungsverwahrung an. Es stellt bei ihm den Hang zu schweren Straftaten fest. Der beruht auf charakterlicher Anlage und stellt zugleich eine durch Gewohnheit verfestigte Neigung zu Rechtsbrüchen, ein eingeschliffenes Verhaltensmuster dar. Die Morde in Höchst und in Kirchasch weisen durch die lange Vorausplanung und die Ausnutzung des ihm als dem Täter entgegengebrachten Vertrauens klare Parallelen auf, die sich aus der kriminalitätsgeneigten Persönlichkeit Dr. Ulrichs' erklären.

Der 17-jährige hessische Strafvollzug hat, schreibt das Schwurgericht weiter, keine Verbesserung seiner ungünstigen Charakterdisposition erreicht. Die Strafverbüßung hat ihn nicht einmal dazu veranlasst, seinem Hang zu Verbrechen künftig aus Angst vor Strafe zu widerstehen. Die Rückfallgeschwindigkeit – fünf Jahre nach der Haftentlassung – ist hoch. Dr. Ulrichs hat die eingewurzelte Neigung, für seine egozentrischen Bedürfnisse Menschen zu opfern. Es ist keineswegs ausgeschlossen, dass er nach Verbüßung der neuen Strafhaft – bei Mindestverbüßung wäre er 77 Jahre, wenn die Schuldschwere auf 18 Jahre eingeschätzt werde, 80 Jahre alt – noch gefährlich bleibt. Nach den Aussagen der Zeugen kann er überaus gewinnend und einnehmend auf Menschen zugehen. Er könnte so auch später noch das Vertrauen künftiger Mordopfer gewinnen. Auch altersbedingte Schwachheit mindert – bei seinen zwei Morden ist er ohne den Einsatz seiner körperlichen Kraft ausgekommen – seine Gefährlichkeit nicht. Selbst als Greis noch würde er durch Gift oder mit einer Faustfeuerwaffe töten können.

Die Verurteilung Dr. Ulrichs' wird am 23. Februar 2010 rechtskräftig, da der Bundesgerichtshof seine Revision verworfen hat. Durch Beschluss vom 17. Mai 2010 widerruft die Strafvollstreckungskammer Frankfurt ihre Strafaussetzung zur Bewährung aus dem Jahr 2003 – für die lebenslange Freiheitsstrafe aus dem Jahr 1987 für den Höchster Mord an Leonhard Buchhammer im Jahr 1984. Eine Beschwerde dagegen legt Dr. Ulrichs nicht ein. Auch dieser Widerruf ist rechtskräftig.

Überzeugung des Landshuter Schwurgerichts von Dr. Ulrichs' Täterschaft

Dafür	Nicht zwingend dagegen
1. Dr. Ulrichs hat – wegen der Aussage der älteren Dame aus dem Lift und der gegen Ende der Hauptverhandlung geänderten Aussage Anna Bergers – kein Alibi für die Tatzeit.	1. Fehlende mikrobiologische (DNA-)-Spuren: Laut überzeugendem Sachverständigen des Landeskriminalamtes ist es einem Täter möglich, bei entsprechender Vorsicht das Hinterlassen solcher Spuren zu vermeiden, auch wenn er keinen Ganzkörper-Schutzanzug trägt.
2. Anton Fanger hat ihn, wie Dr. Ulrichs selbst bei der Polizei angegeben hat, als einen von wenigen Menschen in sein Haus hereingelassen.	2. Tatwaffe nicht gefunden: Dr. Ulrichs hatte ausreichend Zeit, sie nach der Tat sicher zu verstecken oder zu beseitigen.
3. Dr. Ulrichs hatte einen 38er Revolver. Das folgt aus der – wie das Schwurgericht ausführlich begründet, glaubhaften – Aussage Jasmin Ulrichs', die bei ihm einen Revolver mit „grüner" (= an den Spitzen teflon-beschichteter) Munition in der Trommel gesehen hat, wie sie speziell nur für dieses Kaliber hergestellt wurde. Die Patronenhülse auf der Treppe ist eine 38er.	3. Der leuchtend blaue Audi hat sich nicht feststellen lassen: Ein Tatbezug des Wagens ist nicht gesichert. Denn er stand laut dem Zeugen nicht, wie bei einem Besucher zu erwarten, direkt am Haus, sondern unten in der Einfahrt von der Straße. Nachbarn haben dort schon früher fremde Fahrzeuge halten sehen.
4. Er hat ein ganz starkes Tatmotiv, denn er hätte über eine Alleinerbin Anna Berger von deren Erbeinsetzung profitiert.	4. Die Zeugin, die Anton Fanger am Osterdienstag noch vor seinem Haus stehen zu sehen angegeben hat, will seine Gestalt nur von hinten gesehen haben. Sie kann ihn daher verwechselt haben.
5. Das Testament, der Darlehensvertrag zu Ulrichs' Gunsten über 135 000 Euro und die Rückzahlungsquittungen für das Darlehen an Anna Berger sind mit ganz überwiegender Wahrscheinlichkeit gefälscht. Die Fälschungen weisen Ähnlichkeit mit Dr. Ulrichs' Handschrift auf. Das Exemplar des Testaments aus dem Wohnzimmer wurde noch am Auffindetag der Leiche, das aus der Schublade einige Tage später gefunden. Nichts spricht dafür, dass Dritte sie dort hingelegt haben.	5. Der Einbruch am 2. April 2008: Das war ein Einbruchdiebstahl, bei dem kein Zusammenhang mit dem Mord erkennbar ist. Nach der von den Einbrechern gestohlenen Beute zu schließen, könnte es sich um irgendwelche Jugendlichen gehandelt haben, die von dem Mord und davon gewusst haben, dass das Haus nach dem Tod des Bewohners leer stand.

▶

6. Dr. Ulrichs hat gegenüber Kollegen zu einem Zeitpunkt von der Erbeinsetzung Anna Bergers gesprochen, als er weder durch die Polizei noch durch Dritte davon hat Kenntnis haben können. Er hatte also Täterwissen.

7. Er hat seinem Freund Dr. Degenhardt den Fall von dem „Altnazi" mit den Goldzähnen erzählt, der auffällige Ähnlichkeit hinsichtlich der Darstellung des Opfers aufweist.

8. Das am Tatort vorgefundene Blut der Vera Mayer kann nur durch Dr. Ulrichs, der es ihr als ihr Arzt abgenommen hatte, dorthin gekommen sein (siehe dazu den Extra-Kasten auf S. 141f.).

9. Maria und der „Negerluis" kommen als Täter mangels jeden Motivs und wegen Marias Alibi nicht in Frage.

10. Nur im Hinblick auf die erwartete Erbschaft Anna Bergers nach Anton Fanger hat der sonst vermögenslose Dr. Ulrichs für sich und seine Freundin kurz vor der Tat das Haus in Feldafing reservieren lassen können.

Das Blut der Vera Mayer

Dr. Ulrichs schweigt zwar zu der Mordanklage, schreibt aber Briefe an Anna Berger, die in Wahrheit für das Gericht bestimmt sind und Trugspuren enthalten. Er kalkuliert – völlig zu Recht – damit, dass die Briefe bei der sorgfältigen Postzensur des Ermittlungsrichters als prozessrelevant erkannt und kopiert werden (was ihm übrigens jeweils sofort mitgeteilt wird).

Am 30. April 2008 schreibt er an Anna Berger: Nachdem er erfahren hat, dass sie eine gemeinsame Zukunft mit ihm jetzt von der Entkräftung des Verdachtsmoments „Blutspur Vera Mayer" abhängig macht, kann er keine Rücksicht mehr auf ihre Gefühle für Anton Fanger nehmen und muss ihr ehrlichkeitshalber das Folgende mitteilen:

Frau Vera Mayer war eine mittellose Patientin. Um ihr zu helfen, wollte er ihr Blut – übrigens ohne Honorar – abnehmen und es untersuchen lassen. Er hat dann aber vergessen, ihre Blutprobe ins Labor zu geben. Das Röhrchen damit blieb deshalb monatelang versehentlich im „Ampullarium" seines Arztkoffers. Anfang Februar 2008 ist er mit dem Arztkoffer nach Kirchasch gefahren. Anton Fanger hatte ihn darum gebeten. Der sei nämlich mit dem „Negerluis" im Bordell bei einem Transsexuellen gewesen und habe befürchtet, von diesem beim Analverkehr mit Aids infiziert worden zu sein. Deswegen sollte er, Dr. Ulrichs, Anton Fanger Blut abnehmen und es untersuchen lassen. Bei der Blutentnahme – am Küchentisch in Kirchasch – bekam Anton Fanger versehentlich das Röhrchen mit dem Blut der Vera Meyer in die Finger, zerbrach es und verursachte so den Fleck. Das verschüttete Blut war alt und verdorben. Fanger und er, Dr. Ulrichs, haben noch versucht, es aufzuwischen. Dass die Bescherung zwei Monate später im April noch immer nicht weggeputzt gewesen ist, zeigt eben, dass Fanger ein „kleines Ferkel" war.

Das Schwurgericht widerlegt dieses Vorbringen und führt in der Urteilsbegründung auf 15 Seiten aus, dass es Dr. Ulrichs gewesen sein muss, der hier wiederum eine „Trugspur" zu legen versucht, dabei aber statt dessen ein zwingendes Indiz gegen sich geschaffen hat:

1. Das ausgeschüttete Blut war, laut LKA, wie die Homogenität des Flecks und des Blutes auf dem Tischtuch zeigten, entgegen Dr. Ulrichs' brieflicher Schilderung nicht alt (= teilweise geronnen), sondern frisch. Es war auch problemlos möglich, das Vera Mayer am 30. Oktober 2007 abgenommene Blut bei steriler Aufbewahrung im Kühlschrank über fünf Monate so frisch zu erhalten.
2. Dr. Ulrichs hat im Oktober 2007 keineswegs vergessen, das abgenommene Blut ins Labor zu geben. Die Blutprobe der Vera Mayer ist vielmehr ordnungsgemäß im Labor untersucht und das Analyseergebnis mit der Patientin erörtert worden. Dr. Ulrichs hat Vera Mayers Blutprobe also geteilt, nur einen Teil davon konserviert und diesen für die Trugspur verwendet.
3. Die Gestalt des Blutflecks kann laut LKA nicht durch ein Ereignis plausibel erklärt werden, bei dem ein Blutröhrchen auf oder über der Tischdecke fahrlässig zerbrochen wurde. Dann hätte ein „Aufprallzentrum mit Spritzern" entstehen müssen.
4. Es fehlen alle Hinweise auf einen Bruch des Glasröhrchens. Beim Absaugen des Küchentischs mit dem Spurensicherungs-Staubsauger sind keine feinen Glassplitter gefunden worden.

▶

5. Der „Negerluis" und sein türkischer Zechgenosse, der auch als Zeuge gehört worden ist, haben glaubhaft ausgesagt, dass Anton Fanger ins Bordell niemals mitgegangen ist.
6. Das Gericht hält es, obwohl es in dessen Haus nicht gerade sauber war, für sicher ausgeschlossen, dass Anton Fanger sein Essen von Februar bis April 2008 auf dem Küchentisch mit dem großen Blutfleck und dem blutverschmierten Lappen eingenommen hat.
7. Die ganze Anordnung auf dem Tisch mit dem Blut, dem Putzlappen, den Plüschtieren und den Viagra-Tabletten wirkt auf das Gericht unecht, wie eine Inszenierung.
8. *Unter* dem blutgetränkten Putzlappen liegt ein Exemplar der *Finanzzeitung* vom 14. März 2008. Deshalb ist es für das Gericht ausgeschlossen, dass der Blutfleck schon Anfang Februar entstanden sein kann, weil dann jemand die Zeitung sechs Wochen später unter den blutgetränkten Lappen hätte schieben müssen.

Epilog

Das Feuerwerk ist abgebrannt und alles wieder still. Dr. med. Ulrichs – noch hat er seinen Titel[1] – sitzt im Straubinger Gefängnis und muss dort lange bleiben; vielleicht wird er in einigen Jahrzehnten als Greis einen Rollator zum Gefängnistor hinausschieben. Wir können in Ruhe versuchen, sein Leben, seine Taten und die staatliche Reaktion darauf – Strafe, Strafvollzug, Bewährungsaufsicht, neue Approbation – zu betrachten. Ins Auge fällt das Nebeneinander: ausgezeichneter Arzt, recht erfolgreicher Betrüger, kaltblütiger, dabei unsorgfältiger Mörder.

In der deutschen Kriminalgeschichte finden sich gelegentlich vergleichbare Täter. In Anselm v. Feuerbachs berühmter Sammlung[2] ist ein Fall aus dem Jahr 1807 beschrieben, den damals übrigens auch das Landshuter Landgericht abgeurteilt hat. Franz Salesius Riembauer war ein im Amt, vor allem „mit blitzendem Auge" auf der Kanzel, bewährter katholischer Priester und stand bei vielen – vor allem bei den weniger kritischen – Gläubigen im Ansehen von Heiligkeit. Musste er nachts auf „Versehgang" über die Feldflur, erschienen ihm Verstorbene als Lichtlein. Dieser Zölibatär hat mit mehreren Frauen an die zehn Kinder erzeugt und sicherlich eine, möglicherweise noch zwei andere Frauen ermordet. Beim Mord ging es um Geld. Feuerbach stellt die mehrjährigen Ermittlungen dar, die bis zum endlichen Teilgeständnis 42 „Foliobände" Akten füllen. Er nennt den Pfarrer „Tartüffe als Mörder". Eindrucksvoll beschreibt er, wie Riembauer, wiewohl er selbst um seine Taten und Lügen genau weiß, dennoch seine hohe Selbstachtung wahrt[3]. Die ausführlich wiedergegebenen Vernehmungen haben uns auf frappante Weise

---

1 Zur Entziehung des Doktortitels siehe S. 59. Nach dem Mord an Buchhammer wurde eine Entziehung versäumt. Auch auf den Kirchascher Mord hat die Universität bisher (Mai 2012) nicht reagiert, sodass auch hier fraglich ist, ob eine Titelentziehung erfolgen kann.
2 Ursprünglich *Aktenmäßige Darstellung merkwürdiger Verbrechen*, Erstausgabe Gießen 1828; Nachdruck nach einer Ausgabe von 1849 unter dem Titel *Merkwürdige Verbrechen* Frankfurt am Main (Eichborn) 1993, S. 229–290. A. v. Feuerbach war Schöpfer des ersten Bayerischen Strafgesetzbuches (1813) und gilt als einer der bedeutendsten liberalen deutschen Juristen im frühen 19. Jahrhundert.
3 Vgl. aaO. S. 234 f.: „Ohne Molière gelesen zu haben, verstand sich Pfarrer Riembauer, neben der Kunst im Geheimen zu sündigen und dabei vor der Welt als Heiliger zu gelten, zugleich meisterhaft auf den Gebrauch jener Mittelchen, durch welche man sich bequem, wegen begangener und noch zu begehender Sünden, mit dem Himmel gütlich zu vergleichen und abzufinden vermag. […] Seine […] theologische Moral lieferte ihm eine ganze Reihe der triftigsten Beweise dafür, dass er in der Erzeugung unehelicher Kinder, als wodurch er zur Erweiterung des Reiches Gottes wesentlich beitrage, nicht nur nichts Sträfliches, sondern sogar Löbliches begehe. […] ‚Ich überlegte', dieses sind seine eigenen Worte […] ‚2) auch wider Gottes Anordnung kann es nicht sein, weil dadurch die Zahl seiner Auserwählten einen Zuwachs erhält.'"

an die Dr. Ulrichs' erinnert; Riembauer zeigte dieselbe Sicherheit beim Leugnen, beim Geständnis von Nebensächlichkeiten, im Anspruch auf oberschichtliche Autorität. Wir denken bei seinem Tonfall an Dr. Ulrichs Bitte nach der Geiselnahme im Darmstädter Gefängnis, Pater Maurus möge ihm ein Messbuch „Schott" geben[1]. Ob das nur Heuchelei oder ob es Dr. Ulrichs mit dem christkatholischen Frommsein in dem Augenblick ernst war, wissen wir nicht. Die Dr. Ulrichs sicher eigene Fähigkeit zur Autosuggestion macht die Abgrenzung schwer.

Als Facharzt wirtschaftlich erfolgreich und angesehen war auch der deutsche Kardiologe Dr. med. Dieter K., der im Oktober 2011 von einem Pariser Schwurgericht wegen der Tötung seiner Stieftochter, der 14-jährigen Französin Kalinka, im Jahr 1982 verurteilt wurde[2]. Mit „bebender Stimme" hatte K. dem Geschworenengericht in einem flehentlichen Schlusswort seine Unschuld beteuert. Ob er Kalinka getötet hat, ist fraglich. Er wurde zwar zu 15 Jahren verurteilt, der französische Kassationshof hat dieses Urteil im Dezember 2011 aber wieder aufgehoben. Was die neue Hauptverhandlung ergibt, ist offen (Stand Mai 2012). In Deutschland war Dr. K. zuvor wegen anderer Taten, Betruges und Sexualdelikten, rechtskräftig zu mehrjähriger Freiheitsstrafe verurteilt worden.

Der Fall ist vor allem bekannt, weil Kalinkas Vater den Dr. K. hatte niederschlagen und nach Frankreich entführen lassen, um ihn dort vor Gericht zu bringen; das deutsche Strafverfahren – hier war Beweismaterial, Leichenteile, auf mysteriöse Weise aus der Gerichtsmedizin verschwunden – war vor Jahrzehnten rechtskräftig eingestellt worden.

Mit Dr. Ulrichs vergleichbar scheint uns Dr. K.s – trotz zweier rechtskräftiger Verurteilungen wegen Vergewaltigung einer betäubten Patientin und wegen Betruges – selbstgewisses Auftreten. Auch ihm war es gelungen, weiter als Arzt zu arbeiten. Zwar hat er, anders als Dr. Ulrichs, die entzogene Approbation nicht wieder bekommen, aber die Verwaltung ging lange nicht konsequent gegen ihn vor, als er ohne Approbation lebhaft weiter praktizierte.

Ein anderer ähnlicher Fall aus neuerer Zeit ist Rainer Körppen, der nicht nur ein erfolgreicher und geachteter Handwerksmeister, sondern ein geschickter Entführer und, im Jahr 1996, der Mörder des Kaufmanns Jakob Fishmann war. Körppen sitzt (im Jahr 2012) bis auf Weiteres als „Lebenslänglicher" mit anschließender Sicherungsverwahrung in der JVA Schwalmstadt, deren von

---

1 siehe S. 48
2 siehe z. B. *Frankfurter Allgemeine Zeitung* vom 23. Oktober 2011. Die Pariser Verurteilung war wegen „Körperverletzung mit Todesfolge": Eine vorsätzliche Körperverletzung soll fahrlässig zum Tod geführt haben.

"Langstrafigen" geprägtes Milieu wir auch aus Dr. Ulrichs Haftzeit kennen[1]. Mit Dr. Ulrichs teilt Körppen das überzeugende Auftreten, von ihm unterscheiden ihn jedoch Umsicht und handwerkliche Sorgfalt, mit der Körppen seine Taten plante und ausführte[2].

Trotz solch in mancher Hinsicht ähnlicher Fälle sind Taten und Täterpersönlichkeit Dr. Ulrichs' ungewöhnlich. Andererseits zeigen bei ihm die schwierige Überführung nach der Höchster Tat, das endlose Wiederaufnahmeverfahren, seine Hofhaltung im Strafvollzug, seine Medienresonanz bei der Lockerungsprüfung, die ihm in die eigenen Hände gelegte Bewährungsüberwachung und das hin- und herschlingernde Verwaltungsverfahren zur Wiedererteilung der Approbation typische Probleme, vor die ein kommunikativ ungewöhnlich begabter Straftäter den ganzen Apparat zu stellen vermag.

Eine zentrale Frage, die sich durch Dr. Ulrichs' Rückfalltat stellt, geht die Strafvollstreckungskammern, den Strafvollzug und die Verwaltungsbehörden an: Anton Fanger würde wahrscheinlich noch nicht in seinem Kirchascher Grab verwesen, wenn die hessische Justiz im Jahr 2003 hätte erkennen können, dass Dr. Ulrichs in seinem gereiften Alter und nach 17-jähriger Strafhaft immer noch fähig und bei lohnender Gelegenheit willens sein würde, einen Menschen zu ermorden; das Landgericht Frankfurt hätte dann die lebenslange Freiheitsstrafe nicht zur Bewährung ausgesetzt.

Wenn die Regierung von Oberbayern Dr. Ulrichs nicht aufgrund ihrer – im Rückblick falschen – positiven Prognose die Approbation wieder verliehen hätte, wäre jedenfalls nicht Anton Fanger umgebracht worden, denn Anna Berger, durch die allein der Kontakt zwischen Täter und Opfer zustande gekommen ist, hätte nicht Dr. Ulrichs' Patientin werden können.

Wäre dieser Rückfall vorhersehbar und vermeidbar gewesen?

Prognose und Analyse

Die Prognose eines drohenden Rückfalls ist etwas prinzipiell anderes als die Analyse eines geschehenen Rückfalls im Nachhinein. Für die Prognose werden Kri-

---

1 siehe S. 52
2 Ihm war es als einem von wenigen Tätern gelungen, das Hauptproblem eines erpresserischen Menschenraubes, die Geldübergabe, elegant zu lösen. Es befahl dem Geldboten nach einer Irrfahrt per Funk, das Lösegeld von einer Brücke in den Rhein zu werfen, und wartete unten als Froschmann. Die Polizei hatte, wie er zu Recht annahm, kein Boot in der Nähe.

minologie, forensische Psychiatrie und Psychologie als „nomothetische"[1] Wissenschaften eingesetzt. Sie stellen dazu, ähnlich wie in der Chemie oder Physik, allgemeine Regeln auf. Die werden in der Kriminologie aus Vergleichen großer Gruppen rückfälliger und nicht rückfälliger Täter abgeleitet. Verglichen werden die begangenen Straftaten, die Persönlichkeit des Täters, und seine Umgebung nach der Entlassung. Es gibt anerkannte Listen mit Prognosefaktoren[2]. Mit diesen lässt sich die Wahrscheinlichkeit eines künftigen Rückfalls abschätzen. Mit einem Bild aus der Naturwissenschaft betrachtet: Die Legalprognose gleicht nicht der Flugbahn eines Asteroiden, bei der nach der Himmelsmechanik sicher ist, ob, wann, wo und wie stark er die Erde trifft. Sie gleicht eher der Vorhersage über ein Wetter, das an einem bestimmten Ort zu einer bestimmten Zeit in der Zukunft herrschen wird. Wie in die Wettervorhersage gehen zahllose Größen ein, die man nicht alle kennt, und deren relatives Gewicht trotz Computersimulation nicht feststeht. Wie beim Wetter ist die Vorhersage eines Rückfalls umso weniger genau, je weiter die Prognose in die Zukunft reicht, denn niemand weiß, wie die Umwelt eines Gefangenen sich nach der Entlassung entwickeln, ob und was er in einigen Jahren arbeiten, mit welchem Partner er zusammenleben wird.

Ganz anders werden bei der nachträglichen Analyse die forensischen Wissenschaften „idiographisch" angewandt. Sie zeichnen, wie in der Geschichtswissenschaft, die komplexen Umstände gerade dieses Einzelfalls möglichst vollständig nach und versuchen, die eingetretene Entwicklung rückblickend zu begreifen. Der Leser einer gelungenen Analyse versteht danach sehr gut, warum es so gekommen ist. Alle aus der rückblickenden Perspektive idiographischer Analyse angestellten Erwägungen, warum dieser oder jener Verantwortliche zu diesem oder jenem Zeitpunkt eine starke Rückfallgefahr hätte voraussehen können oder gar hätte voraussehen müssen, laufen aber Gefahr, von einem dem Prognostiker nicht zugänglichen Kenntnisstand, nämlich dem nach der geschehenen neuen Tat auszugehen. Nachträglich, wenn die Entwicklung zur neuen Tat hin mit zahlreichen, wenngleich meist keineswegs allen relevanten Details vor Augen liegt, ist es leicht, sich klüger zu fühlen. Nachdem die Kuh gestohlen ist, weiß man, welchen Stall man hätte abschließen müssen.

---

1 Die Unterscheidung zwischen „nomothetischen" und „ideographischen" Wissenschaften geht auf eine Straßburger Rektoratsrede des Neukantianers *Wilhelm Windelband* aus dem Jahr 1894 zurück und wurde in den 30er Jahren durch *Gordon W. Allport* in die Persönlichkeitspsychologie eingeführt.
2 siehe – als eines von vielen Beispielen für ein formalisiertes Prognoseinstrument – im Kasten auf S. 150 f.: „Kriterien zur Beurteilung des Rückfallrisikos besonders gefährlicher Straftäter" nach dem Schweizer forensischen Psychiater *Dittmann*

Soweit das „nomothetische" kriminologische Erfahrungswissen reicht, war Dr. Ulrichs' Legalprognose sogar besonders günstig. Die statistische Rückfallwahrscheinlichkeit bei Tötungsdelikten ist ganz allgemein sehr niedrig. Seinen Odenwälder Mord hat er nicht grausam, sondern mit nur dem eben erforderlichen Minimum an Gewalt ausgeführt. Dr. Ulrichs war nicht vorbestraft. Seine erste Straftat – von der man weiß – hat er mit 37 Jahren begangen, das ist lebensgeschichtlich spät. Andere Straftaten, wir denken an Thallium-Vergiftungen medizinischer Erstsemester[1] oder lästiger Partnerinnen[2], sind ihm nicht nachgewiesen worden und haben bei der Prognose nichts zu suchen. Dr. Ulrichs hatte als Arzt ein hervorragendes Leistungsverhalten und eine alltagstaugliche Frustrationstoleranz. Sein „sozialer Empfangsraum" schien im Jahr 2008 optimal – er war wieder Facharzt mit unbeschränkter Approbation und gutem Zulauf und hatte mit Anna Berger eine ihn liebende Frau. Getrübt werden die starken positiven Anhaltspunkte von nur zwei prognostisch bedenklicheren Indizien:
(1) sein Leugnen der Höchster Tat und seine demzufolge fehlende Bereitschaft, sich dieser Tat zu stellen, und
(2) seine immer wieder auftauchenden Hochstapeleien.
Beide Kriterien begründen aber noch keine hohe, nicht einmal eine mittlere prognostische Wahrscheinlichkeit für einen Mord im Rückfall.

Seine Prognose wäre auch dann nicht greifbar schlechter gewesen, wenn der Gutachter Dr. Rauch im Jahr 2003 seine Hypothese über das Motiv für den Höchster Mord aus dem Gutachten Schumacher/Rauch von 1999[3] noch einmal aufgegriffen und ernsthaft auf ihre aktuelle Bedeutung durchdacht hätte. Aus zwei Gründen hätte diese – plausible, wenngleich nicht beweisbare – Diagnose des Mordmotivs von 1984 am positiven Prognoseergebnis von 2003 wohl nichts geändert: Zum einen war eine Wahrscheinlichkeit, dass sich eine derartige „kumulierte Kränkung" wiederholen könnte, im Jahr 2003 nicht mit Tatsachen zu begründen. Im Vergleich zu den 17 Jahren Strafhaft sah Dr. Ulrichs einer spürbaren Verbesserung seiner Lebensverhältnisse entgegen. Zum anderen sprach einiges – gerade sein überwiegend geduldiges Verhalten im Strafvollzug – dafür, dass sich sein Charakter im Sinne einer Nachreifung weiterentwickelt habe.

---

1 vgl. S. 35
2 vgl. S. 32 den Fall Erika Stein
3 vgl. S. 95. Diese Hypothese war, Dr. Ulrichs habe im Jahr 1984 wegen der neugeborenen behinderten Tochter, dem Scheitern seiner Würzburger wissenschaftlichen Karriere und seiner provinziellen Arztpraxis unter ihm unerträglichen „kumulierten Kränkungs- und Versagenserlebnissen" gelitten. Versicherungsbetrug, Brandstiftung und Mord hätten dazu gedient, diesen Kränkungen etwas entgegenzusetzen.

Allgemeine Kriterien zur Beurteilung des Rückfallrisikos nach Dittmann (Ausschnitte)

Analyse der Anlasstat		Soziale Kompetenz	
günstig	ungünstig	günstig	ungünstig
Einzeldelikt ohne übermäßige Gewaltanwendung	besonders grausame Tat mit übermäßiger Gewaltanwendung	gute soziale Leistungsfähigkeit, stabile Arbeitsverhältnisse	erhebliche Beeinträchtigung der beruflichen und sozialen Leistungsfähigkeit; überwiegend instabile Arbeitsverhältnisse
hochspezifische Täter-Opfer-Beziehung	Deliktserie	interessiert und breites Spektrum von Aktivitäten	
Mittäterschaft unter Gruppendruck	Delikte mit hoher statistischer Rückfallwahrscheinlichkeit	intakte familiäre und Partnerbeziehungen	gestörte Wahrnehmung der sozialen Realität, unrealistische Erwartungshaltung
			keine stabilen Partnerschaften bisher

Bisherige Kriminalitätsentwicklung		Spezifisches Konfliktverhalten	
günstig	ungünstig	günstig	ungünstig
Tat Ausdruck lebensphasischer Veränderungen, eines schicksalhaften Konflikts oder einer besonderen aktuellen Situation	Kriminalität als eingeschliffenes Verhaltensmuster in der Biographie erkennbar, Delinquenzbeginn in Kindheit oder Jugend, Herkunft aus dissozialem Milieu	Tat entwickelt sich aus spezifischer Konfliktsituation	aus Vorgeschichte erkennbar, dass Täter immer wieder in ähnliche Konfliktsituationen gerät und in stereotyper Weise delinquent reagiert
		gute Belastbarkeit in anderen Konfliktsituationen	
	in der Vorgeschichte besonders grausame Taten mit übermäßiger Gewaltanwendung		geringe Frustrationstoleranz, Impulsivität

		Auseinandersetzung mit der Tat	
	Deliktserie in der Vorgeschichte	günstig	ungünstig
		setzt sich intensiv mit der Tat auseinander	Leugnen; Bagatellisieren, keine Reue
	Lockerungs- und Bewährungsversagen in der Vorgeschichte	Auseinandersetzung mit der Situation des Opfers, Bemühen um Wiedergutmachung	Projektion eigenen Fehlverhaltens auf Dritte oder „die Umstände"

▶

Persönlichkeit, psychische Störung		Therapiemöglichkeiten	
günstig	ungünstig	günstig	ungünstig
vorübergehende kurzfristige psychische Störung	lang anhaltende oder chronifizierte Symptomatik	für die vorhandene Störung ist eine gut wirksame Behandlungsmethode bekannt	die beim Täter vorhandene Störung ist schwer oder gar nicht behandelbar
vorübergehender Einfluss psychotroper Substanzen	regelmäßiger Substanzmissbrauch oder hohes Abhängigkeitspotential	**Therapiebereitschaft**	
weitgehend unauffällige Persönlichkeitsentwicklung	deliktsfördernde Ansichten und Einstellungen	günstig	ungünstig
		Offenheit und gute, vertrauensvolle Bindung an Therapeuten	keine Bereitschaft, sich ernsthaft mit der eigenen Störung auseinanderzusetzen
	seit Kindheit und Jugend bestehende bleibende Persönlichkeits- und Verhaltensstörung, zahlreiche dissoziale Merkmale wie Bindungs- und Haltlosigkeit, Gefühlskälte, fehlende Empathie	bemüht sich aktiv um eine Therapiemöglichkeit, nimmt dafür Nachteile in Kauf	lehnt jede Therapie ab oder zeigt sich nur scheinbar therapiebereit, um dadurch andere Vorteile zu erlangen
Einsicht des Täters in seine Störung		Sozialer Empfangsraum	
günstig	ungünstig	günstig	ungünstig
erkennt und akzeptiert das Krankhafte, Störende oder Abweichende seines Verhaltens	negiert, psychisch krank, gestört oder in seinem Verhalten erheblich normabweichend zu sein	Einbindung in Familie und Partnerschaft oder zu Hilfspersonen, etwa Bewährungshelfer	fehlende Sozialkontakte und Bindungen, keine tragfähige Partnerschaft; keine konkreten, realistischen Pläne
offene Selbstdarstellung	versucht abzuwehren, zu bagatellisieren und zu täuschen	gesichertes Einkommen und Wohnung	weder Wohnung noch Arbeitsstelle
		gute Kontrollmöglichkeit	fehlende Kontrollmöglichkeit
		Zugang zu Opfern erschwert	leichter Zugang zu Opfern
		Annehmen von Unterstützung	Ablehnung von Unterstützung
		realistische Zukunftsplanung mit angemessenen Erwartungen	Rückkehr in kriminogenes Milieu; unstrukturiertes Freizeitverhalten

Ist wenigstens aus der jetzt nachträglich möglichen Sicht auf seine gesamte Persönlichkeit, auf seine Lebensgeschichte und auf seine aktuelle Lebenssituation vor der zweiten Tat in Ansätzen zu verstehen, was Dr. Ulrichs zu dem zweiten Mord bewogen hat?

Geheimdienst?

Vorab zur Klarstellung: Wir sind – mit den zwei rechtskräftigen Schwurgerichtsurteilen – von Dr. Ulrichs' Täterschaft an beiden Morden überzeugt und halten seinen für die Odenwälder Tat erhobenen Vorwurf, ein Geheimdienst habe ihm die Tat in die Schuhe geschoben, für frei erfunden. Wir konnten allerdings nicht klären, ob Dr. Ulrichs jemals, wie er das immer erzählt, irgendwo Geheimdienstmitarbeiter gewesen ist; die drei deutschen Geheimdienste haben uns bei unserer Anfrage, ob sie Dr. Ulrichs kennten, auf ihre strengen Vertraulichkeitsvorschriften hingewiesen[1]. Nach denen richtet es sich, ob Auskunft darüber erteilt wird, wer beim Geheimdienst Mitarbeiter ist/war und wer nicht. Uns konnte über Dr. Ulrichs keine solche Auskunft erteilt werden.

Wir halten es sogar für möglich, dass Dr. Ulrichs früher – zuletzt in seinen Zeiten als junger Assistenzarzt in Würzburg und in Zusammenhang mit seinen militärischen Beschussversuchen, die sein Würzburger Chefarzt bestätigt – tatsächlich in Kontakt zu in- oder ausländischen Spionen gekommen ist. Falls dies so war, ist es aus unserer Sicht wahrscheinlich, dass der betreffende Dienst die Zusammenarbeit umgehend beendet hat, sobald man ihn näher kennengelernt hatte. Seine unbezwingbare Neigung zum grellen und unbedachten Lügen und Prahlen muss ihn schnell als das Gegenteil eines Mitarbeiters haben erscheinen lassen, den eine Spionageorganisation brauchen kann. Eine dauernde, gar eine leitende Agententätigkeit – als „Offizier" des Bundesnachrichtendienstes, als der er sich dem Zechgenossen Obermaier seiner vierten Frau vorstellt, den er „file-

---

[1] Das Bundesamt für Verfassungsschutz, das Amt für den Militärischen Abwehrdienst und der Bundesnachrichtendienst. Für den Bundesverfassungsschutz beispielsweise bestimmt § 19 Absatz 4 Satz 1 Bundesverfassungsschutzgesetz: „Personenbezogene Daten dürfen […] nur übermittelt werden, wenn dies zum Schutz der freiheitlichen demokratischen Grundordnung, des Bestandes oder der Sicherheit des Bundes oder eines Landes oder zur Gewährleistung der Sicherheit von lebens- oder verteidigungswichtigen Einrichtungen […] erforderlich ist." Keine dieser Voraussetzungen war bei der Anfrage der Verfasser gegeben.

tieren" will¹ – ist bei seiner Persönlichkeit höchst unwahrscheinlich. Die Dr. Degenhardt erzählte Geschichte vom Anschlag des CIA auf das Forschungslabor seiner Höchster Praxis und von der Agententätigkeit seiner – nachmals dafür von einem deutschen Geheimdienst ermordeten – Laborleiterin für die Stasi² ist schon deswegen nachweislich falsch, weil es in der Odenwälder orthopädischen Landpraxis kein Forschungslabor und deswegen auch keine Leiterin dafür gegeben hat. Im Übrigen ermorden heutige deutsche Geheimdienste nach der Überzeugung der Verfasser niemanden.

Gesunde Anteile

Dr. Ulrichs war und ist nicht geisteskrank im Sinne einer Psychose. Den 1987 von seinen Verteidigern in Darmstadt gegen Ende gestellten Beweisantrag, ihn zum Ausschluss der Schuldfähigkeit psychiatrisch auf eine schizophrene Psychose untersuchen zu lassen, hat das Schwurgericht zu Recht abgelehnt. Er zeigt weder Grundsymptome – Denkstörungen, schizophrenen Autismus – noch hat er eine sogenannte produktive Symptomatik, etwa Wahnvorstellungen. Im rein kognitiven Sinn weiß er stets, dass seine Hochstapeleien erfunden sind. Vieles Erlogene hat er mit dem Anschein echter, wahrscheinlich im Moment sogar empfundener Reue richtiggestellt, wenn wohl auch mit deshalb, um so seine an sich große Wahrheitsliebe darzutun. Sofern ihm unter dem Schwung der eigenen Phantasie – und der mitgerissenen Begeisterung des Zuhörers – beim Reden das Gefühl für die Realität abhanden kommt, ist das ein vorübergehendes affektives Phänomen und weist nicht auf Merkfähigkeits- und Denkstörungen hin.

Für eine affektive Psychose im Sinne einer Manie – so die Überlegung eines psychiatrischen Kollegen seines letzten Würzburger Professors – fehlen die zirkulären Stimmungsschwankungen.

Gesund ist, soll Sigmund Freud einmal knapp formuliert haben, wer arbeiten und lieben kann³. Dr. Ulrichs kann, sogar hart, arbeiten. Das lernintensive

---

1 siehe S. 107 f. zur Kaufbeurener Anklage und Verurteilung – im Übrigen kennt der Bundesnachrichtendienst keine militärischen Ränge und deswegen, obwohl sich das schneidiger anhören würde, auch keine „Offiziere".
2 vgl. die Erzählungen gegenüber Dr. Degenhardt S. 103 ff.
3 Das Zitat lautet in Wahrheit – etwas weniger plastisch: „Gesundheit [...] bestimmt sich nach dem Erfolg, ob der Person ein genügendes Maß an Genuss- und Leistungsfähigkeit verblieben ist." Aus *Vorlesungen zur Einführung in die Psychoanalyse*, Gesammelte Werke Bd. XI, S. 476.

Medizinstudium hat er geschafft, wenn auch erst nach 19 statt 12 Semestern. An seiner Assistenzarztzeit fällt zwar der zu häufige Wechsel der Krankenhäuser auf, aber gute ärztliche Fähigkeiten hat er trotzdem erworben. Sein letzter Würzburger Chefarzt hat ihn kaum ohne Grund trotz persönlicher Differenzen ein „fachliches Genie" genannt. Als praktizierender Orthopäde hat Dr. Ulrichs zehn Jahre lang Fachwissen, Fleiß, gutes Gedächtnis, Umsicht, Sorgfalt, Geduld und Einfühlungsvermögen für seine Patienten aufgebracht. Sein Therapeut und Freund Dr. Degenhardt zum Beispiel erinnert sich bewundernd, dass Dr. Ulrichs ihm nach einer Untersuchung ohne alle technischen Hilfsmittel, allein durch Abtasten, eine bis ins Detail richtige Diagnose eines Schadens im Kniegelenk gestellt hat, die durch ein bildgebendes Verfahren tags darauf bestätigt worden ist.

Den Umständen gut angepasst erscheint sein Verhalten während der 13 Jahre Haft in Butzbach von 1987 bis 2000. Aus der zwölfbändigen Gefangenenpersonalakte kennen wir seinen Alltag bis ins Einzelne. Die Unruhe der ersten Haftzeit – mit der unsinnigen Geiselnahme und Flucht aus dem Darmstädter Gerichtsgefängnis und den Ausbruchsplänen in der JVA Schwalmstadt[1] – ist wie verschwunden. Über ein Jahrzehnt lang bewährt er sich als zuverlässiger und fleißiger Drucker. Von einem Missbrauch dieser Vertrauensstellung mit ihrer Bewegungsfreiheit in der ganzen Anstalt finden wir nichts in den Akten.

Er hält sich fachlich auf dem Laufenden und hilft als Arzt den Beamten und Mitgefangenen. Er zeigt Loyalität mit der JVA, Geistesgegenwart, Mut und Durchsetzungsvermögen, als er zwei Aufsichtsbeamte vor zwei mit Messern bewaffneten Geiselnehmern rettet[2]. Die zeitraubenden Fehler des Landgerichts Kassel im Wiederaufnahmeverfahren lassen ihn nicht die Beherrschung verlieren. Obwohl er – natürlich – jederzeit am besten wusste, dass er zu Recht wegen Mordes verurteilt worden war, konnte er, und seine Unterstützer haben ihn darin bestärkt, immer wieder die Hoffnung haben, bald auf freien Fuß zu kommen. Diese objektiv unverdiente, situativ aber nicht unrealistische Erwartung wurde von jedem der drei juristisch fehlerhaften Kasseler Beschlüsse für Monate und Jahre enttäuscht. Er hat diese Enttäuschungen ertragen.

---

1 siehe S. 55. Wir bezweifeln, dass er den allzu abenteuerlichen Ausbruch wirklich vorhatte. Wir sind aber sicher, dass er sich – wie von dem Denunzianten berichtet – über solch großartige Pläne vor den Mitgefangenen verbreitet hat. Die Elemente „Chemie" und „Bundeswehr" scheinen uns Dr.-Ulrichs-typisch.

2 vgl. das Dank- und Anerkennungsschreiben auf S. 81

Auf die vier Jahre verschlingende Lockerungsprüfung des hessischen Justizministeriums, die selbst die Strafvollstreckungskammer mit der Zeit als unangemessen streng beanstandete, hat er mit einem aus seiner Sicht maßvollen Zorn reagiert, die möglichen Rechtsmittel eingelegt und sich mit deren bescheidenen Erfolgen begnügt.

Dr. Ulrichs war ferner, wie es nach seiner Lebensgeschichte von außen betrachtet scheint, jedenfalls über längere Phasen zu stabilen Partnerbeziehungen fähig und konnte demnach im Freud'schen Sinne „lieben". Die Ehe mit seiner dritten Frau Susanne wirkt, so wie sie selbst sie im Jahr 1985 der Staatsanwaltschaft beschrieben hat – und unter all den Vorbehalten, die unserer in diesem Punkt bloß auf Akten gestützten Bewertung anhaften –, partnerschaftlich und herzlich. Sie war auch kein kurzes Luftschloss, sondern hielt bis zu der Inhaftierung 1986 und noch einige Monate darüber hinaus acht Jahre lang. Diese Ehe hat ungewöhnliche Belastungen überstanden, wie die Geburt der schwerbehinderten Tochter und die von Dr. Ulrichs seiner Frau gegenüber nicht ernsthaft dementierte sexuelle Untreue, sein Verhältnis mit Erika Stein. Von Besitz- und Kontrollansprüchen ihres Mannes, von Eifersucht und Kränkbarkeit, von Erpressungs- und Manipulationsversuchen seinerseits ist seitens Frau Dr. Ulrichs nicht die Rede. Sie berichtet von keinen Anfällen der „selbstgerechten Wut", wie sie sich bei einem narzisstisch Gestörten oft explosionsartig einstellen. Seine sexuelle Untreue, wie die Liebschaft zu Erika Stein, erreicht, soweit wir das wissen, nicht das Maß allseitiger Promiskuität – seine sechs Höchster Arzthelferinnen zum Beispiel scheint er in Ruhe gelassen zu haben. Erst die unsinnige Geiselnahme und die Flucht Anfang 1987 brachten für seine Frau das Fass zum Überlaufen und führten zur Trennung.

Seine vorerst letzte Lebenspartnerin Anna Berger war fast zwei Jahre lang glücklich mit dem Mann an ihrer Seite, der sich ihr gegenüber, wie sie der Polizei beteuert hat, immer liebe- und rücksichtsvoll gezeigt hat. Sie war vollkommen überzeugt, dass der ungeheure Verdacht gegen ihn unberechtigt war, weil sie ihn besser zu kennen glaubte. In ihrer persönlichen Anlehnungsbedürftigkeit – vor dem Hintergrund ihrer vaterlosen Kindheit, ihrer Depressivität und ihren multiplen körperlichen Krankheiten – hat er sie, wie es scheint, als Partner mit stark väterlichen Zügen zuverlässig gestützt und ihre Schwäche nicht missbraucht.

Für seine vierte Frau, die alkohol- und drogenabhängige Jasmin Ulrichs, hat er, soweit das zu beurteilen ist, einerseits oft das nach Lage der Dinge Mögliche getan, um ihr durch geeignete Therapien aus ihrer Suchtkrankheit herauszuhelfen. Jasmin schildert allerdings als Zeugin in Landshut auch eine andere Seite;

sie beschreibt, wie er sie fesselte und ihr den Mund zuhielt, um sie in einen Zustand der Atemnot zu bringen, der ihn sexuell erregte. Er hat sich dann, wie sie sagt, „genommen, was er wollte". Zur dunklen Seite des Gesamtbildes gehört der in unserem Rahmen nicht zu klärende unheimliche Verdacht der Giftbeibringung an seiner zweiten Frau Heidemarie, an seiner Geliebten Erika Stein und vielleicht an den Thallium-vergifteten Studenten[1]. Und Frau Stein gegenüber hat er einmal im Gespräch wenigstens erwogen, ob man dem Tod seiner angeblich schwer an multipler Sklerose erkrankten Frau nicht „nachhelfen" könnte[2].

Wegen seiner vielen gesunden Anteile und trotz der erwähnten Nachtseiten zeigt Dr. Ulrichs keine voll ausgebildeten Persönlichkeitsstörungen von Krankheitswert. Über längere Zeit ist er zurückhaltend und ruhig. Er ist ausreichend stabil, arbeits- und leistungsfähig. Mehr als eine Persönlichkeitsakzentuierung liegt deshalb nicht vor.

Narzisstischer Betrüger

Allerdings spricht manches dafür, dass sich das aus den Akten ersichtliche moderate Verhalten in der Butzbacher Haft durch die Haftbedingungen erklärt, dass ihn vor allem der feste Rahmen des Haftalltages stabilisiert hat. Denn lohnende Möglichkeiten zu betrügerischen Manipulationen bestanden unter den nur träge bewegten intramuralen Rahmenbedingungen – jahrelang war er von denselben Menschen und Dingen umgeben – nur wenige. Zum Manipulieren geeignete Mitgefangene oder Anstaltsmitarbeiter kamen in dieser Anstalt für Langstrafige selten neu hinzu. Zugleich wurden Dr. Ulrichs' Ansprüche auf Bewunderung durch seine Parteigänger innerhalb und außerhalb der Anstalt mit der Zeit immer stärker befriedigt, was ihn seelisch gestützt haben dürfte. In der begrenzten Welt des Gefängnisses war er ein Prominenter. Das bestätigte ihm auch seine gelegentliche Medienresonanz in Zeitungen und Rundfunk.

Und schließlich: Dr. Ulrichs brauchte im Gefängnis nicht viel Geld. Für Unterkunft und Essen war gesorgt, der zusätzliche „Einkauf" im Gefängnisladen nicht wirklich teuer. Den im Gefängnis möglichen kostspieligen Lastern – Drogenkonsum oder Glücksspiel – hing er nicht an. Aufwändig war nur seine medizinische Fachliteratur, für die seine Entlohnung als Drucker und Zuwendungen der Eltern ausreichten.

---

1 siehe den Zeitungsartikel auf S. 35
2 siehe S. 32

Dass er durch die Haftbedingungen nur scheinbar stabilisiert war, dafür spricht stark sein Verhalten danach: Kaum ist er im Offenen Vollzug, beziehungsweise aus der Haft entlassen, greift er zu unüberlegten, für ihn als Hafturlauber und später als Bewährungsprobanden ganz riskanten Manipulationen. Gleich in einem der ersten Hafturlaube tritt er von Butzbach aus betrügerisch als „Headhunter" auf[1] und riskiert damit ein neues Strafverfahren und – bis auf Weiteres – den Wegfall der Lockerungsberechtigung, auf die er Jahre hat warten müssen.

Sein objektiv richtiges Zeugnis der Heilpraktikerschule verfasst er ohne Not unter falschem Namen selbst und begeht damit ein Vergehen, eine Urkundenfälschung[2], mit der er wenig später auch auffliegt[3]. Er hat Glück, dass das wieder niemand anzeigen mag. Ab Herbst 2006 beginnt er die Serie von Urkundenfälschungen und Betrugstaten im Zusammenhang mit Anna Bergers Neuroborreliose. Die dazu von ihm gefälschten Dokumente sind handwerklich miserabel gemacht[4]. Bei jeder dieser Straftaten setzt er sich großem Risiko aus, dass seine Bewährung widerrufen wird.

Dennoch geht es lange Zeit gut, vor allem weil er durch sein Charisma die Umgebung zum Mitmachen oder zumindest dazu bringt, ihm weder seine offenkundigen Regelverstöße noch seine Straftaten konsequent ernst zu nehmen. Sein ganz mit ihm identifizierter Butzbacher Sozialarbeiter Kuhn nimmt ihm das angebliche „Headhunting" offensichtlich nicht übel. Der Direktor der Heilpraktikerschule lässt das ihm zur Klärung der Urkundenfälschung zugefaxte, mit seinem Namen falsch unterschriebene Zeugnis wortwörtlich abtippen, unterschreibt es mit eigener Hand und schickt es, als jetzt tatsächlich echt, an Dr. Ulrichs' darüber nicht wenig verwunderten Chefarzt zurück.

Das Auftreten des Paares bei der für die Frühpensionierung Anna Bergers zuständigen Amtsärztin ist so überzeugend, dass das mitgeführte Konvolut gefälschter Unterlagen keiner Prüfung unterzogen wird; die Amtsärztin lässt sich später auch durch den Hinweis des Finanzamtsvorstandes auf verdächtige Umstände – wie die „Schlössli-Klinik"[5] – nicht von ihrer Diagnose abbringen, reagiert eher indigniert auf solchen Verdacht.

---

1 siehe S. 96
2 Freiheitsstrafe bis zu 5 Jahren, § 267 StGB
3 siehe S. 106
4 siehe den Kasten auf S. 159 mit einer gefälschten Rechnung „aus der Schweiz"
5 siehe S. 131

Dr. Ulrichs zeigt sich hier zeitweise als meisterhafter praktischer Psychologe, der genau abzuschätzen vermag, welche Mittel er zur Manipulation erfolgreich einsetzen und wie weit er bei seinen Betrügereien gehen kann. Keine dieser Straftaten wäre aufgedeckt worden, wenn nicht im Zuge der Mordermittlungen seine sämtlichen Unterlagen und Machenschaften einer umfassenden Überprüfung unterzogen worden wären.

Bis dahin ist er somit ein recht erfolgreicher Betrüger. Die falschen Arztrechnungen bringen Anna Berger und damit ihm etwa 40 000 Euro ein. Seine Lügen und Urkundenfälschungen sind jeweils Teil eines mehr oder weniger komplexen, rational gestalteten Tatplans und führen erfolgreich zum Ziel der materiellen Bereicherung. Die ganz ungewöhnliche Sicherheit seines Auftretens und sein sehr oft vorhandenes Gespür für die menschlich-kommunikativen Bedürfnisse seines jeweiligen Gegenübers erklären sich aus seiner Persönlichkeit. Sie enthält Elemente der narzisstischen und der histrionischen Störung.

Als in diese Richtung „akzentuierte Persönlichkeit" diagnostiziert ihn Professor Nedopil in dem Gutachten zu seiner Schuldfähigkeit für das Landshuter Schwurgericht[1], in dem er dazu noch Elemente einer antisozialen Persönlichkeitsstörung feststellt. Die in Landshut zum Lebenslauf gehörten Zeugen bestätigen seine narzisstischen und histrionischen Persönlichkeitszüge. Zeit seines erwachsenen Lebens hat er phantastische Geschichten erzählt und alles dafür getan, beachtet und bewundert zu werden. Seinen Therapeuten und Freund Dr. Degenhardt hat Dr. Ulrichs mit der echten Wirkung seiner Erzählungen aus der Welt der Geheimdienste so fasziniert, dass er sich bis heute noch fragt, ob an dieser geheimdienstlichen Untergrund-Biografie nicht wenigstens Teile wahr sind.

Der in ganz Deutschland geschätzte forensische Psychiater Professor Ventzlaff aus Göttingen hat Dr. Ulrichs allein unter dem Eindruck von dessen Persönlichkeit – eine andere Beurteilungsgrundlage als seine eigene Exploration hatte er nicht, weil er die Darmstädter Ermittlungsakten nicht kannte – trotz der rechtskräftigen Verurteilung mehrfach schriftlich bestätigt, er halte den Mordvorwurf wegen der Höchster Tat nach wie vor für absurd.

---

1 vgl. die Definitionen dieser Persönlichkeitsstörungen aus dem maßgebenden *Diagnostischen und Statistischen Manual Psychischer Störungen* auf S. 161, 164 und 169.

```
KANTONSSPITAL      KANTONALE ÄRZTLICHE VERRECHNUNGSSTELLE
ZÜRICH — LUZERN         St. LEONHARDSTR. 125-127       005648
                        9001 St. GALLEN  09.01.2007 KassReg/Bo

                                          Beratungszentrum
                                          Telefon: 0844 811 811
                                          Telefax: 071 231 34 92


    Patientin           .19.   Pat.-Nr. 0674-3988/07
    Neurologie – Innere Medizin – NeuroPsychiatrie – Infektiologie

    CODE: A 69.2 V.a., R 29.1, F 43.0, G 04.2 V.a.

    Am heutigen Tag, 09.01.2007, wurden auf das Konto der Kantonalen/Ärztlichen Verwaltungs- und Verrechnungsstelle
    für Sie zur Sicherstellung zwei Depotleistungen bargeldlich eingelegt:

    Die Behandlung ist damit, gem. KVG sichergestellt.

        1.  6120 EUR  =  10 000 CHF   und
        2.  4284 EUR  =   7000 CHF

           Gesamtsumme:    17 000 CHF

    Die eingezahlten Beträge werden bei der Rechnungsstellung berücksichtigt.

    Wir weisen Sie - aufgrund der Nachfrage Ihrer Angehörigen – darauf hin, dass alle stationären und ärztlichen Leistungen
    über unsere Verrechnungsstelle skontiert werden und Sie eine Detailrechnung, bzw. Zwischenrechnung gem. GOÄ de
    zur Vorlage bei Ihrer Versicherung bzw. Beihilfestelle erhalten.


    Gute Genesung mit freundlichem Gruß

    Borchert
```

Leider nur als Telefax (den wahren Namen der Patientin „Anna Berger" haben wir gelöscht): Einer der von Dr. Ulrichs gefälschten Belege – hier: Quittung für eine Sicherheitsleistung für die Behandlungskosten – „in der Schweiz". Was hier nicht stimmt, sollte selbst jedem oberflächlichen Schweiz-Kenner sofort auffallen: Zürich und Luzern sind verschiedene Kantone. Sie grenzen nicht einmal aneinander. Zürich ist mit etwa 800 000 Einwohnern bevölkerungsreichster Schweizer Kanton. Es ist ausgeschlossen, dass sich die Zürcher ein „Kantonsspital" mit den Luzernern teilen. Dass er die angeblich dazugehörende „Kantonale Ärztliche Verrechnungsstelle" unverständlicherweise in noch einem anderen Kanton, dem weit östlich gelegenen St. Gallen, angesiedelt hat, ist allenfalls damit erklärbar, dass er „möglichst viel Schweiz" in seinem Artefakt unterbringen wollte. Aussagepsychologisch ist dies ein „Lügensignal", das der Übertreibung.

Manche haben ihm seine Hochstapeleien übelgenommen – für seine erste Frau Katharina war ein Hodenkrebs, den er ihr vorgespielt hat, der Trennungsgrund. Andere fanden sie harmlos. Bei den Mitarbeiterinnen der Augsburger Praxis hieß er wegen seiner Aufschneidereien recht wohlwollend „Käpt'n Blaubär"[1].

Der folgenreichste Effekt der dauernden Hochstapelei war, den Blick auf seine dissoziale, gewaltgeneigte Seite auch denen zu verstellen, die sich nicht von seiner glanzvollen Außendarstellung haben blenden lassen wollen. Die Entlarvung der ärgerlichen angemaßten Großartigkeit hat den Großteil der Aufmerksamkeit verbraucht, die seine Umgebung für Dr. Ulrichs übrig hatte. Professor Glatzel hat weite Teile seines Butzbacher Gutachtens darauf verwendet, die Angebereien der ihm gebotenen Fassade zu demontieren. Ob sich hinter dem narzisstischen Hochstapler ein dissozialer Mörder versteckt hielte, hat er dann kaum mehr zu erhellen versucht. Kurz hat er dazu formuliert, Dr. Ulrichs' gegenwärtige Einstellung zu dem Mord in Höchst könne, weil er ihn bestreite, weder geprüft noch bei der prognostischen Bewertung berücksichtigt werden[2].

Auch für die anderen Gutachter stand die narzisstische oder histrionische Akzentuierung seiner Persönlichkeit im Mittelpunkt und hat dadurch dazu beigetragen, dass sich die Gutachten nicht eingehend genug mit seiner gewalttätigen Seite befassen konnten. Noch das Gutachten des Münchener Psychiaters – erstellt im Jahr 2008 für die Regierung von Oberbayern wegen der neuen Approbation – endet unentschlossen mit der Bemerkung, einerseits dürfe, wer seinen Patienten ermordet habe, nicht mehr Arzt sein; andererseits könne man wegen seiner narzisstischen Persönlichkeit allein Dr. Ulrichs die neue Approbation schlecht verweigern.

---

1 Nach der sympathischen Figur von Walter Moers. Seebär, der seinem Matrosen Hein Blööd, der ihm alles glaubt, und einigen kleinen Bären, die da sehr skeptisch sind, ein Seemannsgarn nach dem anderen erzählt. Bekannt unter anderem durch die Kinderserie *Sendung mit der Maus*.
2 vgl. S. 89

Narzisstische Persönlichkeitsstörung (DSM 301.81)
Aus: Diagnostisches und statistisches Manual psychischer Störungen (DSM IV TR)

Ein tief greifendes Muster von Großartigkeit (in Phantasie und Verhalten), Bedürfnis nach Bewunderung und Mangel an Empathie. Der Beginn liegt im frühen Erwachsenenalter und zeigt sich in verschiedenen Situationen. Mindestens fünf der folgenden Kriterien müssen erfüllt sein:

(1) Hat ein grandioses Gefühl der eigenen Wichtigkeit (übertreibt z. B. die eigenen Leistungen und Talente; erwartet, ohne die entsprechenden Leistungen als überlegen anerkannt zu werden),
(2) ist stark eingenommen von Phantasien grenzenlosen Erfolges, Macht, Glanz, Schönheit oder idealer Liebe,
(3) glaubt von sich, „besonders" und einzigartig zu sein und nur von anderen besonderen oder angesehenen Personen (oder Institutionen) verstanden zu werden oder nur mit diesen verkehren zu können,
(4) verlangt nach übermäßiger Bewunderung,
(5) legt ein Anspruchsdenken an den Tag, d. h. übertriebene Erwartungen an eine besonders bevorzugte Behandlung oder automatisches Eingehen auf die eigenen Erwartungen,
(6) ist in zwischenmenschlichen Beziehungen ausbeuterisch, d. h. zieht Nutzen aus anderen, um die eigenen Ziele zu erreichen,
(7) zeigt einen Mangel an Empathie; ist nicht willens, die Gefühle und Bedürfnisse anderer zu erkennen oder sich mit ihnen zu identifizieren,
(8) ist häufig neidisch auf andere oder glaubt, andere seien neidisch auf ihn/sie,
(9) zeigt arrogante, überhebliche Verhaltensweisen oder Haltungen.

Differentialdiagnosen
Das nützlichste Merkmal zur Unterscheidung der Narzisstischen Persönlichkeitsstörung von Histrionischer, Antisozialer oder Borderline-Persönlichkeitsstörung, deren jeweilige Interaktionsstile Koketterie, Herzlosigkeit bzw. Bedürftigkeit sind, ist das Großartigkeitsmerkmal. Auch die relative Stabilität des Selbstbildes sowie der relative Mangel an Destruktivität gegen sich selbst, an Impulsivität und der Sorge, verlassen zu werden. Narzisstischen Menschen fehlt gewöhnlich die Vorgeschichte einer Verhaltensstörung in der Kindheit oder kriminellen Verhaltens als Erwachsene.
Großartigkeit kann auch als Merkmal einer Manischen oder Hypomanen Episode auftreten, aber die Verbindung mit Stimmungswechseln oder Funktionsbeeinträchtigungen ist hilfreich, um diese Episoden von der Narzisstischen Persönlichkeitsstörung zu differenzieren.
Argwohn und gesellschaftlicher Rückzug unterscheiden gewöhnlich Personen mit Schizotypischer oder Paranoider Persönlichkeitsstörung von denen mit Narzisstischer Persönlichkeitsstörung.

Psychotherapie 2004 bis 2006

Über Dr. Ulrichs zweijährige Therapie bei Dr. Degenhardt wissen wir nichts Direktes, denn der Therapieverlauf unterliegt ärztlicher Schweigepflicht. Dr. Degenhardts aus der Akte ersichtlicher Abschlussbericht an die Regierung von Oberbayern und seine Vernehmungen über seine Kontakte mit seinem Ex-Patienten und Freund nach der Therapie machen aber erkennbar, weshalb die Therapie trotz ihrer langen Dauer, und obwohl der Therapeut über sie am Schluss als erfolgreich an die Behörde berichtet hat, Dr. Ulrichs in seinen tatursächlichen Persönlichkeitszügen nicht, oder jedenfalls nicht genügend, gebessert hat – wie der zweite Mord im Rückblick klar zeigt. Das therapeutische Arbeitsbündnis hatte keine tragfähige Basis, denn zwischen Therapeut und Patient war bis zuletzt ungeklärt, ob Dr. Ulrichs entweder

(1) das unschuldige Opfer einer Intrige des CIA oder
(2) der habgierige und heimtückische Mörder Leonhard Buchhammers war.

Eng damit verknüpft ist die für den Therapeuten bis heute nicht restlos geklärte Frage nach Dr. Ulrichs' Verstrickung ins Geheimdienstmilieu.

Die Relevanz dieses Unterschiedes liegt auf der Hand. Im Fall (1) war Dr. Ulrichs ein unschuldiges Opfer. Die „psychosomatischen Hintergründe und Motive, die zu seinen Delikten geführt haben" – so die, weil es zwar psychosomatische Krankheiten, aber keine „psychosomatischen Motive" gibt, ungenau formulierte Behandlungsauflage – existierten dann ebenso wenig wie diese Taten selbst. Eine therapeutische Bearbeitung derartiger Phantasmen ginge ins Leere; die Therapie war unsinnig. Allenfalls hätten sich die Dres. Ulrichs und Degenhardt – dann aber in aller Offenheit und Klarheit – miteinander darauf verständigen können, der Regierung von Oberbayern, nachdem sie nun einmal darauf bestand, die unnötige Therapie eben vorzuspiegeln. Das wäre aus ihrer Sicht dann ein gerechtfertigter Akt der Notwehr gewesen, damit die Behörde die einem insoweit Unschuldigen zu Unrecht entzogene Approbation gerechter Weise wieder erteilt.

Im Fall (2) war Dr. Ulrichs ein Mörder, der – solange er sich, wie bis zum Schluss, zur Tat nicht stellte – seinen Therapeuten dauernd belog und sich so der Therapie nicht öffnete. Dann war die Therapie wegen mangelnder compliance (Mitarbeit) des Patienten abzubrechen.

Methodisch stand Dr. Degenhardt, und zwar wohl ganz gleich, welcher Therapietechnik er nun folgte, angesichts des Bestreitens des Mordes vor der folgenden Alternative: Er hätte sich entweder in der Arbeit mit seinem Patienten Dr. Ulrichs der Frage nach dessen Täterschaft und Schuld konsequent *zu*wenden können. Das hätte eine eingehende, ernsthafte, zeitraubende und emotional belastende Konfrontation des dabei höchst widerständigen Patienten mit der Beweiswürdigung des Darmstädter Urteils von 1987 verlangt. Auch mit der schließlich, trotz des vieljährigen Hin und Her und gewisser Teilerfolge durch Kasseler Verfahrensfehler, im Ergebnis völlig eindeutigen Niederlage Dr. Ulrichs' im Wiederaufnahmeverfahren hätten Therapeut und Patient sich befassen müssen. Wir denken an die Exploration durch Professor Glatzel[1] und nehmen an, dass Dr. Ulrichs eine bis zum Ergebnis geführte, von einer Haltung distanzierter Wachheit getragene Überprüfung seiner Schuld am Mord nicht ausgehalten und die Therapie sabotiert oder abgebrochen hätte. Für Dr. Degenhardt hätte eine solch konfrontative Strategie – kein Therapeut sieht sich als Polizist – allerdings ein Abgehen von der in der allgemeinen Psychotherapie üblichen zurückgenommen, „nondirektiven" therapeutischen Haltung bedeutet.

Als ein Erdinger Polizist ihn später bei der Vernehmung darauf anspricht, ob er seinen Patienten eigentlich für des Höchster Mordes schuldig gehalten habe, erwidert er, so frage man als Therapeut nicht. Hier unterscheidet sich die allgemeine Psychotherapie, mit der sich Dr. Degenhardt eher auskannte, von der speziellen Therapie schwerer Straftäter. Das gilt besonders für die Gruppentherapie, die in der Kriminaltherapie bevorzugt eingesetzt wird. Freilich wird, und kann, sich der Psychotherapeut auch in einer solchen Gruppe mit eigenen Konfrontationen zurückhalten. Aber die Gruppenmitglieder übernehmen es, einander mit der eigenen Schuld und mit ihren eingeschliffenen Ausreden vor den anderen und vor sich selbst zu konfrontieren. Die Mitverurteilten haben höchste Expertise, kennen jeden Fluchtweg aus der Verantwortung, jede „Neutralisierungstechnik".

Oder Dr. Degenhardt hätte sich von der Schuldfrage nebst ihrem Geheimdiensthintergrund konsequent *ab*wenden können. Diesen Weg wären in der Einzeltherapie wohl die meisten Therapeuten gegangen. Alles Leugnen der Schuld mit den dazugehörigen Verschwörungsgeschichten und Geheimdienstintrigen wäre dann im therapeutischen Setting tabu gewesen. Wann immer Dr. Ulrichs derlei – gemäß seiner Gewohnheit – ins Spiel zu bringen versucht hätte, wäre anzusprechen gewesen, wieder einmal stehe die Unwahrheit im Raum – mit dem anschließenden Versuch einer Deutung unter der Fragestellung – weshalb gerade jetzt wieder? Wovon wollten Sie damit eben ablenken? Mit Dr. Ulrichs hätte, auch hier gegen starken Widerstand des Patienten, erarbeitet werden müssen, was er selbst – strikt abgesehen von allem, was mit dem Mord und dem Geheimdienst zusammenhing – an seinen Einstellungen, seinem

---

[1] Siehe S. 88

Histrionische Persönlichkeitsstörung (DSM 301.50)
Aus: Diagnostisches und statistisches Manual psychischer Störungen (DSM IV TR)

Ein tief greifendes Muster übermäßiger Emotionalität oder Strebens nach Aufmerksamkeit. Der Beginn liegt im frühen Erwachsenenalter und die Störung zeigt sich in verschiedenen Situationen. Mindestens fünf der folgenden Kriterien müssen erfüllt sein:

(1) Fühlt sich unwohl in Situationen, in denen er/sie nicht im Mittelpunkt der Aufmerksamkeit steht,
(2) die Interaktion mit anderen ist oft durch ein unangemessen sexuell verführerisches oder provokantes Verhalten charakterisiert,
(3) zeigt rasch wechselnden und oberflächlichen Gefühlsausdruck,
(4) setzt durchweg seine körperliche Erscheinung ein, um Aufmerksamkeit auf sich zu lenken,
(5) hat einen übertrieben impressionistischen, wenig detaillierten Sprachstil,
(6) zeigt Selbstdramatisierung, Theatralik und übertriebenen Gefühlsausdruck,
(7) ist suggestibel, das heißt leicht beeinflussbar durch andere Personen und Umstände,
(8) fasst Beziehungen enger auf, als sie tatsächlich sind.

Differentialdiagnosen
Borderline-Persönlichkeitsstörung: Obwohl sie ebenfalls durch die Suche nach Aufmerksamkeit, manipulatives Verhalten und rasch wechselnde Emotionen gekennzeichnet ist, unterscheidet sie sich durch Selbstschädigung, Wutausbrüche gegenüber engen Vertrauenspersonen, ein chronisches Gefühl der Leere sowie Identitätsstörungen.
Antisoziale Persönlichkeitsstörung: Beide haben die Tendenz, impulsiv, oberflächlich, aufregungssuchend, rücksichtslos, verführerisch und manipulativ zu sein; jedoch neigen Personen mit Histrionischer Persönlichkeitsstörung dazu, in ihren Emotionen übertriebener zu sein und lassen sich nicht charakteristischerweise auf antisoziale Verhaltensweisen ein. Personen mit Histrionischer Persönlichkeitsstörung sind manipulativ, um Aufmerksamkeit zu erhalten, während Personen mit Antisozialer Persönlichkeitsstörung manipulativ sind, um Profit, Macht oder eine andere materielle Belohnung zu erhalten.
Narzisstische Persönlichkeitsstörung: Personen mit Narzisstischer Persönlichkeitsstörung möchten gewöhnlich für ihre „Überlegenheit" gelobt werden, während Personen mit Histrionischer Persönlichkeitsstörung bereit sind, für zerbrechlich oder dependent gehalten zu werden, wenn dies dazu dient, Aufmerksamkeit zu erlangen.
Viele Personen können histrionische Persönlichkeitszüge zeigen. Nur wenn diese Züge unflexibel, unangepasst und überdauernd sind und in bedeutsamer Weise funktionelle Beeinträchtigungen oder subjektives Leiden verursachen, stellen sie eine Histrionische Persönlichkeitsstörung dar.
Die vorgenannten drei Persönlichkeitsstörungen können bei einer Person zugleich vorhanden sein.

Verhalten und seinem Charakter eigentlich verändern wollte. Was war sein persönliches Ziel der Therapie? Wir sehen nicht, was Dr. Ulrichs – über Lippenbekenntnisse hinaus – auf diese zentrale Frage geantwortet hätte.

Die im Abschlussbericht Dr. Degenhardts an die Regierung von Oberbayern angesprochenen Diskussionen über „Werte" werfen aus unserer Sicht ein Schlaglicht auf den Therapieverlauf[1]. Musste es in der Therapie nicht gerade darum gehen, ob Dr. Ulrichs nicht nur ein „werte*bewusster*", sondern ein „werte*geleiteter*" Mensch war, ob er also nicht nur wusste, was Recht und Moral von ihm verlangten, sondern sich daran auch hielt?[2] Wie stand es damit angesichts seiner Taten? Immerhin hatte dieser „sehr wertegeleitete" Mensch ja sogar zugegeben, Urkundenfälschungen und Betrugstaten begangen zu haben. Passte das zusammen? Wie war es mit dem nicht eingestandenen Mord?

Und: Jede wirksame Therapie ist auf Veränderung alt eingeschliffener Einstellungen und Verhaltensweisen aus. Jeder Patient empfindet das als mehr oder weniger belastend. Ein erfolgreicher Therapeut kann deswegen gar nicht anders, als „nah' am Widerstand" zu arbeiten; er muss dem Patienten so viel von der Erkenntnis zumuten, dass es so wie bisher nicht weiter gehen soll, wie der Patient auf einmal ertragen kann. Sobald Therapeut und Patient ein „gemeinsames Steckenpferd" reiten, stimmt der Therapieverlauf grundsätzlich nicht.

Ferner, und in dieselbe Richtung: Im gleich eingangs erklärten Verzicht Dr. Degenhardts auf jedes Honorar liegt ein – da Dr. Ulrichs ja eine Oberarztstelle hat und keine Not leidet, recht generöses – Geschenk im Wert von um 20 000 Euro. Warum hat Dr. Degenhardt seinem Patienten 20 000 Euro geschenkt? Hat er als Therapeut sich an einem möglichen Fehlurteil – sozusagen kollektiv,

---

1 siehe S. 109 – weil es uns so wesentlich vorkommt, hier nochmals auszugsweise im Wortlaut: „Wenngleich Herr Dr. Ulrichs nach wie vor bestreitet, die Tat […] begangen zu haben, […] beschäftigt er sich in der Therapie wiederholt mit Fragen persönlicher Schuld. Diskussionen […] über Wertvorstellungen … fanden eigentlich in jeder Sitzung statt und bilden inzwischen so etwas wie unser gemeinsames Steckenpferd innerhalb der Therapie. […] Ich erlebe Herrn Dr. Ulrichs als sehr wertebewussten und wertegeleiteten Menschen, dessen Werte jedoch aus unterschiedlichen Traditionen stammen."

2 In Anselm v. Feuerbachs Fall des Mörder-Pfarrers Riembauer (siehe Fußnote 2 S. 145) gibt es – zwischen dem in Haft sitzenden Pfarrer und seinem Untersuchungsrichter – ebenfalls tagelange Diskussionen über „Werte". Der geistliche Inquisit (= Untersuchungshäftling) hat nämlich eine sechsbändige Ausgabe der *Ethica Christiana* eines Pater Benedikt Stattler, S. J., aus dem Jahr 1789, in der – für den empörten Protestanten v. Feuerbach verachtenswert „jesuitisch" – dargelegt ist, dass der Christ sogar zu einem Mord greifen darf, wenn sein guter Ruf durch Beschuldigungen in Gefahr gerät. (aaO. S. 145, dort S. 263)

gesellschaftlich – mitschuldig gefühlt und wollte er diesem diffusen Schuldgefühl eine vorsorgliche Wiedergutmachung entgegenstellen? Uns scheint, dass das Motiv der Schenkung mit der für den Therapeuten letztlich ungeklärten Frage der Täterschaft Dr. Ulrichs' eng, aber unausgesprochen zusammenhängt. In einer ausreichend klaren therapeutischen Beziehung zwischen Behandelndem und Patienten ist für ein solches Geschenk kein legitimer Raum. Falls Dr. Degenhardt, wissend um seine geringe einschlägige Erfahrung, durch eine Umsonst-Therapie ohne schlechtes Gewissen „üben" wollte, machte das die Dinge nicht besser.

Schließlich dürfte Dr. Degenhardt als Allgemeinmediziner mit „kleiner Psychotherapie" nicht intensiv genug ausgebildet gewesen sein, um mit dem extrem schwierigen Fall zurechtzukommen. Auf jeden Fall hat ihm die ausreichende Erfahrung mit forensischen Patienten, insbesondere mit Betrügern, gefehlt. Die manipulativen Fähigkeiten Dr. Ulrichs' waren, wir erinnern daran, geschliffen genug, dass er damit den bundesweit bekannten erfahrenen forensischen Psychiater Professor Ventzlaff[1] zum Mitagieren an seiner Seite bringen konnte.

Endlich hätte sich Dr. Degenhardt, weil ihm selbst ausreichende therapeutische Erfahrungen mit schweren Straftätern fehlten, um eine geeignete, mit Straftätern erfahrene Supervision kümmern müssen.

Realitätskontrolle und Realitätsverlust

Dr. Ulrichs' zwei Tötungsdelikte zeigen nicht die gute Tatplanung und deren psychologisch schlafwandlerisch sichere Ausführung, die manche seiner Betrügereien kennzeichnet. Die Planung beider Morde ist undurchdacht und die Tatausführung unsorgfältig. Dr. Ulrichs – als Betrüger oft meisterhaft in der Lage, im richtigen Moment das kommunikativ Richtige zu tun – versetzt sich kaum in die Polizisten hinein, die die Ermittlungen, mit denen sicher zu rechnen ist, führen werden.

Bei der Tat in Höchst 1984 stellt sich zunächst die Frage, weshalb dieser Mord überhaupt nötig war, um die Praxis in Brand zu setzen. Warum hat Dr. Ulrichs mit dem Anzünden nicht auf ein Wochenende gewartet, an dem Leonhard Buchhammer fortgefahren war? Ferner: Durch die Doppelversicherung der Praxis hat er die Spur zu sich hin gelegt. Die dilettantische Vorbereitung der

---

1 siehe S. 79

Brandstiftung, das Liegenlassen der überführenden Spritze „Spur Nr. 13" im Papierkorb der Praxis, der Erwerb des Brevimytal beim örtlichen Apotheker Mandel haben, fast schon jedes Indiz für sich allein, den Mord ihm nachweisbar gemacht. Überzeugende Trugspuren – es hätte sich angeboten, falsche Einbruchspuren zu produzieren – hat Dr. Ulrichs nicht hergestellt.

Bei der Tat 2008 in Kirchasch weisen die unprofessionellen Fälschungen der Testamente, des Darlehensvertrages und der Rückzahlungsquittung auf die Begünstigte Anna Berger und damit auf ihn, den einschlägig Vorbestraften an ihrer Seite, zum Greifen deutlich hin. Dass Schriftsachverständige eingeschaltet werden und diese Fälschungen entdecken würden, gehört zum Allgemeinwissen. Und sich, ohne das nötige Geld, kurz vor der Tat das Feldafinger Haus für 800 000 Euro reservieren zu lassen, kam objektiv einem Geständnis gleich.

Seine Fehler hat er nicht etwa deswegen begangen, weil er unter Zeitdruck gestanden hätte. Beide Morde sind keineswegs aus spontanem Tatentschluss heraus entstanden, sondern waren Monate im Voraus geplant. Das beweisen die frühzeitig getroffenen Tatvorbereitungen.

Die Doppelversicherungen der Höchster Praxis hat Dr. Ulrichs im April 1984 abgeschlossen, neun Monate vor der Tat. Im Sommer 1984 beginnt er auch schon, sich in Bayern, zuerst in Oberammergau, eine neue Praxis zu suchen. Den Mord an Anton Fanger muss er schon im Herbst 2007 geplant haben, denn am 30. Oktober 2007 hat er von der Blutprobe der Vera Mayer einen Teil abgezweigt, seither steril und im Kühlschrank frisch gehalten. Eine andere Erklärung, als dass er mit dem Blut die spätere Trugspur legen wollte, gibt es für die Teilung der Blutprobe nicht.

Dr. Ulrichs hat sich auch den Tattag für Fangers Ermordung aussuchen können, und er hatte für eine solide Tatvorbereitung alle Zeit der Welt. Er hat sie nicht genutzt.

Unter dem Stress der Tatausführung und der beginnenden, sich alsbald auf ihn als Beschuldigten konzentrierenden Ermittlungen verliert er das praktisch-psychologische Gespür für das Glaubhafte noch weiter. Jetzt hat er keine Übersicht mehr. Er stolpert aus einer Notlüge in die nächste. An die Stelle der wohlüberlegten und gezielten Täuschung tritt eine innerpsychische Lügendynamik, der er ausgeliefert ist. Delbrück hat das 1891 „pseudologia phantastica" genannt[1];

---

1 Zitat nach Beier: „Betrüger im Strafvollzug" – in: *Zeitschrift für Strafvollzug und Straffälligenhilfe* 1998, 271 ff.

Professor Nedopil greift in seinem Gutachten für das Landshuter Schwurgericht zur Beschreibung Dr. Ulrichs' auf diesen alten Begriff zurück.

Als die Doppelversicherung der Höchster Praxis herauskommt, hat Dr. Ulrichs sich keine plausible Erklärung überlegt. Der von ihm geschilderte Weg für die (dritte) Geldübergabe bei den angeblichen Erpressungen[1] ist nicht glaubhaft, weil er sich den Spülkasten vorher nicht angesehen hat. Er hat nicht bedacht, dass seine Höchster Arztkollegen ständige Schutzgeld-Erpressungen nicht bestätigen werden, weil es keine gibt. Schließlich hat er, obwohl das nahelag, nicht damit gerechnet, dass seine Telefone abgehört werden und seine erfundene Geschichte mit dem geständigen Täter „Körbes" deswegen herauskommt. Leichtfertig undurchdacht ist die Trugspur „Körbes" zudem, weil er damit – ein Jahr bevor das Brevimytal im Leichenblut analysiert werden wird – den wahren Tathergang beschreibt[2], nämlich die Buchhammer gegebene Spritze.

Hinsichtlich der Tat in Kirchasch verrät er sich gegenüber seinem Praxiskollegen, dem er zu früh Kenntnis von Anna Bergers scheinbarer Alleinerbenstellung offenbart. Er kann es sichtlich schlecht abwarten, wegen des künftigen gemeinsamen Wohlstandes beneidet zu werden. Wahrscheinlich hat er sich am Karsamstag das Haus in Feldafing aus demselben Grund reservieren lassen – um, und sei es nur vor dem Makler, schon als wohlhabender Mann dazustehen.

Beim Mord von 2008 spricht er die ältere Nachbarin in Augsburg während der Liftfahrt, als er eben zum Tatort aufbricht, erstmals persönlich an und erzählt ihr unmotiviert seine Geschichte vom Notfalleinsatz im Klinikum, was sie so auffällig findet, dass sie sich die belanglose und sonst leicht zu vergessende Alltagsbegegnung merkt. Damit zerstört er sein Alibi, das Anna Berger ihm damals noch gegeben hat. Zu seiner plötzlichen Kontaktfreudigkeit mag beigetragen haben, dass er, schon unter dem Stress der ihm bevorstehenden Mordtat, den Mund deswegen nicht halten kann, weil er sich durch die, vielleicht nur phantasierte, Bewunderung der älteren Dame – für sein Arztsein und seine selbstlose Einsatzbereitschaft sogar am Feiertag – für die schreckliche Tat, die ihm bevorstand, stärken musste.

---

1 siehe S. 20
2 siehe S. 24. Dem Darmstädter Schwurgericht scheint dieser Selbstverrat nicht einmal aufgefallen zu sein. Jedenfalls wird der Hinweis im Urteil nicht verwertet.

Antisoziale Persönlichkeitsstörung (DSM 301.7)
Aus: Diagnostisches und statistisches Manual psychischer Störungen (DSM IV TR)

Es besteht ein tief greifendes Muster von Missachtung und Verletzung der Rechte anderer, das seit dem 15. Lebensjahr auftritt. Mindestens drei der folgenden Kriterien müssen erfüllt sein:

(1) Versagen, sich in Bezug auf gesetzmäßiges Verhalten gesellschaftlichen Normen anzupassen, was sich im wiederholten Begehen von Handlungen äußert, die einen Grund für eine Festnahme darstellen,
(2) Falschheit, die sich in wiederholtem Lügen, dem Gebrauch von Decknamen oder dem Betrügen anderer zum persönlichen Vorteil oder Vergnügen äußert,
(3) Impulsivität oder Versagen, vorausschauend zu planen,
(4) Reizbarkeit und Aggressivität, die sich in wiederholten Schlägereien oder Überfällen äußert,
(5) durchgängige Verantwortungslosigkeit, die sich im wiederholten Versagen zeigt, eine dauerhafte Tätigkeit auszuüben oder finanziellen Verpflichtungen nachzukommen,
(6) fehlende Reue, die sich in Gleichgültigkeit oder Rationalisierung äußert, wenn die Person andere Menschen gekränkt, misshandelt oder bestohlen hat.

Die Person muss mindestens 18 Jahre alt sein, eine Störung des Sozialverhaltens muss vor Vollendung des 15. Lebensjahres erkennbar geworden sein, und weder eine Schizophrenie noch eine Manische Episode dürfen vorliegen.

Differentialdiagnosen
Personen mit Antisozialer und mit Narzisstischer Persönlichkeitsstörung teilen die Neigung zu hartem, aalglattem, oberflächlichem und wenig einfühlsamem Wesen. Die Narzisstische Persönlichkeitsstörung schließt jedoch nicht die Charakteristika der Impulsivität, Aggressivität und des Betrügens mit ein. Personen mit Antisozialer Persönlichkeitsstörung benötigen nicht im gleichen Maß die Bewunderung und den Neid der anderen. Personen mit Narzisstischer Persönlichkeitsstörung weisen gewöhnlich kein gestörtes Sozialverhalten in der Kindheit und keine Kriminalität als Erwachsene auf.
Menschen mit Antisozialer Persönlichkeitsstörung neigen zu geringerer emotionaler Instabilität und größerer Aggressivität als solche mit einer Borderline-Persönlichkeitsstörung.
Die Antisoziale Persönlichkeitsstörung muss abgegrenzt werden von kriminellem Verhalten mit Bereicherungsabsicht, das nicht von den charakteristischen Persönlichkeitsmerkmalen dieser Störung begleitet ist. Antisoziale Persönlichkeitszüge müssen unflexibel, unangepasst und überdauernd sein und in bedeutsamer Weise funktionelle Beeinträchtigungen oder subjektives Leiden verursachen.

Bezeichnend für seine nur lose Verbindung mit der Realität sind auch zwei andere von ihm gelegte Trugspuren.

Nach dem Mord in Höchst hat er die zwei Schließfächer auf dem Frankfurter Hauptbahnhof mit scheinbaren Mafia-Spuren bestückt[1]. Die Ingredienzien für eine verbrecherische Atmosphäre sind ein Pullover mit Messerstich und Blut, nicht sinnvoll interpretierbare Mitteilungen auf Deutsch und Italienisch, italienische Zeitungen sowie ein Pornoheft als Hinweis auf eine etwas schmuddelige Sexualität. Die Zusammenstellung der Gegenstände wirkt willkürlich und wäre mit einer Tatbeteiligung italienischer Berufskrimineller in keine logische Beziehung zu bringen. Eine Nachricht? Hinterlassenes Gepäck eines der Verbrecher? Warum wurde das wertlose Zeug aufbewahrt und nicht weggeworfen? Warum hätten die Mafiosi die Hinweise auf die Tat – den Zettel mit dem Namen ihres angeblichen Opfers „Ulrichs" – nicht vernichtet? Warum haben sie die Fächer nicht rechtzeitig geleert? Soll die Polizei sich vorstellen, alle beteiligten Mafiosi seien unerwartet im Bandenkrieg gefallen?

Nach dem Mord in Kirchasch hat er die Anordnung auf Fangers Küchentisch drapiert. Auch hier finden sich die Symbole Blut(fleck) und eine Sexualität, der man nachhelfen muss – jetzt nicht mit Pornobildern, sondern zeitgemäß in Gestalt der zwei Viagra-Pillen. Sollten die mit Blickrichtung Blutfleck auf den Küchentisch gesetzten zwei Plüschtiere die Polizei womöglich auf die Idee bringen, dass ein infantil-perverser Geisteskranker den Mord begangen hat?

Als Deutung liegt nahe, dass Dr. Ulrichs beim Verfertigen dieser Kompositionen sich die Polizei – in einer Projektion – als genau so wenig realitätsbezogen und ebenso stark phantasiebetont vorgestellt hat, wie er es selbst jedenfalls zeitweise zu sein pflegt. Die Materialien der Trugspuren sollten so viele Möglichkeiten der Tatbegehung als gegeben oder als jedenfalls nicht sicher auszuschließen erscheinen lassen, dass dadurch seine, die wahre, Täterschaft gleichsam in der brauenden Masse des Virtuellen untergehen würde.

All das zeichnet das bekannte Bild des typischen Betrügers, der „während des Schwindelns die Fähigkeit verliert, zu unterscheiden, ob er noch die Wahrheit spricht oder nicht."[2] Die oft beobachtete Folge ist, dass der Betrüger sich während seiner täuschenden Reden in einer Art temporärer Autosuggestion bis zur Realitätsverkennung in seine Welt hinein lebt und deswegen, über den gewöhnlicher Lügner hinaus, von ungemeiner Überzeugungskraft sein kann,

---

1 siehe S. 39
2 so der seinerzeit bekannte Kriminologe G. Aschaffenburg, „Zur Psychologie des Hochstaplers" – aus: *Wochenschrift für Deutsche Kultur* I, 1907, S. 544 ff.

solange er nur Zuhörer findet, die bei ihm mitschwingen. Dr. Ulrichs' Größenphantasie von der bezwingenden Macht seiner eigenen Beredsamkeit kommt in seinem merkwürdigen Vorschlag an die Darmstädter Staatsanwälte aus dem Jahr 1985[1] zum Ausdruck: Er will sich mit den Strafverfolgern unbedingt ohne seine Verteidiger treffen; er allein wird sie, durch seine Worte und seine Persönlichkeit, von seiner Unschuld überzeugen.

Als Erklärungen für seinen mangelnden Realitätsbezug bieten sich – auf der Ebene der bloßen Beschreibung – die Elemente einer narzisstischen und einer histrionischen Persönlichkeitsstörung an. Mehr Anteile hat Dr. Ulrichs dabei vom Narzissmus, denn im Mittelpunkt steht für ihn das Streben nach Bewundertwerden durch andere. Auch wo er sich absichtlich betont schwach zeigt – bei seinen schweren Erkrankungen – steht noch eine Aufforderung im Raum, ihm wegen seiner Tapferkeit im Umgang mit solchem Leiden Anerkennung zu zollen. Die weiter führende Frage ist, warum für Dr. Ulrichs die – von manchen seiner jeweiligen Zuhörer zeitweise nicht ungern begleitete – abwechslungsreiche Flucht in die Welt seiner Phantasiegeschichten[2] nicht ausgereicht hat, sondern er, untypisch bei Betrügern, zwei Menschen wirklich, in der Realität, umgebracht hat.

Mordmotive

Die sich auf der theoretischen Grundlage von Psychoanalyse und Familientherapie stellende Frage nach einer tatkausalen familiären Fehlentwicklung ist – mit dem vorhandenen Wissen über ihn – nicht zu beantworten. Fast nichts in der Herkunftsfamilie lässt daran denken, dass dort ein zweifacher Mörder herangewachsen ist. Das Bild des bürgerlichen Elternhauses, in dem er als Einzelkind –

---

1 siehe S. 29
2 Thomas Mann hat den affektiven Zustand eines „benignen", nicht auch noch gewaltgeneigten Betrügers in den, freilich fiktiven, *Bekenntnissen des Hochstaplers Felix Krull* trefflich beschrieben. Felix Krull, Kellner in vornehmem Pariser Hotel, lehnt das Angebot des offensichtlich homosexuellen Nectan Lord Kilmarnock ab, mit der Aussicht auf eine spätere Adoption zu ihm nach Schottland mit zu kommen: „Das würde eine missliche Lordschaft sein, die seine Teilnahme mir da in Aussicht stellte, misslich in den Augen der Leute und nicht von der rechten Durchschlagskraft. *Aber das war nicht die Hauptsache. Die Hauptsache war, dass ein Instinkt, seiner selbst sehr sicher, in mir Partei nahm gegen eine mir präsentierte und obendrein schlackenhafte Wirklichkeit – zugunsten des freien Traumes und Spieles, selbstgeschaffen und von eigenen Gnaden, will sagen: Von Gnaden der Phantasie.*" Ausgabe des Fischer Taschenbuchverlags, S. 172 – Hervorhebung durch die Verf.

eine Schwester ist, das allerdings ist auffällig, kurz nach ihrer Geburt gestorben – groß wurde, bleibt ohne Befund. Eine „broken home"-Situation hat es nicht gegeben. Die Eltern, Mediziner und Dolmetscherin, waren gebildet, ihre Ehe war stabil. Der Vater war als Arzt im öffentlichen Dienst der Bundeswehr beruflich arriviert[1]. Dr. Ulrichs' Mutter war Hausfrau und konnte sich ihrem Sohn widmen. Sie hält später bis über die Ermittlungen nach der Tat von Kirchasch hinaus verlässlich zu ihm.

Ein knapper Hinweis auf eine gestörte Familie stammt von seiner Schulkameradin und ersten Frau Katharina, die seine Beziehung zum Vater als „Hass- und Winselverhältnis" bezeichnet und berichtet, noch kurz vor dem Abitur habe sein Vater ihn, den 19-Jährigen, verprügelt. Auch Dr. Ulrichs selbst liefert in der psychologischen Charakterisierung[2] seines ersten Mordopfers Buchhammer einen Ansatz. Er könnte unbewusst an sich selbst gedacht haben, wenn er Buchhammer als „Sohn auf Lebenszeit einer übermächtigen Mutter" beschreibt. Aber das bleibt Hypothese.

Die insgesamt fünf im Vollstreckungsverfahren erstellten psychiatrischen Gutachten kommen über Dr. Ulrichs' eigene Darstellung des strengen, konservativen, vorbildhaften Vaters, einer verstandesbetonten und dafür gefühlsfeindlichen Schulbildung an einer „Jesuitenschule" in Esslingen oder Essen und seiner Prägung durch einen Militärdienst, den er mal bei den Fallschirmjägern, mal als Sanitätsoffizier geleistet haben will, nicht hinaus. Dieses Bild hat der Sozialdienst der JVA Butzbach übernommen, als er Dr. Ulrichs mit unverkennbarem Respekt als einen Menschen charakterisiert hat, der in streng naturwissenschaftlichen Kategorien denkt und – nur – aus diesem Grund gelegentlich zu wenig Empathie für seine Mitmenschen aufbringt.

Es bleibt die Überlegung, ob seine Herkunftsfamilie hinter ihrer untadeligen Fassade womöglich eine andere Wirklichkeit gehabt hat[3]. Es wird sich, da alle Verwandten außer der – mit ihm identifizierten – Mutter gestorben sind, nicht

---

1 Wenngleich er nach Auskunft des Bundesministeriums der Verteidigung kein Sanitätsoffizier, also weder „Oberstarzt" noch gar „Generalarzt" gewesen ist.
2 siehe S. 17
3 H. Möller erkennt auf der Basis ihrer Arbeit als Anstaltspsychologin bei Betrügern ein immer wiederkehrendes Muster: „Sie hatten im System der Herkunftsfamilie entweder die Rolle des Partnerersatzes für die Mutter inne, da der Vater verstorben, verschwunden oder [...] von der Familie getrennt war. Oder aber sie waren Garanten für den Fortbestand der Ehe der Eltern, fungierten als Harmoniestifter für die marode gewordene Beziehungssubstanz, indem sie besonders witzig oder erfolgreich sein mussten, um die Ehepartner von eigenen Konflikten abzulenken.

mehr klären lassen, ob Dr. Ulrichs von den Eltern oder einem Elternteil in seiner Primärsozialisation, dann mutmaßlich in der frühen Kindheit schon, psychisch so tief und nachhaltig verletzt worden ist, dass ihm ein – wie es Professor Glatzel formuliert hat – „sein Wesen gleichsam grundierender" Zweifel am eigenen Wert eingepflanzt war, er diesen Zweifel nur durch ständiges Bewundertwerden bewältigen konnte, und für dieses Ziel über mindestens zwei Leichen gegangen ist.

Beide Mordopfer sind untypisch für die Impulstat eines narzisstisch Persönlichkeitsgestörten[1]. Dessen Tötungsdelikte treffen bevorzugt nahe, emotional für den Täter subjektiv unverzichtbare Beziehungspartner, oft aus Anlass von deren Versuchen, den Täter zu verlassen. Weder Buchhammer noch Fanger standen Dr. Ulrichs emotional nah.

Für Züge einer antisozialen Persönlichkeitsstörung gibt es Hinweise in seiner immer wieder – strafrechtlich zuletzt sanktioniert durch das Amtsgericht Kaufbeuren[2] – durchbrechenden Impulsivität und Aggressivität. Andererseits sind die prosozialen Leistungen Dr. Ulrichs' für eine antisoziale Persönlichkeitsstörung zu stabil, und seine „kriminelle Karriere" beginnt zu spät.

Wir können, solange er über seine Taten nicht offen redet, womit wir angesichts seiner Persönlichkeit nicht rechnen, nur mehr oder weniger plausible Hypothesen darüber aufstellen, was ihn zu den Taten gebracht und welche Rechtfertigungen für sein Handeln, welche „Neutralisierungstechniken" seinem Gewissen gegenüber er eingesetzt hat. Zwischen den Morden in Höchst und in Kirchasch sehen wir zwei Parallelen:

> So lernten sie früh, häufig schon im vorsprachlichen Alter, exakt wahrzunehmen, was die momentane Bedürfnislage der Eltern oder eines Elternteils erforderte und was es zu tun galt, um sie zu stillen. Sie wuchsen mit der Botschaft auf: ‚Sei der, den ich brauche, nicht der, der Du bist!'
> So prägten sie eine hohe soziale und emotionale Kompetenz aus. [...] Heute, als Erwachsene, spielen sie ihr differenziertes Instrumentarium [...] aus. Sie machen sich die Bedürfnisse der anderen zur Blendung und Manipulation zunutze. Auf diese Weise holen sie sich zurück, worum sie in ihrer Kindheit und Jugend betrogen wurden, nämlich in ihrem ‚Sosein' ohne wenn und aber beantwortet zu werden." *Praxis der Rechtspsychologie*, Heft 2, 1994, 112 f.

Lagen Dr. Ulrichs' Eltern womöglich über den in den 50er Jahren schon sehr ungewöhnlichen Tod der Schwester als Säugling in einem tiefen ungelösten Zwist gegeneinander? Hat die Mutter das ihrem Mann, dem Arzt, nie vergessen? Und musste der kleine Junge seine Eltern von diesem Konflikt ablenken? Wir wissen es nicht.

[1] vgl. dazu A. Marneros, *Impulstat und Affekttat*, S. 63–68
[2] siehe S. 108

(1) Seine persönliche und berufliche Situation könnte ihn im Frühjahr 2008 ähnlich narzisstisch gekränkt haben wie im Jahr 1984.

Vor dem ersten Mord mag er – das Gutachten Schumacher/Rauch umschreibt das vorsichtig, als Hypothese – durch seine schwer behinderte Tochter, das erfolglose Ende seiner akademischen Karriere und seine zwar wirtschaftlich hoffnungsvolle, aber provinzielle[1] Praxis, sich einer dreifachen Niederlage gegenüber gesehen haben. Als vierte Niederlage könnte er, selbst dann, wenn er selbst sie vergiftet haben sollte, schließlich noch den Verlust seiner Geliebten Erika Stein empfunden haben.

Die Enge einer Zukunft neben immer nur derselben einen Frau, mit einem Kind, das lebenslang von seiner Behinderung gezeichnet sein und der väterlichen Eitelkeit nicht schmeicheln würde, die Aussicht, unausgesetzt in der Kleinstadt die Knochen der Patienten aus dem Umland zu richten, all das mag ihn in seinem Narzissmus tief getroffen haben. Dass eine solche Lebenslage für viele andere beneidenswert war – er hätte aus den guten Erträgen der Praxis in wenigen Jahren bequem eine Verlagerung nach München oder in eine andere Großstadt finanzieren können – muss ihm dabei vor Ungeduld aus dem Blick geraten sein.

---

1 Zur „Provinzialität" von Höchst im Odenwald: Es fällt uns auf, dass er seiner Geliebten Erika Stein nicht Höchst im Odenwald als den Standort der gemeinsamen Praxis genannt hat, sondern das (nur 9 km von Höchst entfernte) Bad König. Als Frau Stein einmal die Praxis-Umbaupläne entdeckt, die der Architekt richtig mit „Höchst" überschrieben hat, lügt Dr. Ulrichs sie an. Der Architekt habe dort ein Parallelprojekt und den Plan irrtümlich mit „Höchst" bezeichnet. Warum diese Lüge? Wir haben zwei Hypothesen:
  (1) Entweder er wollte ihr, ganz rational, deswegen nicht die Wahrheit über seinen künftigen Aufenthaltsort sagen, weil er ja sein Versprechen brechen und sie nicht mitnehmen wollte. Aber: Als Tarnung, damit sie ihn nicht mehr finden könne, hätte er unbedingt einen Ort ganz woanders nennen müssen. In der Tat: Die Eltern Erika Steins haben sich Anfang 1984 in Bad König nach der Praxis umgesehen, in der ihre Tochter bald tätig sein wollte. Natürlich war die in Bad König nicht zu finden. Aber die Eltern waren gefährlich nahe an Höchst. Als Erika Stein Dr. Ulrichs von der Fahrt erzählt hat, wurde er sehr zornig.
  (2) Oder, und dies erscheint uns wahrscheinlicher, ihm war „Bad König" als seiner Persönlichkeit besser angemessen erschienen als das allzu schlichte „Höchst". „Bad" ist wenigstens Kurort und „König" an sich schon ein prächtiges Wort. Gleich den Nachbarort zu nehmen ersparte übrigens die Mühe, sich einen anderen deutschen Kurort mit genauso schönem Namen auszusuchen. Und bei der Nähe der beiden Orte war das Ganze nicht einmal richtig gelogen, sondern fast wahr.

Noch schlimmer im Jahr 2007. Er ist 60 Jahre alt, ohne eigenes Haus, ohne Anlagevermögen, ohne nennenswerte Ansprüche ans Versorgungswerk, körperlich nicht mehr ganz fit. Als Lebensleistung eines Facharztes ist das erbärmlich. Wenige Wochen vor der Tatvorbereitung mit dem Blut der Vera Mayer Ende Oktober hat er erfahren, dass seine junge Freundin von ihm schwanger ist; die Schwangerschaft muss sich, die Niederkunft war Mitte Mai 2008, ab September 2007 gezeigt haben. Er wusste ab jetzt, dass er für sie, die auf sein Betreiben hin dienstunfähig frühpensionierte Beamtin mit ihren geringen Versorgungsbezügen, und für das kleine Kind sorgen muss. Auch hier war seine Lage zwar objektiv keineswegs aussichtslos, vor allem im Hinblick auf das ihm in absehbarer Zeit zufallende Erbe nach seiner Mutter. Aber bloßes Warten auf den Tod der Mutter und einen Verkauf des Elternhauses wären zu passiv und das zu erbende Vermögen allzu begrenzt gewesen. In beiden Lebenslagen hat für ihn – so die Hypothese – die innere Notwendigkeit für einen Befreiungsschlag bestanden. Geld hat dabei eine zentrale Rolle gespielt.

(2) Beide Opfer standen, für seine Phantasie, als zu beseitigende Hindernisse zwischen dem Geld und ihm. Dabei ist eine Parallele zwischen ihnen auffällig.

Sie waren einsame Männer, suchten vergebens eine Frau, zeigten in ihren eigenen zu großen, unaufgeräumten und schmutzigen Häusern Verwahrlosungserscheinungen. Beide waren menschenscheu, hatten aber zu Dr. Ulrichs ausnahmsweise Vertrauen und ließen ihn als einen von Wenigen in ihre Wohnung. Als Charaktere waren sie das Gegenteil ihres kontaktfreudigen und im Umgang mit Menschen, vor allem mit Frauen, äußerlich jederzeit erfolgreichen Mörders.

Es mag sein, dass Dr. Ulrichs mit ihnen – in ihrer Einsamkeit und ihren allzu bescheidenen Freuden, ihren Büchsensuppen und Computerspielen – auf seine Art Mitleid hatte. Was konnten sie denn aus ihrem Leben noch machen, wenn sie täglich aufs Neue schon an dem banalen Problem scheiterten, bei sich daheim Ordnung zu halten oder eine Putzfrau zu finden? Wenn, wie von der Polizei bei Anton Fanger minutiös ermittelt, trotz Partnerinnensuche per Anzeige keine Frau auch nur zu einem zweiten Treffen kam? Wenn sie sich aus Angst oder Menschenscheu vor aller Welt in ihren Häusern verschanzen mussten? War da ein sanfter Tod nicht eher eine Erlösung aus solcher Aussichtslosigkeit? Und war Anton Fangers ererbtes Geld nicht in seinen, Dr. Ulrichs, Händen besser aufgehoben als in Fangers eigenen, der doch damit offensichtlich nichts Vernünftiges anzufangen wusste? Oder, offensiver ausgesprochen: Hatte es Dr. Ulrichs durch seine Lebensleistung nicht viel mehr als Fanger verdient, ein wenig wohlhabend zu sein?

Leonhard Buchhammer und Anton Fanger haben noch ein hohes Kirchenfest – Weihnachten der eine, Ostern der andere – erleben dürfen. Mit Buchhammer zusammen hat Dr. Ulrichs selbst, sagt er, noch den Heiligen Abend 1984 gefeiert. Den Toni Fanger haben Anna Berger und er, das ist nachgewiesen, am Ostersonntag 2008 in Augsburg zum Essen zu Gast gehabt und ihm beim Abschied einen großen Mohnzopf nach Hause mitgegeben.

Jeweils ein paar Tage später sind beide Männer eines leichten Todes gestorben. Entspannt durch das freundliche Gespräch mit seinem Mieter und Arzt ist Buchhammer, die „Aufbauspritze" erwartend, innerhalb von Sekunden in Narkose gefallen und hat von seinem Sterben nichts mehr mitbekommen. Fanger ist vertrauensvoll vor seinem Mörder die Treppe hinuntergegangen, als ihn von hinten der Genickschuss getroffen hat, durch den sofort die vitalen Funktionen des Hirnstamms beendet waren. Auch er dürfte seine Agonie nicht erlebt haben.

War etwa aus Dr. Ulrichs' Sicht ein solcher Tod für sie das bessere Los als das traurige und einsame Leben, das den zwei Männern, wie die Dinge lagen, für die nächsten Jahre oder Jahrzehnte noch bevorgestanden hätte? Dachte er gar, dass es ihnen „drüben" vielleicht besser gehen würde? Mehr wird über die beiden Morde nur zu erfahren sein, wenn sich Dr. Ulrichs – womit wir nicht rechnen – entschließen sollte, sie zu gestehen und ehrlich über seine Motive zu sprechen.

Fehler?

Wir greifen noch einmal die Frage auf, ob eine der zwischen 2003 und 2008 mit dem Fall Dr. Ulrichs' befassten Personen oder Institutionen den zweiten Mord hätte verhindern können. Hätte es geholfen, die Bewährungsaufsicht – wie gesetzlich vorgesehen – durch den örtlichen bayerischen Bewährungshelfer führen zu lassen, statt Dr. Ulrichs auf seinen Antrag hin zu gestatten, dass er seine Bewährungsberichte selbst verfassen darf?[1] Jedenfalls wäre dann die makabre Situation nicht entstanden, dass er der Strafvollstreckungskammer seinen am Karfreitag verfassten schönfärberischen Eigenbericht[2] vorsetzte, während er sich am Karsamstag darauf beim Makler ein Feldafinger Eigenheim reservieren ließ, das er mit der Beute vom auf den Ostermontag angesetzten Mord bezahlen wollte.

---

1 siehe S. 105
2 siehe S. 113

Der Bewährungshelfer hätte indes auch dann, wenn er sich aus Sorgfalt nicht auf die regelmäßigen Vorsprachen des Bewährungsprobanden in seinem Büro verlassen, sondern ihn am Arbeitsplatz und daheim überraschend aufgesucht hätte, allenfalls die betrügerische Seite Dr. Ulrichs' zu sehen bekommen. Möglicherweise hätte er durch ein Gespräch mit dem Chefarzt die Urkundenfälschung mit dem Zeugnis der Heilpraktikerschule aufgeklärt. Es ist aber nicht wahrscheinlich, dass diese unbedeutende Straftat – das Zeugnis war zwar gefälscht, aber inhaltlich richtig – zu einem Bewährungswiderruf geführt hätte.

Was für einen erneuten Entzug der Approbation sicherlich ausgereicht hätte, wäre ein Strafverfahren wegen Urkundenfälschung und Betruges gegenüber der Beihilfe und der Beamtenversicherung gewesen, begangen mit den gefälschten Rechnungen für Anna Bergers angebliche Neuroborreliose. Solch massive Betrugstaten unter Ausnutzung seiner Fachkenntnisse hätten, jedenfalls angesichts seiner auch einschlägigen Vorstrafe wegen Betruges und Urkundenfälschung, dazu geführt, dass seine Zuverlässigkeit für den Arztberuf für immer zu verneinen gewesen wäre.

Die Rechnungen waren zum Teil dilettantisch gefälscht[1]. Da manche der scheinbar abrechnenden Ärzte und Kliniken, wie die polizeilichen Ermittlungen nach dem Mord ergeben haben, frei erfunden waren, hätte ein Blick ins Internet ausgereicht, um einen vagen Verdacht zu verstärken. Eine Nachfrage bei der Ärztekammer hätte genügt, um den Betrugsnachweis gerichtsfest zu führen. Immerhin ist selbst den Kollegen vom Finanzamt der dubiose Briefkopf der „Schlössli-Klinik" verdächtig gewesen[2]. Angesichts der Rechnungshöhen hätte bei Beihilfe und Versicherung auch aller Anlass zu mehr Sorgfalt bestanden. Man kann aber darüber nur spekulieren, ob das Anton Fanger das Leben gerettet hätte. Die Verbindung zwischen Täter und Opfer war – durch Anna Berger – ab Herbst 2006 schon geknüpft. Hätte Anton Fanger, wenn Dr. Ulrichs wegen der Betrügereien die Approbation abermals entzogen worden wäre, davon überhaupt erfahren? Hätte er, wenn ja, den Kontakt zu Dr. Ulrichs abgebrochen? Oder wäre es Dr. Ulrichs Beredsamkeit gelungen, Anton Fanger von seiner Unschuld zu überzeugen?

Ein konsequenteres Vorgehen der Regierung von Oberbayern vor Wiedererteilung der Approbation hätte darin bestehen können, einige in der Behandlung von Straftätern umfassend erfahrene Psychotherapeuten herauszufinden und Dr. Ulrichs vorzuschreiben, seine Therapie bei einem von ihnen durchzu-

---

1 siehe das Beispiel S. 159
2 siehe S. 131

führen. Hier ist aber schon zweifelhaft, ob sich in erreichbarer Nähe überhaupt ein einziger geeigneter Therapeut hätte finden lassen, denn die Behandlungserfahrungen mit Betrügern sind gering[1]. Erst recht gibt es, soweit wir das übersehen, in Deutschland keine empirisch als erfolgreich ausgewiesenen speziellen Behandlungsmethoden für die seltenen Betrüger, die zugleich ein so hohes Gewaltpotential wie Dr. Ulrichs haben. Offen ist zudem, ob sich selbst ein einschlägig erfahrenerer Behandler als Dr. Degenhardt nicht ebenfalls von Dr. Ulrichs hätte vor seinen Karren spannen lassen. Wir erinnern ein letztes Mal an Professor Ventzlaff[2], dem seine kaum überbietbar reichhaltige Expertise mit Straftätern als Patienten auch zu keiner realistischen Einschätzung der Täterpersönlichkeit Dr. Ulrichs' verholfen hat.

Es bleibt das Fazit, dass auch eine sorgfältigere Überwachung der Bewährung durch das Frankfurter Gericht und der Berufsausübung durch die bayerische Bezirksregierung wahrscheinlich nicht zu dem Bewährungswiderruf geführt hätten, der Anton Fanger das Leben gerettet hätte.

Durch den Rückfall Dr. Ulrichs' hat sich ein nicht beherrschbares Restrisiko verwirklicht. Dass Dr. Ulrichs mit Anton Fanger ein aus seiner Sicht ideales Opfer über den Weg gelaufen ist, war ein im Wortsinne fataler, also schicksalhafter Zufall – da hatte ein Sonderling nicht nur Vermögen, sondern ein zumindest halbwegs nachvollziehbares Motiv, seine Freundin Anna Berger als Erbin einzusetzen. Für die Prognose bei der Entlassung aus der hessischen Strafe war die Wahrscheinlichkeit dafür, dass sich eine solche Tatgelegenheit bieten würde, ganz klein.

Gelegenheit macht nicht nur Diebe, sondern aus manchen Menschen auch Mörder. Seine Chance hat Dr. Ulrichs aber nicht etwa spontan beim Schopf ergriffen, sondern durch eine lang vorher, wenngleich schlampig geplante Tat ausgenutzt. Dass er dazu fähig war, mit dem durch seinen Plan schon todgeweihten Anton Fanger noch monatelang als Freund umzugehen, dessen Ermordung er schon beschlossen hatte, ist für seine charakterliche Kälte bezeichnend. Von außen war eine solche – partielle, potenzielle – Killermentalität unter der dicken Schicht seiner prosozialen Verhaltensweisen nicht zu erkennen, auch für keinen forensischen Psychiater.

---

1 Unsere Versuche, mit Hilfe der Kriminologischen Zentralstelle, Wiesbaden, Behandlungskonzepte für Betrüger im Strafvollzug zu finden, waren enttäuschend. Mehr als einige auf geringen Fallzahlen beruhende und wenig systematische Erfahrungsberichte einiger Vollzugspraktiker gibt es im deutschsprachigen Raum nicht.
2 siehe S. 79

Dieser Rückfall wäre also nur dann auszuschließen gewesen, wenn Lebenslängliche überhaupt nicht mehr aus der Strafhaft entlassen würden. Das wäre Unrecht gegenüber den vielen „Lebenslänglichen" mit guter Prognose und verfassungswidrig[1].

Perspektiven

Erster unverzichtbarer Schritt Dr. Ulrichs' hin auf eine ernsthafte Veränderung seines Verhaltens und seines Charakters wäre, dass er sich durch ein Geständnis zu seinen zwei Morden stellte. Vielleicht hat er auch noch wesentlich mehr, Unentdecktes, zuzugeben. Ein umfassendes, ein „Lebens"-Geständnis böte den Ansatzpunkt für eine wirksame Psychotherapie, die ein Zulassen von Schuldgefühlen und eine Beschäftigung mit einem möglicherweise bestehenden biographischen Hintergrund für seinen devianten Charakter zum Inhalt haben müsste. Nicht nur das Unrecht der beiden Morde müsste Dr. Ulrichs wahrnehmen lernen, sondern auch das schwer belastete Leben seiner dritten Frau Susanne, die er persönlich maßlos enttäuscht hat und die auch wirtschaftlich auf keinen grünen Zweig mehr gekommen ist. Schließlich müsste er sich seiner Verantwortung für das problemüberladene Schicksal der psychosomatisch zerbrechlichen Anna Berger stellen, der seinetwegen ihr Amt auf Lebenszeit genommen worden ist, die ohne Geld allein mit seinem Kind dasitzt und deren Vertrauen er ebenfalls gewissenlos gebrochen hat.

Bei seinen bisherigen Kontakten mit Psychotherapeuten hat er jede Auseinandersetzung mit seiner Schuld konsequent vermieden. Weder den Psychologen im Butzbacher Justizvollzug, zu denen er den Kontakt weitgehend vermieden hatte, noch seinem Therapeuten und Freund Dr. Degenhardt hat er reinen Wein eingeschenkt. Dass er sich bei den im Vergleich zu den Morden harmlosen Urkundenfälschungen und Betrugstaten geständig und reuig gezeigt hat, war bloße Taktik, um dem Ableugnen der Verbrechen ein wenig mehr Glaubwürdigkeit zu verschaffen. Daraus – wie das die letzten Gutachter im hessischen Vollstreckungsverfahren gesehen haben – eine innere Umkehr abzuleiten, erweist sich im Rückblick als falsch.

Sollte sich Dr. Ulrichs zu Geständnissen entschließen, wäre zu klären, inwieweit dafür statt ehrlicher taktische Motive ausschlaggebend sind. Ab etwa dem Jahr 2018 könnte jedenfalls grundsätzlich, weil dann die ersten zehn Jahre der

---

1 siehe den Kasten auf S. 63

Landshuter lebenslangen Strafe verbüßt sind, ein neuer Kampf um Vollzugslockerungen beginnen, in dem er angesichts der gegen ihn verhängten Sicherungsverwahrung nur als ganz und gar Umgekehrter, als Paulus statt Saulus, überhaupt den Hauch einer Chance hätte, Ausgang und Urlaub zu bekommen. Nachdem er dann schon mehr als sein halbes Leben mit dem Leugnen der Schuld zugebracht haben wird und bei der tiefen Verwurzelung seiner Taten in seinem narzisstischen und antisozialen Charakter wird jeder Prognose-Gutachter überaus skeptisch erwägen, ob eine sichtbar gezeigte Reue echt ist. Das selbst dann, wenn er sich durch die Preisgabe von bisher unbekannten Details seiner Taten oder gar das glaubhafte Geständnis weiterer, noch unaufgeklärter Verbrechen selbst substanziell belasten sollte.

Sollte er im Vollzug Therapiebereitschaft zeigen, stellte sich das schwere Problem der Suche nach einem geeigneten Therapeuten. Nochmals: Die Schwierigkeit besteht darin, dass er kein gewöhnlicher Gewaltkrimineller, sondern wesentlich ein Betrüger mit nur punktuell sich einstellender, dann aber extrem hoher Gewaltbereitschaft ist. Dass seine Natur als Betrüger ihn auch während seiner Morde beherrscht, wird – wir haben es zu zeigen versucht – an seiner geringen Realitätskontrolle während der Planung und Ausführung der Tötungsdelikte deutlich.

Anders als für Gewalt- und Sexualstraftäter gibt es für Betrüger nahezu keine Therapiemöglichkeiten. In der Literatur werden nur gelegentlich Einzelfälle oder ganz kleine Stichproben dargestellt[1]. Einzeltherapeutische Behandlungsmethoden wären nach diesen Autoren: gesprächstherapeutische Aufdeckung des Symptomcharakters des manipulativen Verhaltens; Durcharbeiten der narzisstischen Verlassenheitsdepression und der narzisstischen Wut, der der Patient, wie diese Autoren vermuten, in Kindheit und Adoleszenz ausgesetzt war.

Diese aufdeckende Arbeit ist für den Patienten, aber auch für den Therapeuten psychisch sehr belastend. Zudem stehen einem Betrüger noch bei dem eingeschränkten Beziehungsangebot im Gefängnis immer wieder Möglichkeiten offen, seine manipulativen Fähigkeiten auszuspielen und sein falsches Selbst durch manipulativ erzielte Achtung und Bewunderung anderer aufrecht zu erhalten. Auch der Therapeut selbst wird unablässig Opfer von Manipulationsversuchen seines Patienten sein, der ihm feinfühlig seine große Bewunderung und tiefe Dankbarkeit zum Ausdruck bringen und ihn dadurch von sich abhängig zu machen suchen wird.

---

1 etwa von Möller aaO. (S. 172, Fußnote 3), S. 114 ff.

Gruppentherapeutische Ansätze für Betrüger im Strafvollzug kennen wir in Deutschland nicht. Wir halten es deswegen für wenig wahrscheinlich, dass Dr. Ulrichs seine wieder vor ihm liegenden langen Jahre in der Strafanstalt mit therapeutischer Hilfe zu einer Charakterveränderung nutzen kann/wird.

Ob er, der als katholischer Christ auftritt, über seine Taten aufrichtige Reue empfinden, guten Vorsatz fassen und Buße tun wird, ist fraglich. Wenig spricht dafür, dass sein Katholischsein, das ihn von den schwersten Todsünden nicht abgehalten hat, mehr als Frömmelei nach außen hin war. Ob er im „Schott", den er sich in Darmstadt hat geben lassen, je gelesen hat, ob er jemals als Wallfahrtsarzt mit Pilgern in Lourdes war, ist nicht bekannt. Sein Butzbacher Gefängnispfarrer ist ihm auf den Leim gegangen und war für diesen Tartüff ein zu gutgläubiger Beichtvater.

Andererseits rückt dem alternden Dr. Ulrichs sein eigener Tod immer näher auf den Leib. Wir wissen nicht, auf welches Verständnis oder auf welche Strafe im Jenseits – falls er an Gott glaubt und nicht in Wahrheit atheistisch oder agnostisch denkt – er für seine Taten wartet. Falls er glaubt, kann er der Bibel, für die das geradezu ein Schwerpunkt ist, Hoffnung auch noch bei spätester Umkehr entnehmen[1]. Das vor ihm liegende irdische Vollstreckungspensum hingegen ist hart.

Dr. Ulrichs muss zunächst die Landshuter lebenslange Freiheitsstrafe verbüßen. Welche Mindestdauer diesmal gegen ihn festgesetzt werden wird, ist schwer absehbar. Diese Entscheidung wird die Strafvollstreckungskammer erst nach 13 Jahren Vollstreckung, also im Jahr 2021, zu treffen haben.

Selbst für rückfällige, nicht geständige Mörder gilt nach dem Urteil des Bundesverfassungsgerichts der aus der Menschenwürde hergeleitete Grundsatz, dass ihnen nicht jede Hoffnung auf die Freiheit genommen werden darf. Wenn, voraussichtlich im Jahr 2021, die wegen der besonderen Schuldschwere festzusetzende Mindestverbüßungsdauer bestimmt werden wird, ist Dr. Ulrichs 74 Jahre alt. Eine wichtige Rolle für dieses Mindestmaß wird spielen, wie er sich im Strafvollzug bis dahin verhalten hat und in welchem körperlichen und geistigen Zustand er sich befindet. Sollte er schon hinfällig sein und nur noch wenig

---

1 Wir erinnern an die Gleichnisse vom verlorenen Schaf (Mt 18, 12–14, Lk 15, 1–7: „Genauso ist bei Gott im Himmel mehr Freude über einen Sünder, der ein neues Leben beginnt, als über 99 Gerechte"), von den Arbeitern im Weinberg, bei denen der späteste so viel bekommt wie der früheste (Mt 20, 1–16), vom verlorenen Sohn, für den das Mastkalb geschlachtet wird (Lk 15, 11–32) und vom reuigen rechten Mitgekreuzigten, dem verheißen wird, noch heute im Paradies zu sein (Lk 23, 42 f.)

Lebenserwartung haben, könnte die Erhöhung des 15-jährigen Minimums maßvoll aus- oder gar wegfallen, wenn gegen die Schwere seiner Tatschuld eine, für ihn als alten Mann im Gefängnis, etwa besonders hohe Strafempfindlichkeit abgewogen werden muss.

Nach Verbüßung des Mindestmaßes der Landshuter lebenslangen Freiheitsstrafe muss entschieden werden, ob diese Strafe zur Bewährung ausgesetzt werden kann. Im Hinblick auf den Mord im Rückfall werden die Prognosegutachter dafür einen strengeren Maßstab anlegen als im Jahr 2003. Für die Prognose seiner Gefährlichkeit wird es auch eine Rolle spielen, ob er trotz seines Greisenalters körperlich und geistig zu noch einem Mord in der Lage erscheint. Angesichts der von ihm früher benutzten Tatwerkzeuge – weder Gift noch Faustfeuerwaffe verlangen Körperkraft – wird er sehr schwach und/oder geistig deutlich abgebaut sein müssen, damit die Strafvollstreckungskammer keinen Rückfall mehr befürchtet.

Dann kann darüber befunden werden, ob der widerrufene „Rest" der lebenslangen Freiheitsstrafe aus dem Darmstädter Urteil nochmals zur Bewährung ausgesetzt wird. Schließlich muss die Strafvollstreckungskammer beschließen, ob die – zeitlich für ihn unbegrenzte – Sicherungsverwahrung vollstreckt werden muss.

Diese drei Entscheidungen werden im Hinblick auf das Ergebnis – Freiheit oder Weiterverbüßung – wohl einheitlich getroffen werden.

Der Vollzug der zweiten lebenslangen Freiheitsstrafe in Straubing dürfte Dr. Ulrichs härter treffen als die Strafverbüßung in Hessen. In Butzbach konnte er von 1987 bis Ende 1998 wegen der komplizierten chemischen Fragestellungen, und nach den drei ersten rechtlich nicht haltbar begründeten Ablehnungen der Wiederaufnahme durch das Landgericht Kassel, durchgehend mit einer gewissen Berechtigung auf einen Erfolg im Wiederaufnahmeverfahren und plötzliche Freilassung hoffen. Wenige Monate nach dem Zerplatzen dieser Hoffnung im Januar 1999 begann der Einstieg in die Vollzugslockerungen, und mit ihnen kam für ihn schon das Strafende in Sichtweite. Er war im hessischen Vollzug nie in der für einen „Lebenslänglichen" charakteristischen, deprimierenden Lage, sich nach der Rechtskraft der Verurteilung auf viele Jahre im geschlossenen Strafvollzug ohne Lockerungen einstellen zu müssen.

Das ist jetzt anders. Da das Landshuter Urteil so scheinbar aussichtsreiche Angriffspunkte wie die Brevimytal-Problematik nicht bietet, wird es, das ist sicher, zu keinem Wiederaufnahmeverfahren kommen. Dass ihn nochmals Bedienstete der Strafanstalt so überzeugt für unschuldig halten und für ihn einen Unterstützerkreis wie in Butzbach bilden werden, dass er Zeitungs- und Rundfunkinterviews geben wird, ist trotz gewisser von ihm zu erwartender Manipulationserfolge nicht mehr wahrscheinlich.

Was ihm als Quelle von Erfolgserlebnissen bleiben dürfte, sind seine Mitgefangenen, die er in der JVA Straubing, in der viele Langstrafige sitzen, mit den Jahren gut kennenlernen wird, und die Aufsichtsbeamten. Manche werden orthopädische Probleme haben, und er wird ihnen durch Diagnostik und ärztlichen Rat helfen können. Sie werden dankbar sein und ihn wegen seiner ärztlichen Fähigkeiten bewundern. Ob er noch genug Geld haben wird, sich wie in Butzbach mit teurer medizinischer Fachliteratur auf dem Laufenden zu halten, ist fraglich. Das Honorar seiner Landshuter Wahlverteidiger, die Gerichtskosten und die Schadensersatzansprüche der betrogenen Beihilfe- und Krankenversicherungsträger dürften das Erbe, das er nach dem Tod seiner Mutter – sofern sie ihn nicht wegen seiner Taten enterben und ihm seinen Pflichtteil entziehen wird – zu erwarten hat, ganz aufzehren. Hinzu kommen die Unterhaltsansprüche, die das Kind Anna Bergers geltend machen und in den Nachlass seiner Großmutter, sollte er Dr. Ulrichs zufallen, vollstrecken wird.

Alle Hoffnung, jemals wieder als approbierter Arzt praktizieren zu dürfen, muss Dr. Ulrichs nach seinem zweiten Mord an einem Patienten für sein ganzes ihm noch bleibendes Leben aufgeben. Sein, wie er meinen wird, fast schon Wirklichkeit gewordener Traum, als angesehener wohlhabender Bürger im eigenen Haus am Westufer des Starnberger Sees, mit seiner jungen Frau und seinem gesunden Kind in Ansehen zu leben, ist ganz und gar dahin …

Zeittabelle

1947	Geboren
1968–1974	Erste Ehe mit Klassenkameradin Katharina, erste Tochter
1967–1976	Studium der Medizin in Würzburg
1974	Erste Scheidung
1976–1978	Zweite Ehe mit Heidemarie
1979	Würzburger Promotion zum Dr. med.
1979–1983	Zahlreiche Stellen als Assistenzarzt
1979–1988	Dritte Ehe mit Dr. Susanne, zweite Tochter
1981–1984	Intimes Verhältnis mit Erika Stein
28. Dez. 1984	Tötung des Leonhard Buchhammer, misslungene schwere Brandstiftung
März–April 1985	Freiwillig im Göttinger Psychiatrischen Landeskrankenhaus
August 1985	Anklage: versuchte Brandstiftung, versuchter Betrug, Urkundenfälschung u. a.; Einstellung des Verfahrens wegen Tötung Buchhammers
März 1986	Neue Analyse Professor Raudonat weist Brevimytal im Leichenblut nach
April 1986	Umzug nach Kirchheim bei München
14. April 1986	Haftbefehl wegen Mordes, Festnahme und Untersuchungshaft in Darmstadt
Dezember 1986 bis Februar 1987	Hauptverhandlung vor dem Schwurgericht Darmstadt; Verurteilung zu lebenslanger Freiheitsstrafe
2.–5. Februar 1987	Geiselnahme und Flucht bis nach Bad Krozingen
August 1987	Bundesgerichtshof verwirft die Revision
August–November 1987	Strafhaft in Schwalmstadt – Ausbruchsvorbereitung? – Verlegung nach Butzbach

November 1987 bis April 2000	Strafhaft in Butzbach
Juli 1988	Verurteilung wegen Geiselnahme durch das Landgericht Darmstadt
Juli 1990	Wiederaufnahmeantrag zum Landgericht Kassel
April 1991	Erste Verwerfung des Wiederaufnahmeantrages als unzulässig durch das Landgericht Kassel
Juli 1992	Oberlandesgericht Frankfurt erklärt das Wiederaufnahmeverfahren wegen Mordes für zulässig
Juli 1993	Wegen Erkrankung Professor Raudonat gescheiterte Beweisaufnahme vor dem Landgericht Kassel
Januar 1994	Zweite Verwerfung des Wiederaufnahmeantrages durch das Landgericht Kassel
März 1994	Dr. Ulrichs rettet zwei Vollzugsbedienstete nach einer Geiselnahme
Mai 1994	Oberlandesgericht Frankfurt hebt auch die zweite Verwerfung auf
September 1994	Dritte Verwerfung des Wiederaufnahmeantrages durch das Landgericht Kassel
Februar 1995	Oberlandesgericht Frankfurt hebt auch die dritte Verwerfung auf
Mai–Juli 1995	Beweisaufnahme durch das Landgericht Kassel
Juni 1995	Erster „Langzeitbesuch" Jasmin Kaisers
Oktober 1995	Gutachten Dr. Gliemann: positiv zum Einstieg in Vollzugslockerungen
August 1996	Gutachten Professor Glatzel: negativ wegen offenen Wiederaufnahmeverfahrens und unkalkulierbarer Reaktion bei negativer Entscheidung
Januar 1997	Strafvollstreckungskammer weist die JVA Butzbach an, sofort unbegleitete Ausgänge zu gewähren

Dezember 1997	Vierte Verwerfung des Wiederaufnahmeantrages durch das Landgericht Kassel
September 1998 bis Januar 2009	Vierte Ehe mit Jasmin Kaiser
Dezember 1998	Oberlandesgericht Frankfurt bestätigt erstmals die Verwerfung des Wiederaufnahmeantrages
Januar 1999	Gutachten Professor Schumacher und Dr. Rauch: lockerungsgeeignet!
Februar 1999	Erste unbegleitete Ausgänge
April 1999	Erster Hafturlaub
Dezember 1999	Schuldschwerefeststellung durch die Strafvollstreckungskammer: 17 Jahre
Januar–Juli 2000	Alle Vollzugslockerungen gestrichen wegen Missbrauchsverdacht „Dr. Raven"
Oktober 2000	Offener Vollzug
Februar 2002	Positives Gutachten Dr. Rauch
17. April 2003	Strafaussetzung zur Bewährung und Entlassung
März 2004	Beschränkte Approbation – Funktionsoberarzt in Rehaklinik
Sommer 2004	Angestellter Arzt in Praxis in Deggendorf
2004–2005	Therapie bei Dr. Degenhardt
August 2004	Strafvollstreckungskammer Frankfurt hebt die Unterstellung unter den Bewährungshelfer auf
August 2005	Neue Anklage wegen Bedrohung des Obermaier
Januar 2006	Verurteilung durch AG Kaufbeuren wegen Bedrohung zu Geldstrafe
Juni 2006	Erneute Erteilung einer unbeschränkten Approbation durch die Regierung von Oberbayern
Herbst 2006	Beginn des Verhältnisses mit Anna Berger

Herbst 2006 bis November 2007	Betrugstaten im Zusammenhang mit angeblicher Borreliose Anna Bergers
Ostermontag 2008	Ermordung des Anton Fanger
22. April 2008	Haftbefehl wegen Mordes; Untersuchungshaft
Mai 2008	Anna Berger gebiert seine dritte Tochter
April–August 2009	Hauptverhandlung vor dem Schwurgericht Landshut; Verurteilung zu lebenslanger Freiheitsstrafe und Sicherungsverwahrung
23. Februar 2010	Bundesgerichtshof verwirft die Revision; Rechtskraft des Landshuter Urteils
17. Mai 2010	Strafvollstreckungskammer Frankfurt widerruft die Strafaussetzung wegen der Darmstädter Verurteilung von 1987
Ab 2010	Strafvollzug in Straubing

Voodoo *des modernen Menschen*

Wer morgens Kopfschmerzen googelt, glaubt abends an einen Hirntumor. Wer die Nebenwirkungen auf Beipackzetteln liest, fühlt sich plötzlich schlecht. Sind wir ein Volk von Hypochondern? Magnus Heier zeigt klar auf, dass mehr Aufklärung die Heilung auch behindern kann.

Magnus Heier
Nocebo: Wer's glaubt wird krank
Wie man trotz Gentests, Beipackzetteln und Röntgenbildern gesund bleibt
mit Cartoons von ©TOM
133 Seiten, 21 Abbildungen
Kartoniert
ISBN 978-3-7776-2244-6
E-Book: 978-3-7776-2246-0

www.hirzel.de

HIRZEL

S. Hirzel Verlag · Birkenwaldstraße 44 · 70191 Stuttgart · Telefon 0711 2582 341 · Fax 0711 2582 390 · Mail service@hirzel.de

Der Wunsch nach »sanfter Medizin« hat einen neuen Markt geschaffen – mit teils lebensgefährlichen Folgen. Beate Frenkel

Beate Frenkel
Pillen, Heiler, Globuli
Das Geschäft mit der Alternativmedizin
208 Seiten
Klappenbroschur
€ 18,– [D]
ISBN 978-3-7776-2849-3
E-Book: epub. € 13,90 [D]
ISBN 978-3-7776-2850-9

www.hirzel.de

Rund um die Alternativmedizin ist eine Industrie entstanden, die das Misstrauen gegenüber der Pharmaindustrie, der Medizin und den Medien bedient. Beate Frenkel fragt nach: Woher kommt dieser Boom? Eindringliche Beispiele werden mit Aussagen von Ärzten, Patienten und Alternativmedizinern belegt.

HIRZEL

Hirzel Verlag · Birkenwaldstraße 44 · 70191 Stuttgart · T. 0711 2582 341 · Mail service@hirzel.de

»Dieses Buch ist der Hammer, und wer ein schwaches Herz hat, sollte am besten einen Kamillentee dazu trinken, denn selbst die handelsüblichen Kriminalromane sind nicht so aufregend.«

Ralf Julke, Leipziger Zeitung

Dass Deutschland bisher einem Corona-Desaster entging, muss fast wie ein Wunder erscheinen, wenn man Maximiliane Schaffraths Buch zur Situation von Gesundheits- und Krankenpflegekräften liest. Sie beschreibt sehr persönlich und fesselnd die Stationen ihrer eigenen Ausbildung – und die unhaltbaren Bedingungen, unter denen nicht nur diejenigen leiden, die uns pflegen und versorgen sollen, sondern auch alle, die auf sie angewiesen sind.

Maximiliane Schaffrath
Systemrelevant
Hinter den Kulissen der Pflege
240 Seiten
Klappenbroschur
€ 18,– [D]
ISBN 978-3-7776-2942-1
E-Book: epub. € 13,90 [D]
ISBN 978-3-7776-2994-0

www.hirzel.de

HIRZEL

S. Hirzel Verlag · Birkenwaldstraße 44 · 70191 Stuttgart · Tel. 0711 2582 341 · Fax 0711 2582 390 · Mail service@hirzel.de

Alle Preise inklusive MwSt. [D], sofern nicht anders angegeben. Lieferung erfolgt versandkostenfrei innerhalb Deutschlands.